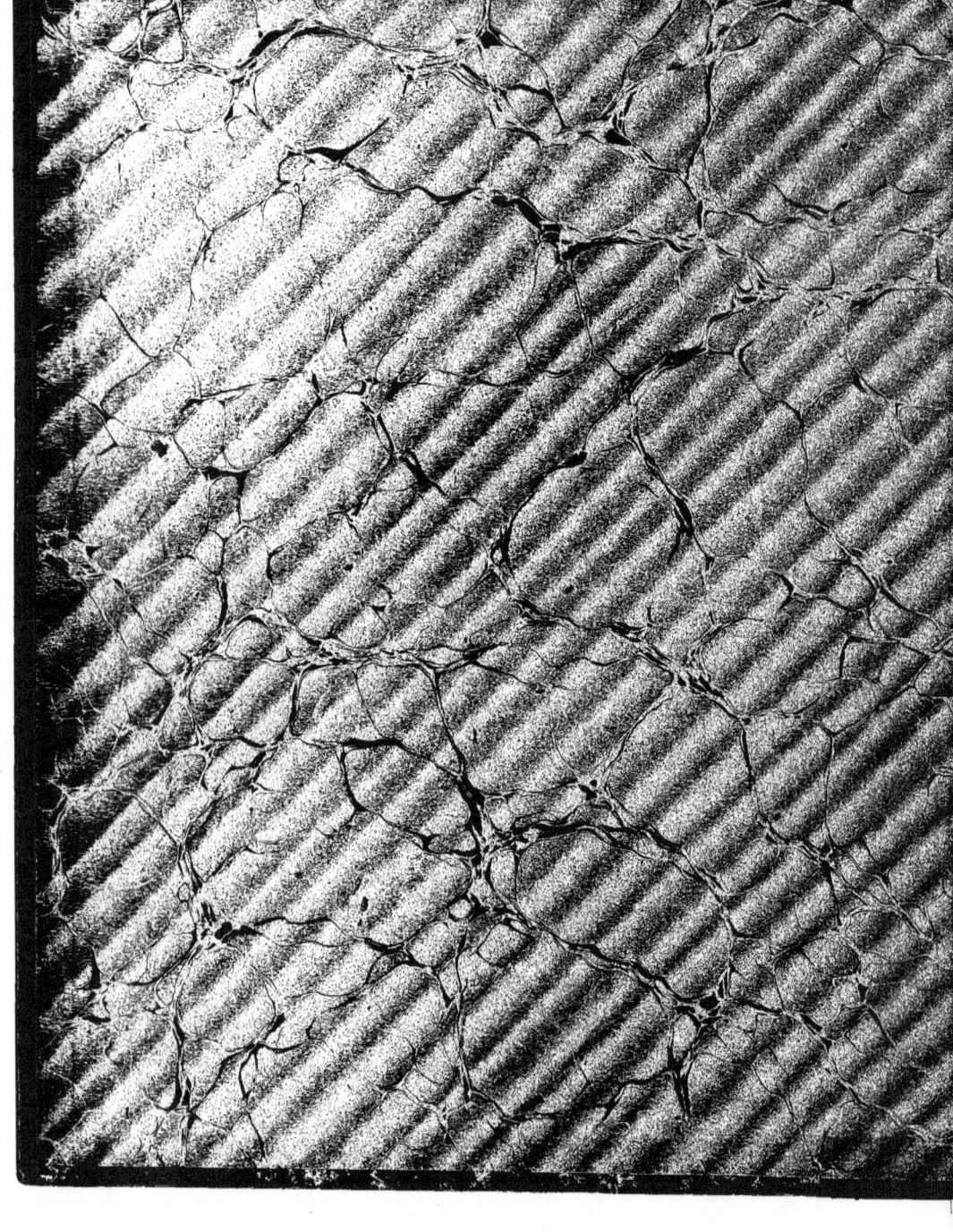

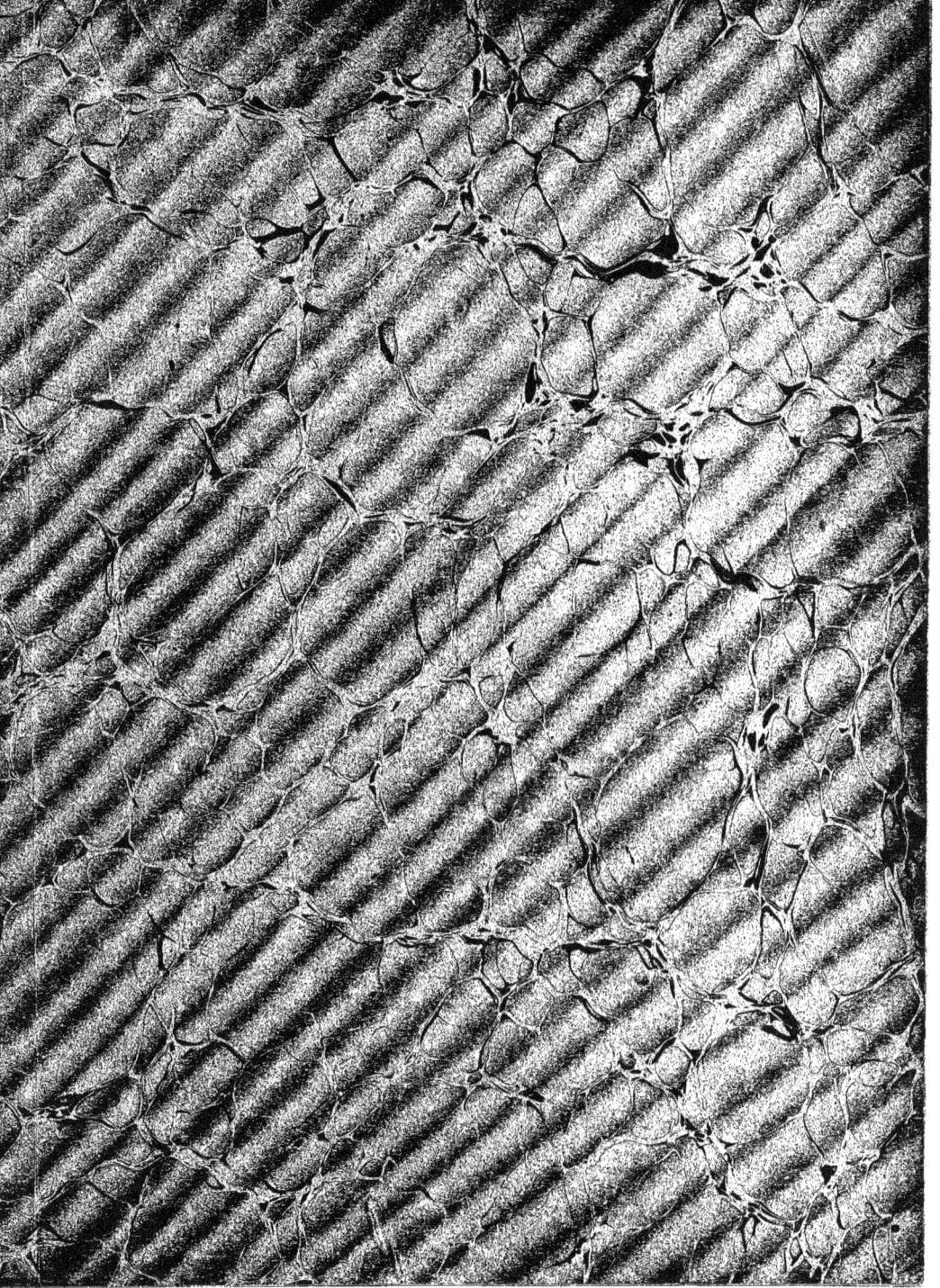

I K 1
S 2
A

Nº 1 Prix : 2 fr.

EN CAMPAGNE

Tableaux et Dessins

DE

Alphonse de Neuville et Edouard Detaille

A. DE NEUVILLE EDOUARD DETAILLE
TEXTE PAR TEXTE PAR
JULES RICHARD FRÉDÉRIC MASSON

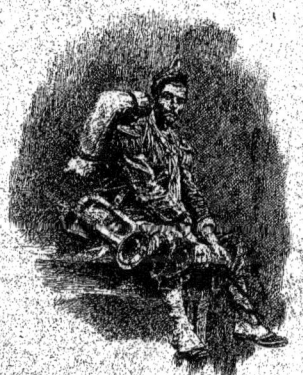

PARIS
BOUSSOD, VALADON & Cie, Éditeurs

J. STRAUSS G. HAZARD LIBRAIRIE NILSSON
Rue du Croissant 8, Rue de Provence 338, Rue Saint-Honoré

BOUSSOD, VALADON & Cⁱᵉ, IMPRIMEURS-ÉDITEURS
24, boulevard des Capucines, Paris.

Récits de Guerre
1870-1871

L'INVASION

PAR
LUDOVIC HALÉVY

Illustrations par MARCHETTI et ALFRED PARIS

En pleine guerre de 1870, un homme allait, un carnet en main, notant au passage les récits que lui faisaient les soldats, inscrivant très simplement ce qui lui arrivait à lui-même. Un chasseur à pied lui disait Fræschwiller, Châlons et Sedan, la retraite du corps de Mac-Mahon et sa marche en Argonne ; un officier de hussards qui avait été à Metz de toutes les affaires, racontait où on l'avait conduit. C'était un ingénieur qui se trouvait à Forbach ; un mobile qui s'était battu à Villersexel. Sur le carnet encore se posaient des sensations recueillies à Tours, à Etretat, des bouts de récits, des phrases entendues, des impressions ressenties : la vie. Cela fit un des livres les plus hautement instructifs, les plus documentairement curieux, les plus passionnants, les plus pleins de choses, de faits et d'idées, le livre le plus sincère qu'on pût lire, et le public en comprit toute la portée dès que Ludovic Halévy le laissa publier.

Ce livre forme la première série des *Récits de Guerre* que nous allons publier.

Il nous a semblé qu'il pouvait être complété par la représentation des êtres que l'auteur évoque. Il nous a paru que le soldat de la dernière guerre devait être montré tel qu'il était, tel que beaucoup ne se le rappellent déjà plus, dans le décor où il se mouvait, avec les tenues, les uniformes, les façons qu'il affectionnait. Nous nous sommes adressés pour réaliser ce projet à des artistes dont le nom n'est plus à faire et qui, suivant le texte mot à mot, en ont illustré chaque page, ont prodigué les dessins et les aquarelles, ont fait de *l'Invasion* le livre à la fois le plus beau, le plus réel, le plus intéressant et le plus sagement patriote qu'on ait publié sur la guerre de 1870. La perfection de nos procédés nous a permis d'y introduire dans une large mesure l'illustration en couleurs et, grâce à de réels sacrifices, nous parvenons à le livrer à un prix d'un bon marché extraordinaire. Si le public encourage cette tentative, nous voulons, par la suite, après les récits des désastres, lui donner les récits des victoires et, détachant de l'épopée que nos soldats ont écrite avec leur sang les pages où ils ont eux-mêmes raconté ce qu'ils ont vu et ce qu'ils ont fait, présenter des grandes guerres en des narrations très simples et très sincères, des témoignages qui ont d'autant plus de valeur que leurs auteurs ont moins cherché la publicité. Chaque série d'ailleurs sera entièrement indépendante et ne sera reliée aux autres séries que par la forme de la publication et l'esprit général qui y préside.

L'INVASION

forme un magnifique volume in-4° de deux cent cinquante pages.

Chaque page de texte est ornée d'un dessin tiré en noir. L'illustration comprend en outre : **Vingt** planches hors texte **en cinq couleurs** dont quatre doubles ; **Huit** planches doubles en deux couleurs ; **Dix-sept** planches en noir. Soit, au total, **quarante-cinq** gravures hors texte, dont douze en double page, et plus de **cent vingt** dessins dans le texte.

PRIX DU VOLUME :

Broché.	20	francs.
Cartonné teinte grenat, fers spéciaux	25	—
Relié amateur, dos et coins maroquin, tête dorée.	30	—

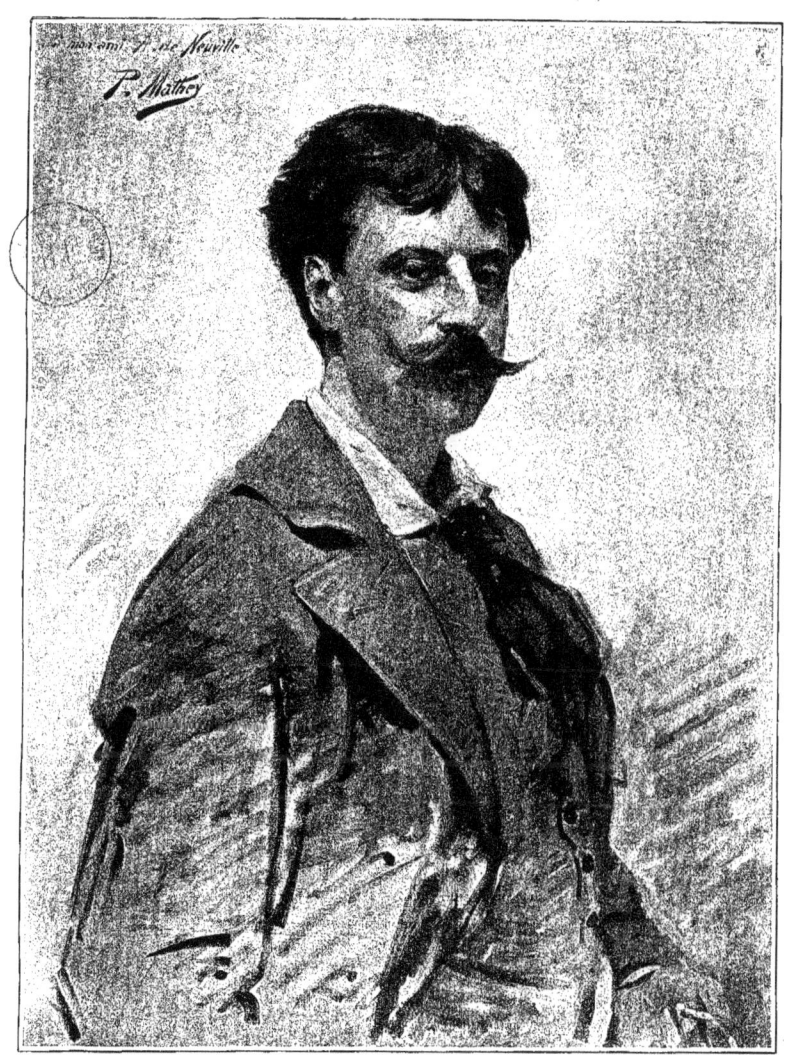

A. DE NEUVILLE

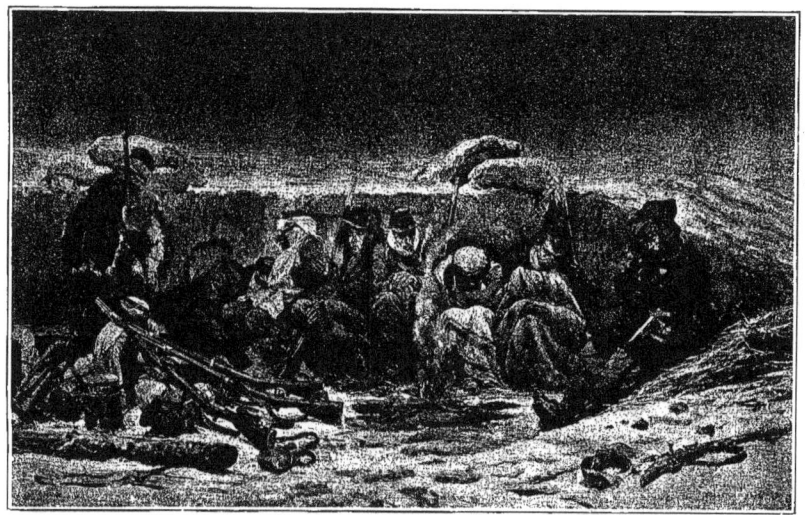

DANS LA TRANCHÉE

ALPHONSE de NEUVILLE

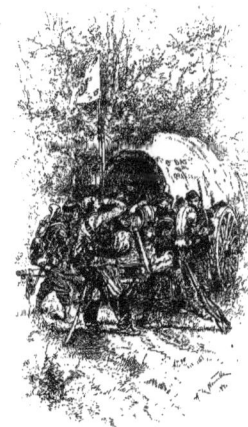

La guerre!... ce serait le titre qu'il conviendrait de placer en tête des œuvres d'Alphonse de Neuville. La guerre, avec ses enthousiasmes, ses enivrements, ses fureurs, ses éclaircies de joie et ses moments de lassitude, fut évidemment l'obsession continuelle de son imagination surexcitée par un patriotisme ardent et tourmentée par le besoin de laisser le meilleur de lui-même à la postérité qui allait s'ouvrir sitôt pour lui. De Neuville, c'est — dans l'art — le mouvement endiablé, la bataille où tournoient cavaliers, fantassins, artilleurs se ruant les uns sur les autres; c'est la guerre.

Ils ont dû rudement travailler tout le jour de la baïonnette et de la crosse, ces moblots endormis les poings fermés sur la terre de la tranchée durcie par le froid. Les héros seuls, après un combat terrible, peuvent dormir ainsi dans la neige. Mais aussi quelle joie au réveil de se retrouver sur pied les quatre membres au complet! Parce que vingt fois en une heure on a bravé mille morts, le feu, le froid, le plomb, le fer, on n'en est pas moins gai pour cela. Aussi, autour de la cantine, dès l'aube, on se retrouve heureux de vivre, insouciant et tout prêt à recommencer. Le clairon et le sapeur n'y arrivent point les derniers et régalent un chasseur à cheval qui, sans vergogne, boit partout où il y a des camarades et du vin.

Mais, c'est la cantine du 9ᵉ chasseurs à pied ; en parlant à la cantinière, le clairon a sur la lèvre le refrain grivois qu'il sonne joyeusement en tête du bataillon :

Marie, j'ai vu......

On n'est point bégueule à la guerre, et, pourvu que l'air enlève bien la cadence, les paroles sont toujours bonnes.

Les chasseurs à pied! De Neuville les eut toujours en adoration ; il en a mis partout. Leur mobilité proverbiale, les couleurs sombres de leur uniforme, la renommée qui s'attache à leur jeune noblesse militaire — existant depuis quarante-cinq ans, les trois lais de leur drapeau ne suffiraient pas à la liste de leurs exploits — attiraient particulièrement le peintre patriote et guerrier. Après les avoir peints triomphants en Crimée, en Italie et au Mexique, il ne les a pas oubliés lorsque la victoire cessa de nous gâter.

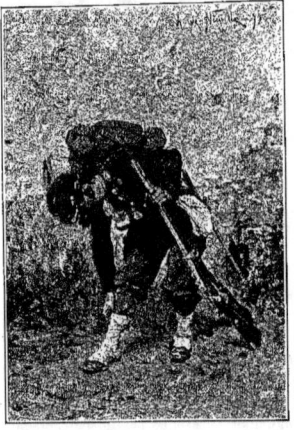

CHASSEUR A PIED

En voici un qui serre sa guêtre afin d'être plus leste et de ne pas faire de faux pas ; sa tête est baissée et je ne puis voir le numéro de son bataillon ; mais certainement un chasseur qui prend de telles précautions, avant de se mettre en marche, doit appartenir au huitième, au bataillon de Sidi-Brahim :

Tu as beau courir,
Tu ne m'attraperas pas.

Ces refrains des chasseurs à pied, pour comprendre tout ce qu'ils disent aux soldats, il faut les avoir entendus sonner, gutturaux et stridents, dans la nuit noire, appeler les piquets de soutien dans la tranchée attaquée, ou bien, joyeux et clairs dès l'aurore, comme le coq matinal, annoncer le départ pour l'étape prochaine :

Encore un carreau d'cassé,
V'la l'vitrier qui passe.
Encore un carreau d'cassé,
V'la l'vitrier passé.

En effet, c'est le joyeux sixième qui part. Il a passé « chez l'habitant » une nuit bienfaisante qui a réparé toutes les misères de la veille. On est en Alsace — la bonne et loyale Alsace, le pays des belles filles et des braves soldats où le cœur et le dévouement poussent en pleine terre. — L'hospitalité a été généreuse et douce. Partout on a mis le chaudron au feu et tiré de la cave ce fier petit vin blanc de Wolxheim qui brille dans le verre, réchauffe la poitrine et fait éclater le rire. D'ailleurs tous les vins de l'Alsace sont aussi nobles que le Johannisberg et ils avaient alors l'avantage d'être français. La bière a coulé à pleins flots : on a bu à toutes les santés, à toutes les espérances, à tous les lendemains. Entre les gens qui vont se battre et les gens pour lesquels on se bat, la connaissance est vite faite. D'ailleurs, dans la maison hospitalière, il y a une place et un gobelet vides, ceux du fils aîné qu'on s'attend tous les jours à voir arriver. Il est aux chasseurs d'Afrique et il a écrit qu'il venait avec son escadron. C'est donc un collègue — que dis-je ! un collègue, — c'est un frère du fils chéri que l'on reçoit et que l'on fête. Insoucieux, on a chanté, on a ri. Après tout, si l'on va se battre, c'est contre les éternels ennemis de l'autre côté. Dans les grandes villes on ne sait pas combien la guerre fut populaire dans tous les pays de frontière. La

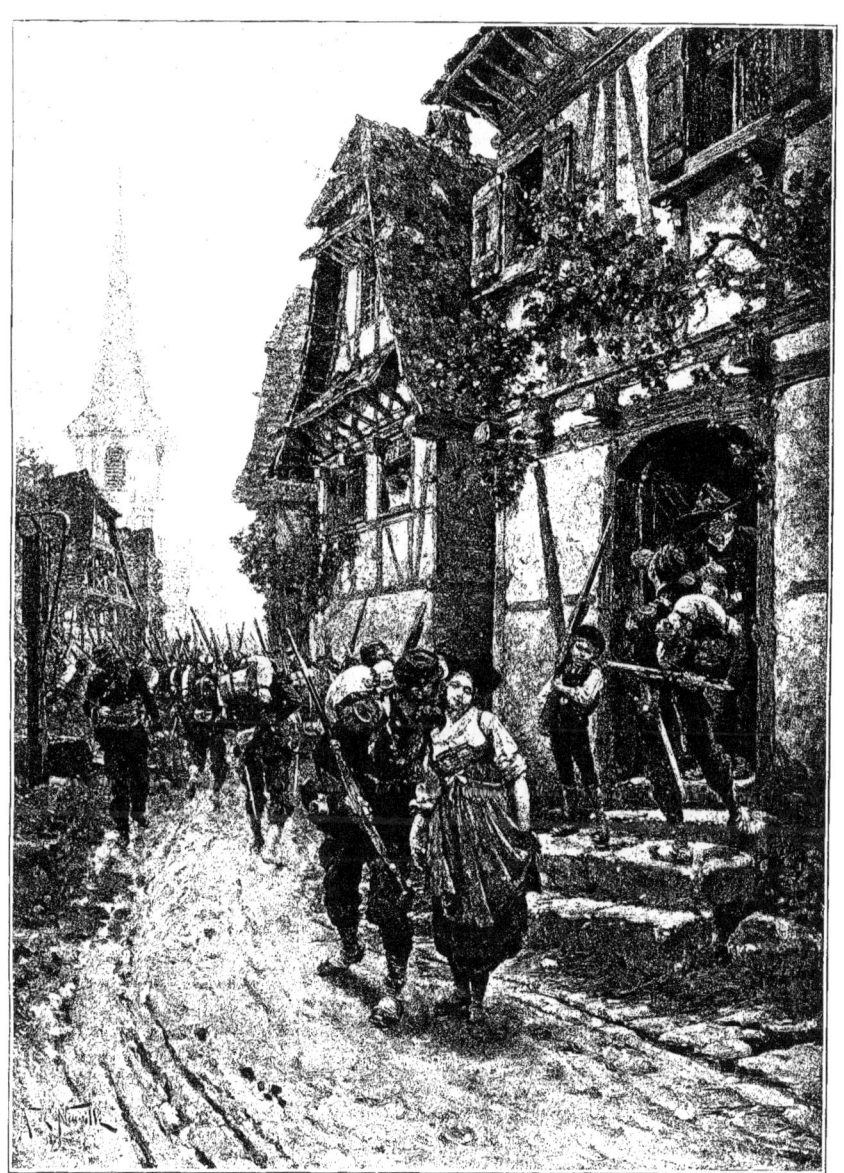

LE DÉPART DU BATAILLON

guerre, en effet, c'était la délivrance d'un voisinage odieux autant que gênant. Vivre sur la frontière, c'est être en crainte permanente ; la guerre allait donner la victoire, la victoire la conquête, et la conquête reculait d'autant le danger de l'invasion. « Ce sera le dernier coup de collier à donner et, après cela, la paix, la paix éternelle et sacrée ». C'est ce que dit ce vieillard en versant un dernier coup au sous-officier qu'il a logé ; c'est aussi ce que répond la jeune fille au chasseur qui la presse une dernière fois sur son cœur.

« Allons, crie l'officier qui commande l'arrière-garde, allons les autres, en marche ! et ne traînons pas. »

Car le bataillon suit la longue rue du village ; il est déjà devant l'église, où le pasteur le bénit : « Que le Dieu de la victoire et de la patrie soit avec vous ! »

On ne le voit déjà presque plus à l'horizon, le bataillon ; sa tête de colonne disparait dans la

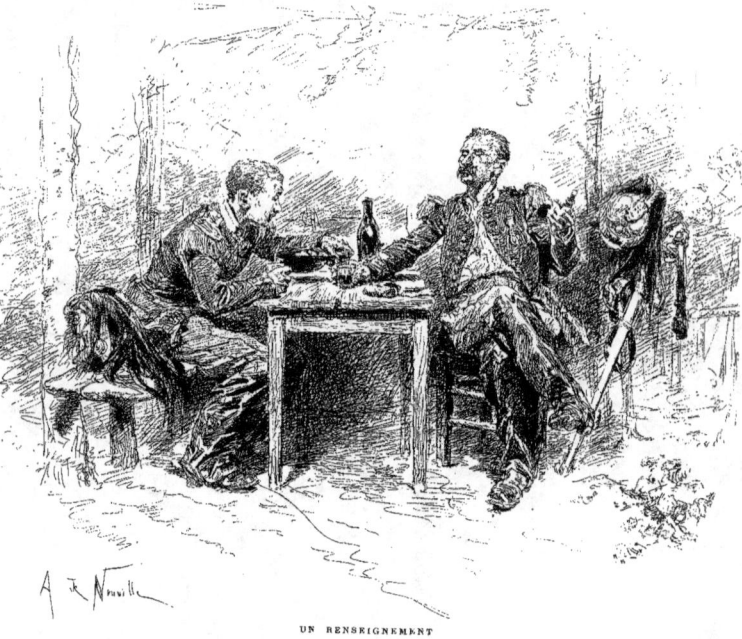

UN RENSEIGNEMENT

poussière d'or du soleil levant. C'est à peine si au loin quelques-unes de ses baïonnettes brillent encore, mais l'écho apporte toujours quelques notes de la fanfare rapide :

Dixième bataillon   *N'a pas peur du canon !*
Commandant Mac-Mahon   *Nom d'un nom.*

Regardez ce clairon, c'est encore un chasseur à pied. Une main sur la bretelle de sa carabine portée à la grenadière, son clairon dans l'autre, il regarde fixement devant lui et attend le signal

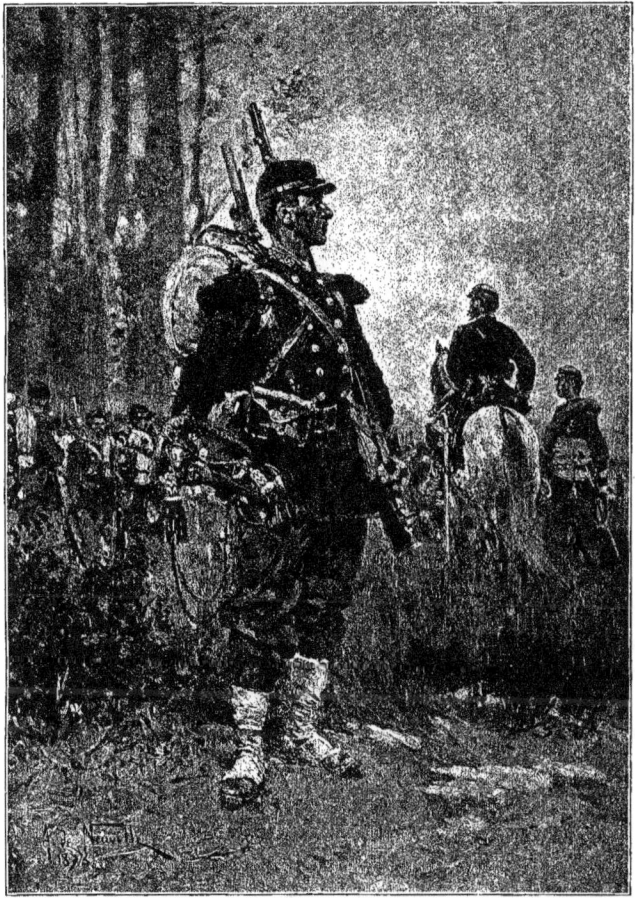

CHASSEUR A PIED (*Clairon*).

que lui donnera son chef. Quel calme dans son attitude! il sait qu'on ne peut pas commencer sans lui. C'est lui qui mettra la contredanse en branle; c'est lui qui sonne : En avant! à droite! à gauche!

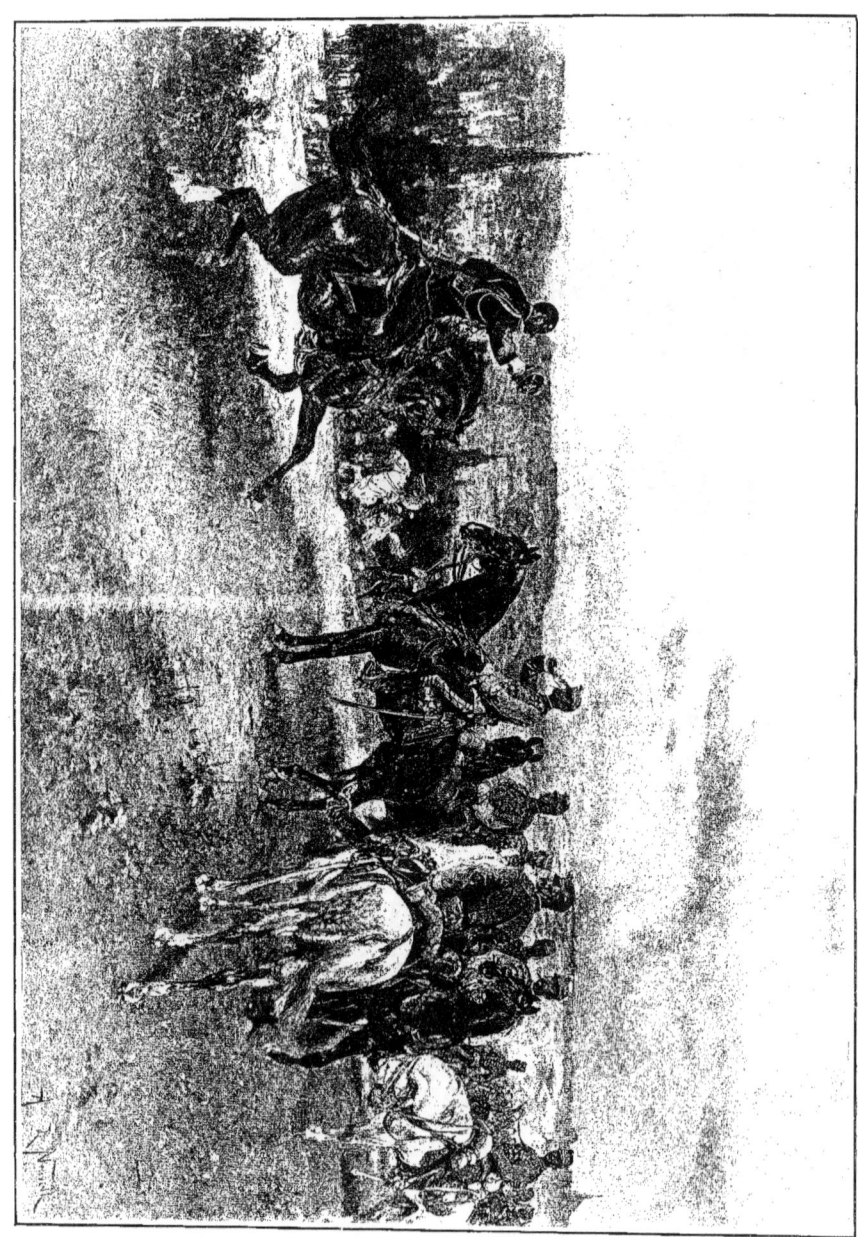

LE DUC DE CHARTRES, COLONEL DU 12e CHASSEURS

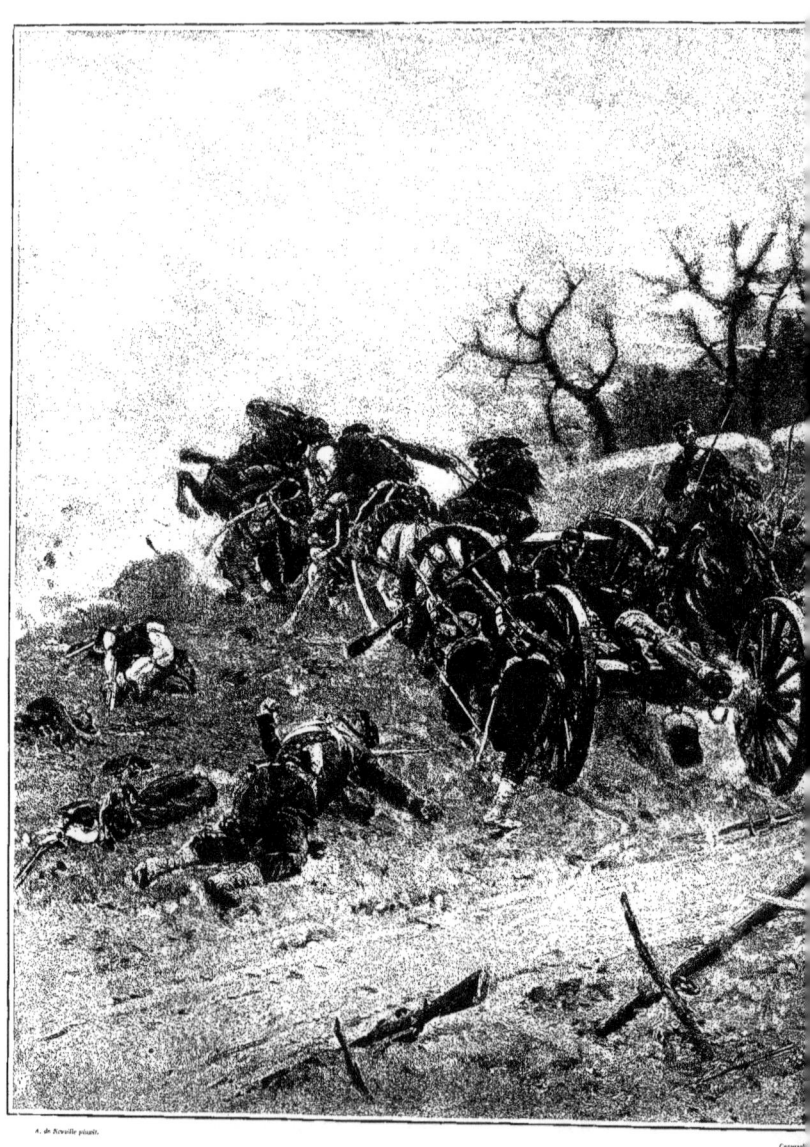

DÉFENSE DE LA

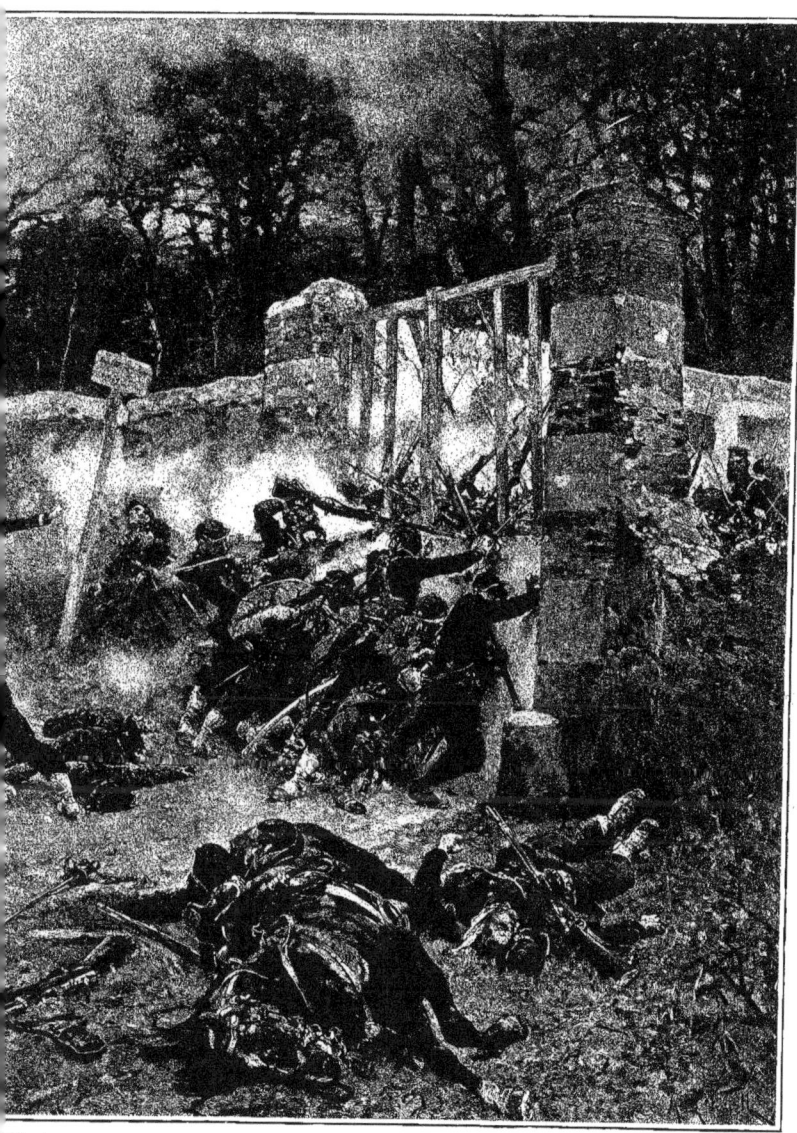
DE LONGBOYAU

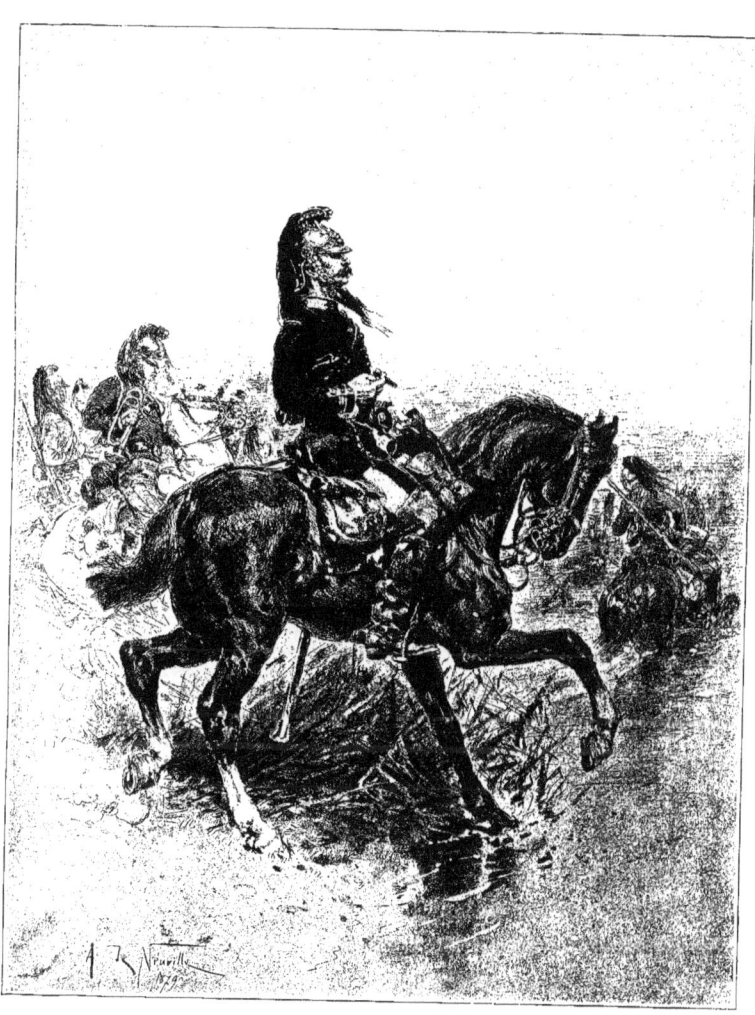

OFFICIER DE DRAGONS

repliez-vous ! Il est chargé de tout son bagage ; il porte avec lui tout son « bibelot », ses armes, ses vivres, ses munitions, ses habits et ses chaussures de rechange ; mais il n'en est pas moins leste et aisé dans sa démarche. Affaire d'habitude ! Artiste et guerrier, le clairon est presque toujours un soldat d'élite. Tout à l'heure au feu, le cuivre aux lèvres, il fera rage ; mais, pour sûr, il reviendra au pays avec le petit ruban orangé sur la poitrine. Il est de ceux que la balle ennemie peut toucher, mais qu'elle n'abat pas facilement. Ce qu'il faut admirer surtout dans les tableaux de de Neuville, c'est qu'ils ne vous laissent jamais froid. Ils vous emportent dans le milieu qu'ils représentent. On est chasseur avec ses chasseurs ; on marche, on court, on combat avec eux.

De Neuville, mieux que personne, connaissait la guerre des environs de Paris. Il l'avait faite en soldat autant qu'en artiste. Nommé avant la guerre sous-lieutenant dans un bataillon de mobiles parisiens, il fut, grâce à l'inintelligence électorale, privé de son grade lorsque la faiblesse du gouverneur Trochu remit à l'élection la nomination des cadres de la jeune milice. Mais de Neuville n'était point de ceux qui se rebutent pour si peu ; le règlement Trochu lui conservait son grade à la condition qu'il obtînt d'être requis par un état-major. Il se cramponna et se fit réclamer par le général Caillé, commandant le secteur de Belleville et fut employé dans son état-major comme lieutenant du génie auxiliaire. Il y rendit des services réels, mais sa joie n'avait pas de bornes lorsque son chef, un jour de bataille, le désignait pour aller assister à l'affaire et lui en rendre compte. Le général Caillé, militaire aimable, instruit, plus connu dans la diplomatie que dans l'armée, était enchanté de sa nouvelle recrue. Un général n'a pas la chance tous les jours de posséder un de Neuville pour officier d'ordonnance. Les fontes de ses pistolets toujours lestées de carnets et de crayons, celui-ci n'était jamais trop près pour bien voir. Vingt fois on dut lui rappeler qu'il était là pour tout autre chose que de se faire tuer sans aucune utilité. A la bataille de Champigny, il releva tout, nota tout et lorsqu'il entreprit avec son ami Detaille le panorama de cet épisode du siège, il avait encore dans l'œil et dans la mémoire le souvenir des divers combats de cette journée.

Évidemment il avait assisté à ce combat de la porte de Longboyau qu'il décrit avec une si chaleureuse précision. On en est au 19 janvier 1871. On livre aux Prussiens la suprême bataille : on veut affirmer un dernier effort avant de se rendre. La garde nationale en est et doit en être, car il faut qu'elle apprenne à ses dépens ce qu'elle ne paraît pas vouloir comprendre de bonne volonté : à savoir que la victoire, qui n'a jamais été facile, n'est plus du tout possible. Les colonnes Valentin, Bocher, Miribel, ont échoué dans leur attaque de front sur le plateau de la Bergerie. Ducrot donne l'ordre au colonel Miribel de s'emparer de la porte de Longboyau. Une première attaque n'ayant pas réussi par l'intérieur du parc de Buzenval, c'est par le mur, qu'il essaye de longer, que le colonel tente d'y arriver. Un bataillon de mobiles du Loiret, échelonné le long du mur, est chargé d'enlever la porte. Mais il était déjà trop tard. Nos soldats viennent se heurter contre des obstacles presque insurmontables. Devant la porte fortement barricadée, ils tombent fusillés à bout portant. Des murailles crénelées part une mousqueterie qui ne permet pas à nos hommes de se tenir debout : en arrière, de nombreuses batteries allemandes dont les repères, les champs de tir ont été depuis longtemps étudiés..., et, parfaitement abrités par des tranchées, des abatis, nous écrasent. Là sont tués le colonel de Montbrison, le capitaine de Murat et le sous-lieutenant de Greffrier, des mobiles du Loiret; à côté d'eux tombent plus ou moins grièvement blessés, le capitaine Balquié, les lieutenants Rouillé et Lesourd, le sous-lieutenant Imbaut — et quatre-vingts mobiles tués ou blessés du même régiment.

La bataille de Buzenval trouva les Prussiens bien calmes et bien sûrs de la victoire ; ils nous attendaient sans crainte ; ils nous savaient épuisés, divisés ; mieux que nous, ils connaissaient le nombre exact de jours que nous avions à vivre. Et pourtant il se trouvait encore dans Paris des gens capables de se battre, mais ce n'était pas ceux qui criaient le plus fort. Il n'y a pas de cause si perdue

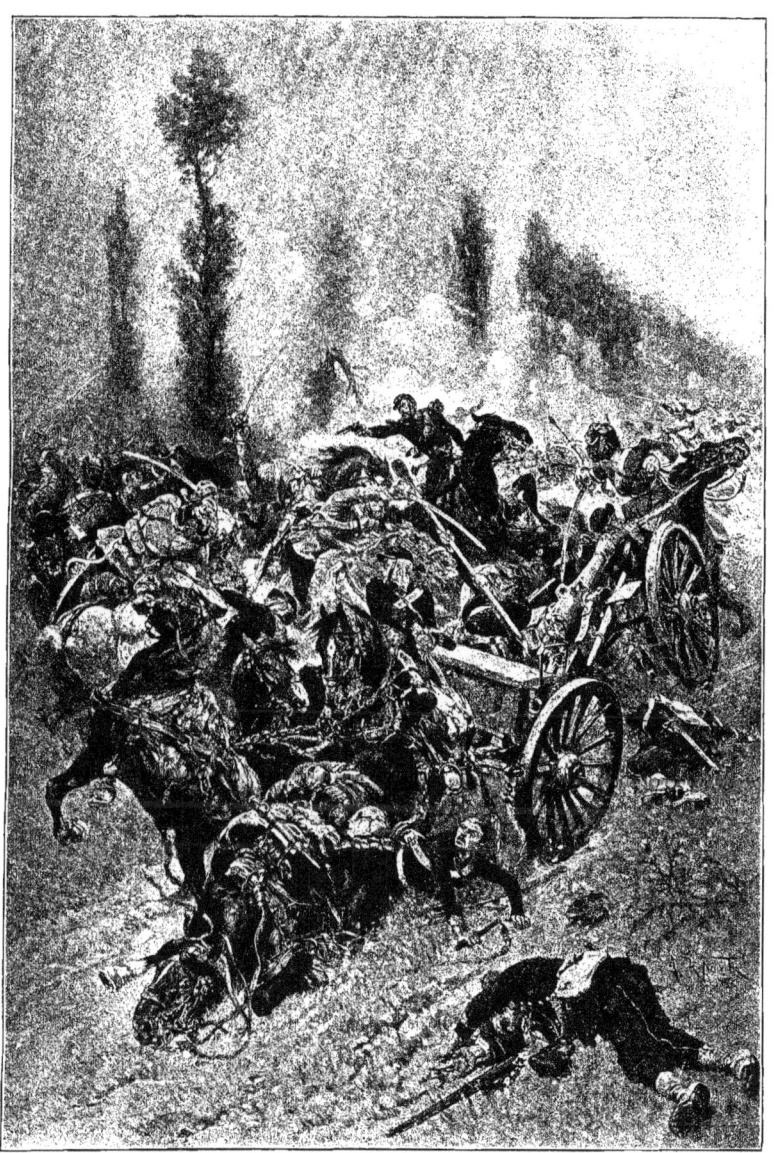

PIÈCE EN DANGER

qu'elle ne trouve encore d'héroïques défenseurs. Avec quelle rage désespérée ces quelques hommes se ruent sur cette porte garnie de fascine ! comme ils la poussent, comme on comprend qu'ils veulent en finir, soit avec la vie, soit avec l'ennemi ! C'est le beau désespoir que Corneille met dans la bouche du vieil Horace. Et en effet, que de braves gens moururent pendant la défense de Paris, dont le dévouement, mieux utilisé, aurait rapporté davantage à la patrie !

Le soldat français s'est battu brillamment partout où il a été engagé franchement. Si le haut commandement a souvent péché, le commandement inférieur, le commandement direct a toujours été admirable. Regardez cette *Pièce en danger* d'être prise par les dragons allemands. Le revolver au poing, dans une attitude superbe, le lieutenant brûle tous ceux qui s'approchent. D'ailleurs tout le monde combat : les servants comme les conducteurs. Les cuirassiers français qui, le sabre haut, chargent au triple galop, auront le temps d'arriver. Ce canon-là sûrement n'aura pas été pris cette fois ; et, s'il est allé enrichir l'arsenal de Spandau, c'est dans une capitulation qu'il aura été rendu. Quel élan, quel entrain, quelle mêlée, quels furieux coups de sabre ! Les fameux cavaliers de Salvator Rosa ne tourbillonnent pas avec plus d'ardeur et de mouvement. C'est le feu même de la bataille qui anime cette scène épisodique que je crois empruntée à la journée de Mouzon.

A l'incendie par les Prussiens des villages qui résistent, à l'exécution sommaire des francs-tireurs, voici un détachement de soldats français qui répond pratiquement et comme il convient à la guerre, dent pour dent, œil pour œil. Ils ont surpris un poste prussien avancé ; ils l'ont attaqué, et, devant la défense qui leur tue trop de monde, ils se sont déterminés à griller leurs adversaires. L'*Attaque d'une maison par le feu* est, nous en conviendrons, une scène sauvage ; mais, après les incendies et les fusillades de Bazeilles, tout est permis aux nôtres, même d'enfumer un poste ennemi.

Toute la provision d'hiver du village y passera ; on entasse fagots et falourdes sur des voitures ; on les roule à bras ; on en entoure la maison. Il faudra bien qu'ils se rendent ! Il n'y a pas de temps à perdre : leur fusillade peut attirer du secours et il ne faut pas qu'un seul puisse se vanter de nous avoir fait voir le tour. C'est peut-être la page la plus furieuse que l'on rencontre dans l'œuvre de de Neuville. On dirait que tous ces soldats ont un frère à venger, tant ils mettent de rage et de frénésie dans la destruction. La saison est déjà avancée ; les toits troués par le boulet sont couverts de neige ; on voit que la guerre a déjà passé par là avec toutes ses horreurs. Cette terrible exécution n'est peut-être qu'une revanche et une revanche justement méritée.

Place à la cavalerie ! Voici les dragons ! Cet officier élégant, hier encore, au cercle, à l'orchestre de l'Opéra, sur nos boulevards, étalait sa prestance. Le voici qui fume insouciamment son cigare au milieu de « ses hommes » qu'il mène dans une reconnaissance. Il est l'œil de l'armée, la lorgnette du général en chef, et lorsqu'il sera revenu d'une pointe poussée à cinq ou six lieues, il lui faudra organiser ses vedettes et former un cordon sanitaire autour du sommeil des corps d'armée qui dorment en attendant le réveil et le combat.

Par exemple, celui-là n'est pas un vieux soldat, mais c'est déjà un malin et même le malin des malins. Il descend en droite ligne de ce fameux perruquier des zouaves, si connu de l'armée d'Afrique et qui en aurait remontré à saint Thomas en fait d'incrédulité. Ce n'est pas à lui qu'on en contera ; il a déjà tout vu, ce jeune zouave, et par expérience il ne laisse rien traîner. N'importe ce qu'il trouve, il le serre, en disant sentencieusement : « On ne sait pas à quoi cela pourra servir un jour ou l'autre ».

Et il encombre le haut de son armoire à glace d'objets les moins précieux en apparence, mais fort utiles pour son escouade, et sa marmite bouillira la première, tandis qu'on pestera ailleurs. Avec ces morceaux de drap, détritus de veste et de pantalons, dédaignés par des conscrits qui n'en ont pas l'usage, il raccommodera ses habits. Peu lui importe, il est vrai, de boucher un trou avec une

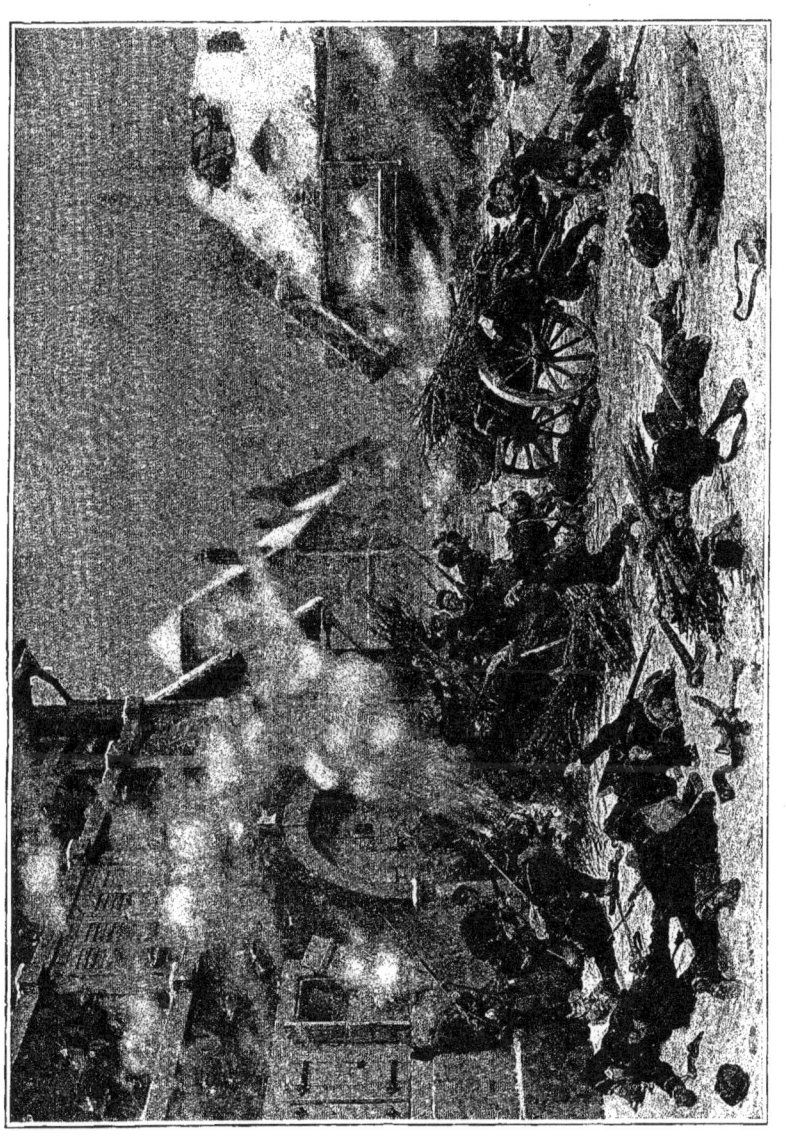

ATTAQUE D'UNE MAISON PAR LE FEU

étoffe disparate ; pourvu que le trou soit bouché, c'est le principal. Stoïcien de la bonne école, la cigarette qu'il fume est certainement d'un tabac que lui seul connaît ; c'est un Parisien fini ; il appartient à la tribu des « Beni-Mouflards », ramasseurs de n'importe quoi, n'importe où, mais qui deviennent de terribles soldats lorsque la vie militaire leur a brisé l'échine. A l'armée, le Parisien est tout bon ou tout mauvais ; il raisonne ou il marche ; c'est un fricoteur ou un héros ; il n'y a rien à faire avec lui, ou l'on doit tout en attendre ; il n'y a pas de milieu, car il ne fait rien à demi, ni le mal, ni le bien.

Ce turco bronzé, dont la superbe carnation fait rêver si l'on se rappelle un des couplets de la chanson célèbre du *gentil Turco* :

Quand un Turco va voir sa maîtresse,
D'abord il la caresse
A coup de triquot ;
Kif ! kif ! le bourriquot.

Sa maîtresse à l'heure qu'il est, c'est la poudre ; la poudre qui parle à son imagination de guerrier plus que la gloire. Il l'aime plus que tout au monde ; c'est à fin de la faire éclater qu'il abandonne son pays pour suivre au loin le drapeau français. Les coteaux de l'Alma l'ont vu bondir comme une panthère ; les belles dames de Milan et de Mexico l'ont couronné de roses ; il est allé en Cochinchine, il est allé partout, et le voici, il ne sait comment, au milieu des places de l'Alsace, la cigarette aux lèvres et toujours prêt à verser généreusement son sang. C'est l'enfant gâté de la bataille, terrible aux ennemis, qui voient en lui l'image du diable, le *Dieu du feu et du fer*. Il aime qu'on lui parle au milieu du combat. A Woerth, où le 1ᵉʳ régiment de tirailleurs algériens laissa huit cents morts sur le champ de bataille, le capitaine Quantin, pour consoler ses hommes au milieu de la mêlée, leur disait simplement : « Ce ne sont point des balles que vous entendez, ce sont les

ZOUAVE

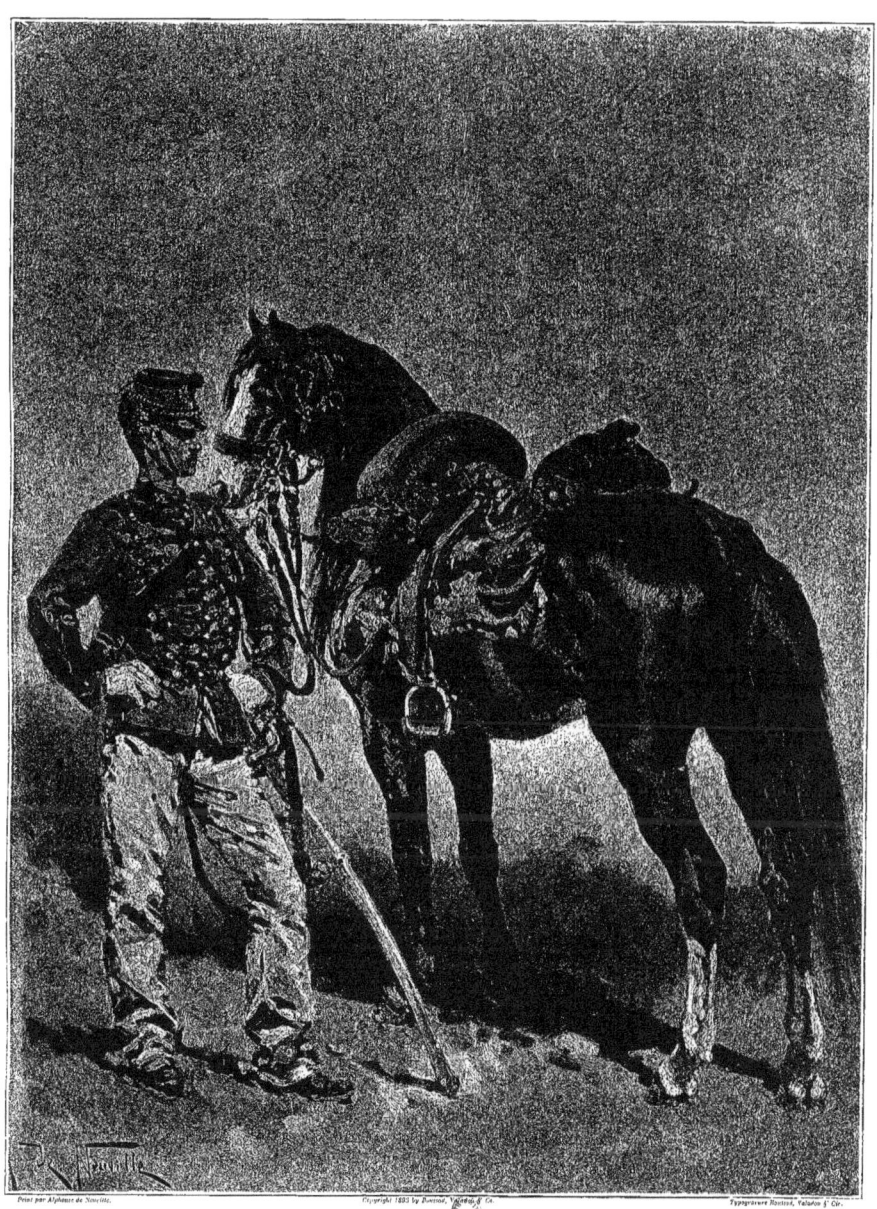

CHASSEUR A CHEVAL

abeilles qui bourdonnent à vos oreilles. » Le 3ᵉ régiment, non moins éprouvé, eut aussi ses orateurs du champ de bataille. Sur la ligne de tirailleurs, un sous-officier supplie le capitaine Deschamps de descendre de cheval et de ne pas rester en cible exposé aux coups certains de l'ennemi : « Les enfants du désert, répond-il aussitôt en arabe, ne connaissent pas les chefs qui mettent pied à terre au moment de combattre. » Quantin et Deschamps sont tombés face à l'ennemi, mais leurs noms restent gravés dans la mémoire de leurs chers soldats. A quoi pense-t-il ce turco chargé lui aussi comme un zouave d'un butin étrange ? Est-ce au Prussien dont il a pris le casque après l'avoir éventré d'un coup de son sabre-baïonnette ? Est-ce au chef mort au champ d'honneur en lui montrant le chemin du devoir ? A tous les deux peut-être, mais à coup sûr aussi aux nouvelles luttes qui se préparent. Il pense à tuer le plus de Prussiens possible et à venger ses officiers et ses camarades qu'il ne reverra plus ici-bas. Salut, brave turco !

Ce capitaine d'artillerie qui arrête sa batterie d'un geste impérieux et d'un cri énergique : *Halte !* est aussi un raffiné. Sa tenue n'est peut-être pas tout à fait réglementaire, mais le ceinturon qu'il porte par-dessus son dolman ajoute à l'énergique élégance de toute sa tenue. De Neuville aimait ces cavaliers superbes qui conservaient l'air mousquetaire sous le veston moderne. On devine aux caresses de pinceau qu'il leur prodigue combien il regrettait de ne pouvoir les couvrir de broderies éclatantes, de manteaux écussonnés et les surmonter de panaches flamboyants. Certainement les

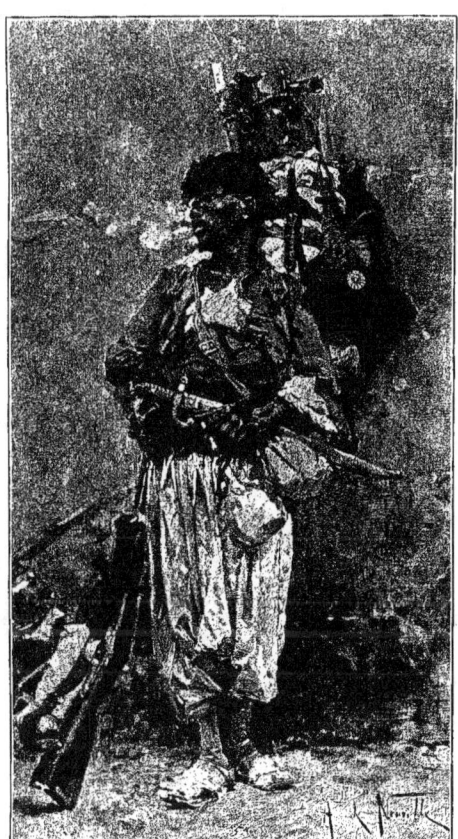

TURCO

deux passions artistiques de de Neuville ont été les chasseurs à pied et les artilleurs. Si on les comptait dans ses tableaux, on en trouverait presque autant que dans l'armée française.

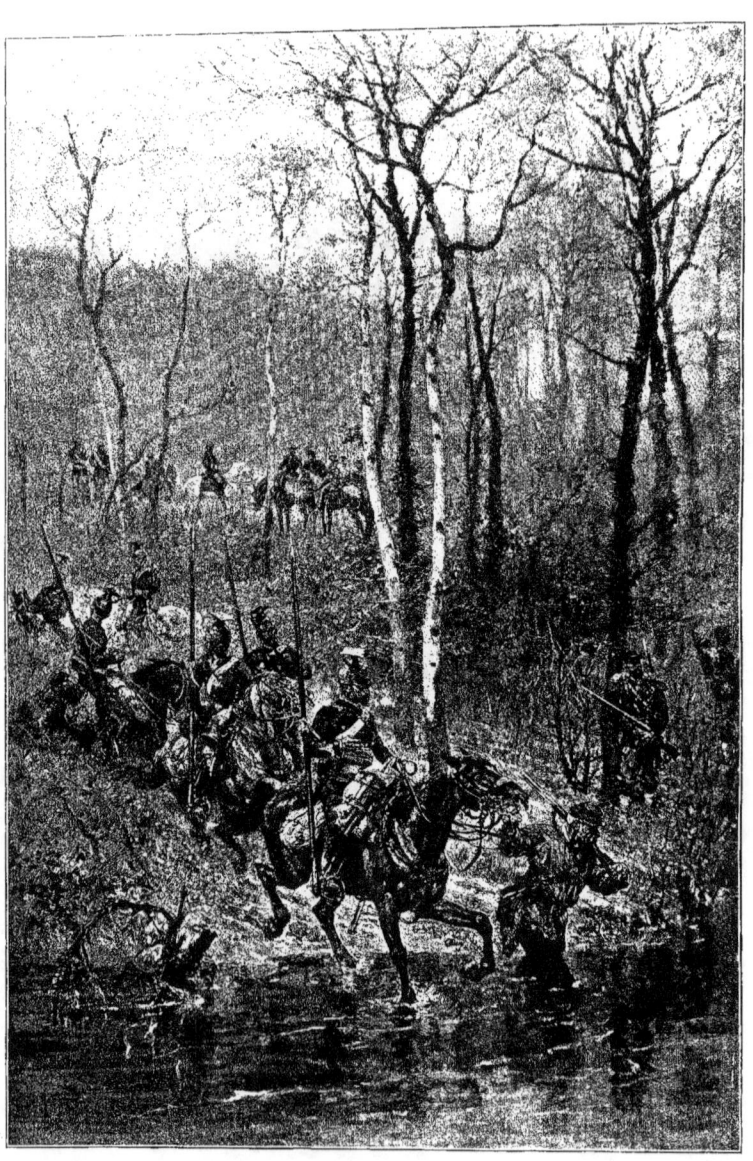

PASSAGE D'UN GUÉ

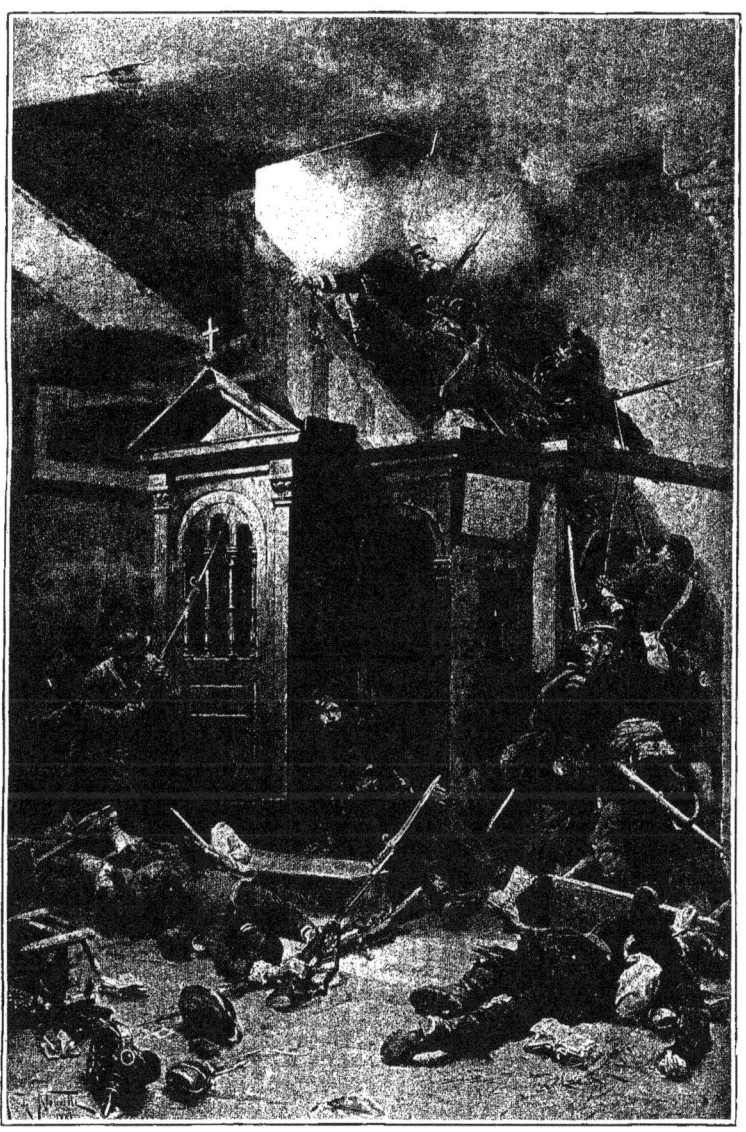

COMBAT DANS UNE ÉGLISE

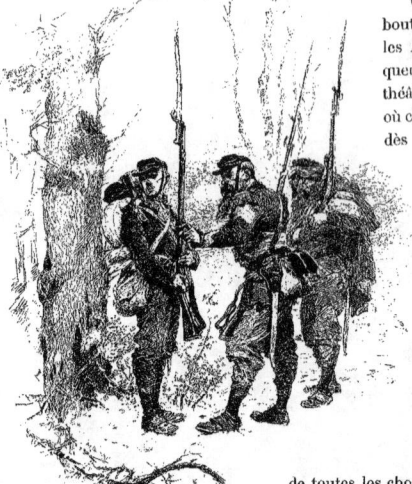

Ces fantassins escaladant, la baïonnette au bout du fusil, un clocher de village occupé par les Allemands, ont un entrain des plus belliqueux. Aucun cependant n'affecte une pose théâtrale, c'est bien là la guerre corps à corps où chacun travaille pour son compte. La guerre, dès que de Neuville l'a vue, de ses yeux vue, lui a livré d'un seul coup tous ses secrets. Bien que je ne fasse pas sa biographie, je puis rappeler qu'avant la campagne de 1870-1871, il n'était encore qu'un artiste de second rang. Les malheurs de la France, l'immensité de nos misères surexcitèrent son âme, enflammèrent son pinceau et il se révéla tout à coup grand peintre pour consoler la patrie et prêcher la haine de l'étranger. Depuis 1871, il n'a fait que des œuvres d'une grande valeur. Il aimait tant les soldats français ; il haïssait si fort l'étranger.

Neuville avait donc en lui l'intuition de toutes les choses de la guerre. Il en débrouillait avec une étonnante perspicacité les plus inextricables péripéties. Il suffisait qu'un témoin oculaire lui racontât une scène militaire pour qu'il en eût sur-le-champ la représentation nette dans l'esprit. Évidemment, il n'a pas vu le *Combat dans une Église*, mais évidemment aussi, si le combat a eu lieu, il s'est passé exactement de cette façon. Le fantassin prussien, blessé ou mourant de peur, qui se recule effrayé dans l'angle du confessionnal, est bien connu des Parisiens. Ce n'est pas le beau Poméranien, splendide sous son uniforme qui étonna nos officiers de l'empire, si jaloux eux-mêmes de la belle tenue de leurs hommes ; c'est le gamin hâve, à la peau plombée que nous avons vu dans toutes les familles d'émigrants, traînant sur les bancs de nos gares de chemins de fer ; c'est l'ouvrier qui venait chercher du pain dans nos fabriques et surprendre tous nos secrets. Ce type curieux si bien saisi par le pinceau de de Neuville, nous le retrouverons pendant toute la campagne dans les régiments d'infanterie prussienne ; de même que nos officiers prisonniers ont retrouvé dans les rangs de l'armée allemande des anciens commensaux dont ils avaient ignoré jusque-là la nationalité militaire. J'ai entendu raconter nombre de fois l'histoire d'un major qui, sous un nom d'emprunt, avait servi au Mexique et en Afrique, comme lieutenant dans la Légion étrangère. Tout le monde connaît cet ingénieur allemand employé jusqu'en 1867 par la Compagnie du Nord. A la suite d'un refus d'avancement, il donna sa démission en disant ironiquement qu'il se retirait « avec la satisfaction d'avoir travaillé pour le roi de Prusse ». Pendant la guerre il devint le directeur des lignes du Nord au compte de son roi bien entendu ; et sans doute pour que nous n'en perdions pas la mémoire, le livre du grand état-major allemand a constaté le fait et conservé son nom (Supplément CLXXIV) dans une note exquise : « Un ancien employé du chemin de fer du Nord français, nommé Glaser, Allemand de naissance, avait été admis par la Commission des chemins de fer de campagne en qualité d'ingénieur. Il fut attaché à l'armée de la Meuse et s'occupa surtout du rétablissement du réseau des voies ferrées situé au nord de Paris. »

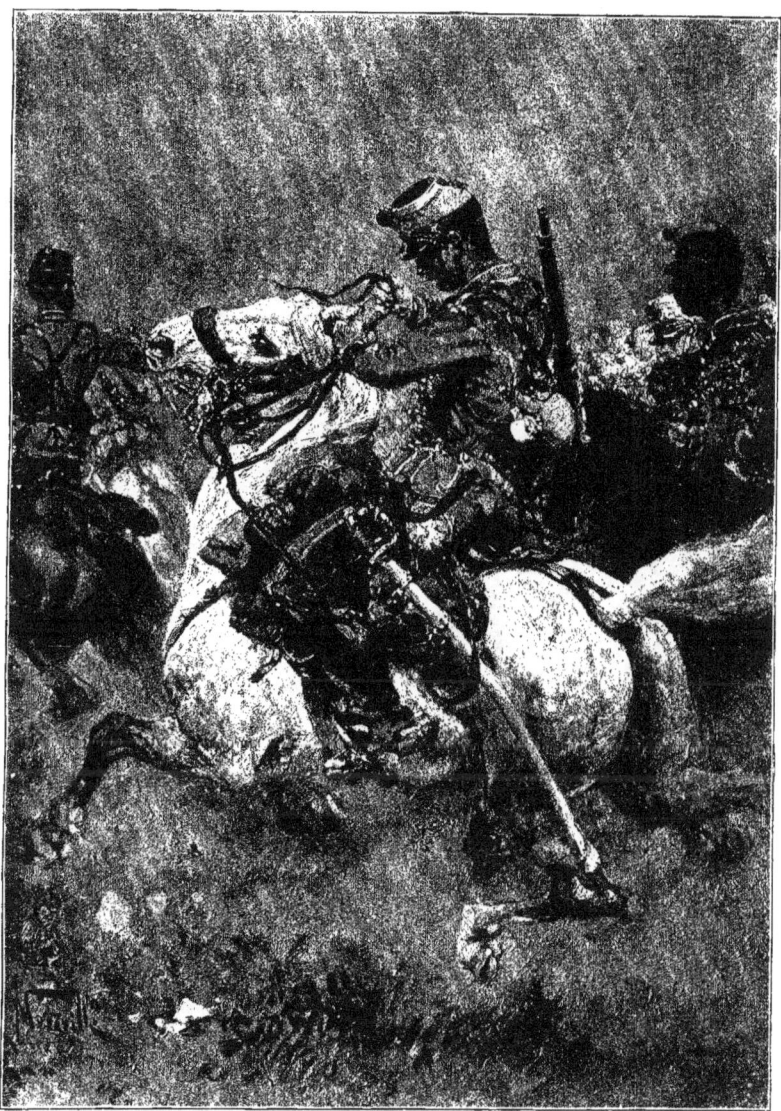

HUSSARDS

Quant aux pauvres *prisonniers français* dont on n'a pas assez raconté les douleurs, ils ont eu à souffrir plus qu'on ne saurait dire. Sans feu, pendant un hiver rigoureux, insuffisamment nourris, sans médicaments lorsqu'ils étaient malades, exploités par les marchands allemands lorsqu'ils avaient de l'argent, ils étaient maltraités par des majors importants qui croyaient toujours qu'ils allaient se révolter. Mais laissons de côté pour un instant ces tristes souvenirs.

Une vieille chanson dit que le *Hussard* a été formé pour l'amour aussi bien que pour la guerre. Maintenant que les chasseurs à cheval sont habillés comme les hussards, sauf un ornement et la couleur des brandebourgs, le cavalier léger français est toujours un hussard pour les femmes et pour l'ennemi. Sur son cheval blanc qui s'enlève, ce vigoureux garçon m'a rappelé la vieille chanson et je suis bien certain que le fond de la toile est occupé par des femmes regardant le défilé.

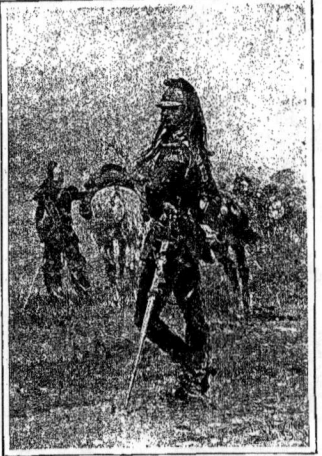

OFFICIER DE DRAGONS

Ladonchamps — ce nom remet en mémoire deux journées de la fin du siège de Metz.

Le commandant en chef n'avait pas cru que Paris tiendrait si longtemps contre les efforts de l'armée allemande ; il se pensait oublié de la France et rêvait d'être, avec ses quatre corps d'armée et la garde, l'arbitre des destinées politiques de son pays. Encouragé dans ses songes ambitieux par les menées ennemies, il s'endormait avec l'espoir de se réveiller maître de la situation. Mais dans l'armée de Metz, il existait des braves gens. Ils disaient bien haut que si dans les journées des 14, 16, 18, 31 août et 1er septembre, on avait eu 306 officiers tués et 1,262 blessés, si nous avions perdu 21,591 sous-officiers et soldats dont un quart tué ou mort de blessures ; si nous avions laissé 11,121 prisonniers entre les mains de l'ennemi, on n'avait pas encore fait assez pour la patrie. Les prisonniers échangés avaient apporté des journaux français, on avait pris des journaux allemands sur des morts ; il circulait parmi les régiments des bruits étranges ; on se disait que Paris voulait se défendre, que la province s'organisait. Les gens de cœur voulaient qu'on marchât de l'avant, qu'on allât joindre ceux qui se débattaient au loin. Le mois de septembre tirait à sa fin. On commençait à manger du cheval et l'on ne voyait pas bien clair dans les projets de Bazaine. Le maréchal sentit la nécessité d'occuper l'esprit de ses soldats ; le 21 il y eut une petite affaire à *Lauvallier* ; le 22 on fit une tentative sur Vassy et le 27 on marcha sur *Peltre* et *Colombey* et sur *Ladonchamps*. Ce fut le 6e corps (maréchal Canrobert) qui fut chargé d'enlever le château de Ladonchamps ; il le fit lestement, surprit les Prussiens et leur infligea un léger insuccès. Les Allemands n'aiment pas être surpris ; pour que les Français ne vinssent plus chercher de nouveau des ressources si près de leurs lignes, ils ordonnèrent de détruire les villages attaqués, enlevés et qu'on avait abandonnés à la fin de la journée. « En exécution de cet ordre, ils procédaient durant la soirée et la nuit suivante, à l'incendie de Peltre, de la Basse-Bévoye, des Maxes et d'une partie de Magny. Les localités de Colombey, la Grange-aux-Bois et Mercy-le-Haut avaient déjà été réduites en cendres au cours du combat (ouvrage du grand état-major allemand, 2e partie, page 272). » C'est évidemment cette journée

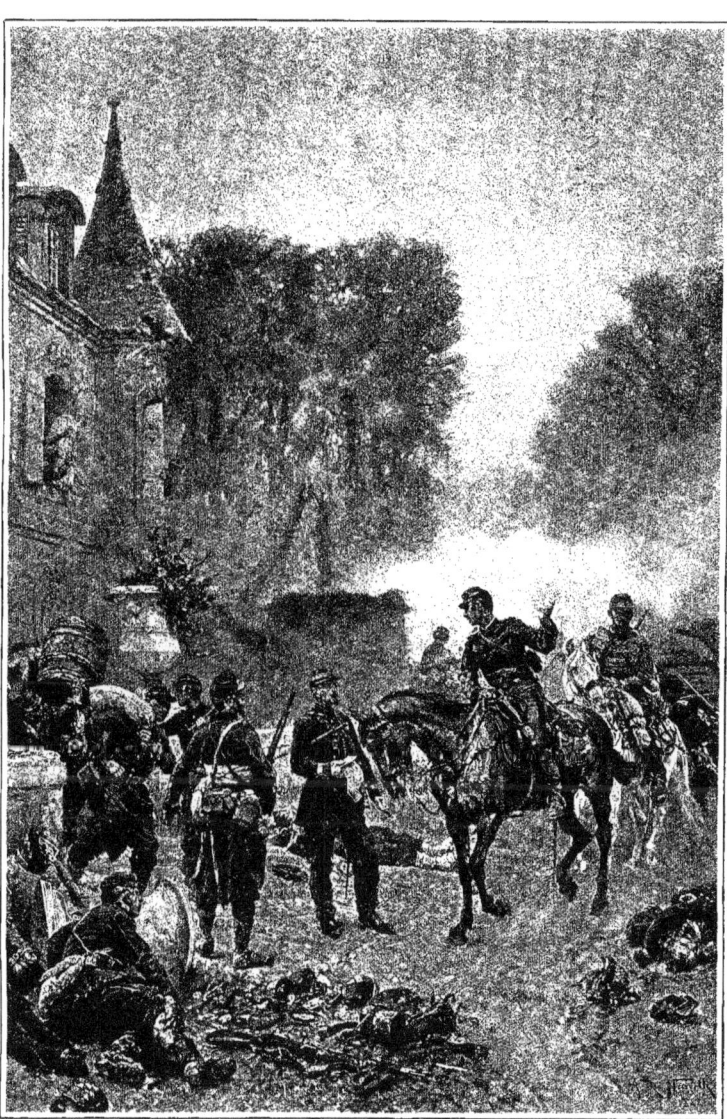

DÉFENSE D'UN CHÂTEAU

dans laquelle nous nous étions proposé d'enlever les fourrages et les provisions qu'on supposait devoir contenir le château de Ladonchamps, que représente le tableau de Neuville. Des officiers et des soldats du génie sous les ordres d'un officier supérieur de cette arme, opèrent le déménagement des vivres ; un officier d'état-major suivi de son ordonnance lui apporte un ordre, car le château, je viens de le dire, doit être évacué dès le soir. On le réoccupera définitivement le 2 octobre, puisqu'à la guerre, faire, défaire et refaire c'est toujours travailler.

Les sujets qui plaisaient le plus à Neuville mettaient d'ordinaire en scène des épisodes exceptionnels. Il haïssait le vulgaire. Le *Combat sur les toits*, c'est le côté aventureux, romanesque et presque littéraire de la guerre. Se maintenir fièrement et silencieusement dans le rang sous une pluie d'obus, sous une grêle de balles, c'est héroïque ; marcher en tirailleurs ou s'élancer en masse à l'assaut d'une position, c'est presque un soulagement lorsqu'on est resté assez longtemps immobile au feu ; mais faire le coup de fusil sur les toits, à travers les cheminées, en grimpant le long des murs au risque de se casser les reins, comme cela va probablement arriver à ce brave chasseur à pied, auquel la main et le pied ont manqué à la fois, c'est là le superlatif de la guerre.

Celui qu'il faut admirer le plus, ce n'est pas l'officier qui indique les bons coups à ses hommes ; après tout il fait consciencieusement son métier de chef ; mais ce brave troupier africain, assis commodément sur le chevron du toit, émerveille. Il assure son coup de fusil, comme s'il était à la cible ; certainement c'est un amateur de première force. Il prend son temps sans se gêner. Que lui importe d'être visé ; les balles qu'on lui envoie, il s'en soucie médiocrement ; ce qui l'intéresse c'est de ne pas brûler sa poudre inutilement ; il faut que tous ses coups portent. Et dire que des soldats comme ceux-là peuvent être vaincus ! Cela démonte les gens qui croient que les soldats suffisent à la bataille. Non, non, ils ne suffisent pas, même lorsqu'ils sont bons, et nos soldats des premières batailles étaient excellents. Mais pour que la guerre donne la victoire, il faut qu'une grande idée la motive, soulève la nation et que l'âme du général en chef s'élève à la hauteur des circonstances.

Nous sommes en Alsace, les houblons du premier plan l'indiquent. Cet épisode est l'un des plus héroïques de la journée de Woerth. La 1re division (Ducrot) du 1er corps d'armée (Mac-Mahon) défend le village de Fræschwiller avec une grande ténacité. Les Allemands ont perdu la bataille le matin ; mais ils ont reçu des troupes fraîches toute la journée ; il est deux heures et demie de l'après-midi ; on se bat depuis huit heures du matin ; la journée va se changer pour nous en déroute ; mais on lutte encore. Des débris de régiments se mêlent à des débris de bataillons ; nous sommes perdus. Nos soldats étaient 40,000. Lorsqu'ils cessèrent le feu, les Allemands avaient amené 140,000 hommes et les renforts qu'attendait Mac-Mahon n'arrivèrent pas. Cette victoire coûta toutefois très cher à nos ennemis qui eurent 489 officiers et 10,153 sous-officiers et soldats mis hors de combat. Bien que nos pertes fussent un peu moins considérables, le corps Mac-Mahon fut brisé en mille morceaux et éparpillé dans toute l'Alsace. Tout ce qui n'eut pas le temps de gagner Châlons fut employé à la défense des places voisines de la frontière.

Je ne crois pas que ces moblots que de Neuville a représentés festoyant aux avant-postes soient du Tarn, du Loiret ou de la Vendée. J'imagine au contraire qu'ils sont de Pantin et même de Pantruche, comme on dit, aussi bien dans des assommoirs de Belleville que dans les caboulots du Boul'Mich. Ce n'est ni par l'amour de la discipline, ni par le respect de la propriété qu'ils brillent. Artistes, étudiants, gamins, ce sont de bons garçons ; ils feront le coup de feu avec autant d'aplomb et de conviction qu'ils crieront « à la trahison ! » si la victoire ne leur sourit pas. Ce n'est pas que le courage leur manque, bien au contraire, mais ils ont l'habitude parisienne de prendre tout à la blague. Ils sont tombés devant une villa joyeuse ; ils ont descendu dans la rue, derrière l'épaulement qui les protège, le piano de la petite dame, et ils ont trouvé très garde française et très bastion Saint-Gervais de donner

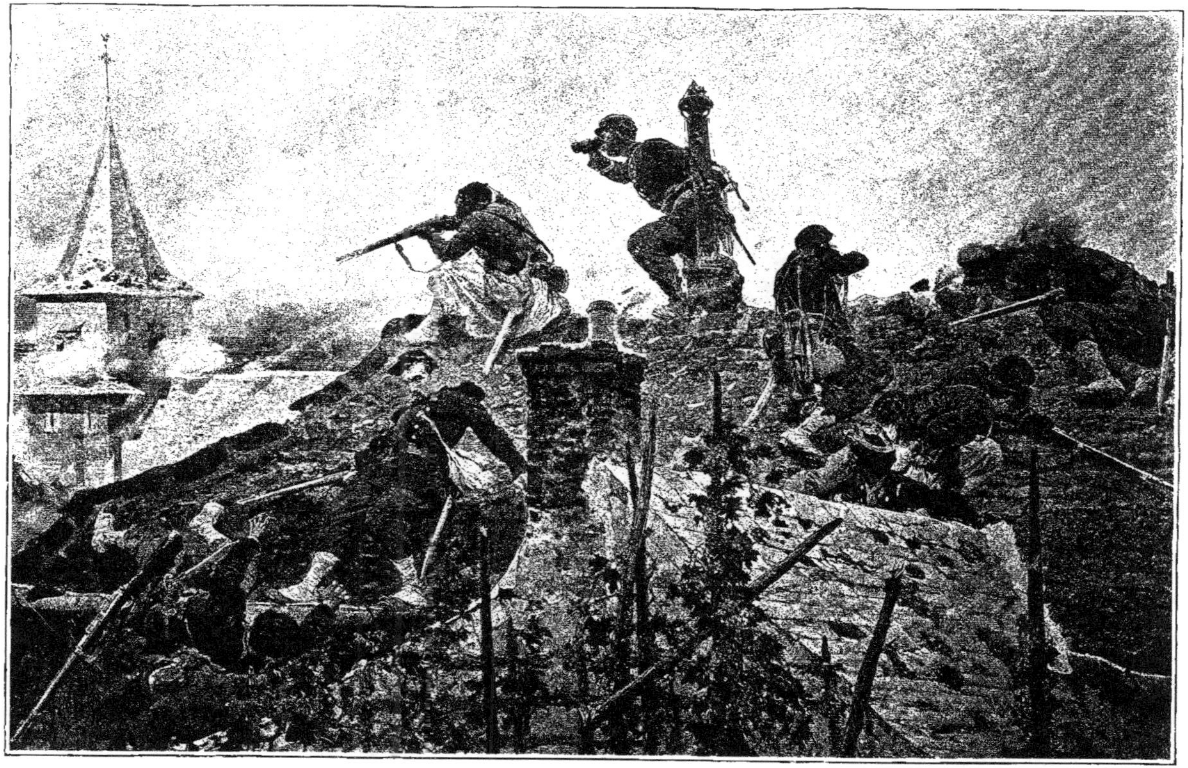

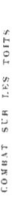

COMBAT SUR LES TOITS

un *Concert aux avant-postes*. Que voulez-vous? Il y a tant de gens qui ont appris l'Histoire de France dans les romans d'Alexandre Dumas. Le sergent a emprunté la chaise longue au salon de la propriétaire et s'y prélasse en fumant sa cigarette et en lisant la dernière lettre de son amante. Quant au gaillard qui chante la romance en s'accompagnant lui-même, c'est un artiste de la bonne école, de l'école de Thérésa et de Suzanne Lagier et certainement il mériterait un plus nombreux auditoire.

J'aime à penser toutefois que le général qui commande de ce côté-là a pris ses précautions pour que nos moblots soient eux-mêmes gardés par une autre avant-garde. Neuville, on me l'a affirmé, dans son amour pour ces fanfarons de la bataille a voulu peindre leurs qualités dominantes : l'insouciance et la gaieté. Tout en effet, dans cette page fantaisiste, est peint avec un soin particulier et délicat. Les accessoires sont aussi spirituels que les personnages. C'est une étude de mœurs pourléchée et achevée. Le clairon philosophe, que la musique n'émeut pas et qui garnit prudemment ses pieds avec un

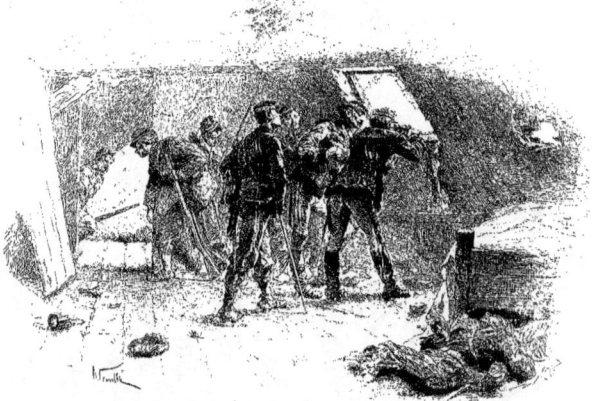

mouchoir de fine batiste d'une provenance analogue à celle du piano et de la chaise longue, est très finement observé. Le factionnaire assis sur le piano est une trouvaille. Impossible là-dedans de voir une satire, si légère qu'elle soit, contre les faux d'Artagnans de la bohème militaire. Et cependant le chef-d'œuvre ne perdrait rien de son exquisité, s'il était possible d'y découvrir une pointe d'ironie.

Mais comme il faut à tout une moralité, je ne crois pas inutile de raconter ici une anecdote vraie. Comme un matin, au Salon, je regardais le *Concert aux avant-postes*, passaient deux jeunes gandins suivis d'une petite femme coiffée à la chien :

« Tiens, dit l'un, regarde, Titine, comme c'est bien parisien. »

Un officier en tenue, qui avait entendu, répliqua d'un air bon enfant :

« Mais ce qui aurait été tout à fait prussien, c'est que ces gaillards-là, surpris, enlevés, empoignés, eussent été expédiés le soir même sur Spandau ou sur Stettin. »

Il est inutile d'ajouter que l'officier avait raison ; mais les gandins n'avaient pas tort ; et le *Concert aux avant-postes* restera un chef-d'œuvre et un chef-d'œuvre bien parisien.

Le *Mot d'ordre* qui suit est la contre-partie exacte de la toile précédente.

Cette fois, c'est le règlement du service en campagne que l'on applique dans toute sa rigueur. Les

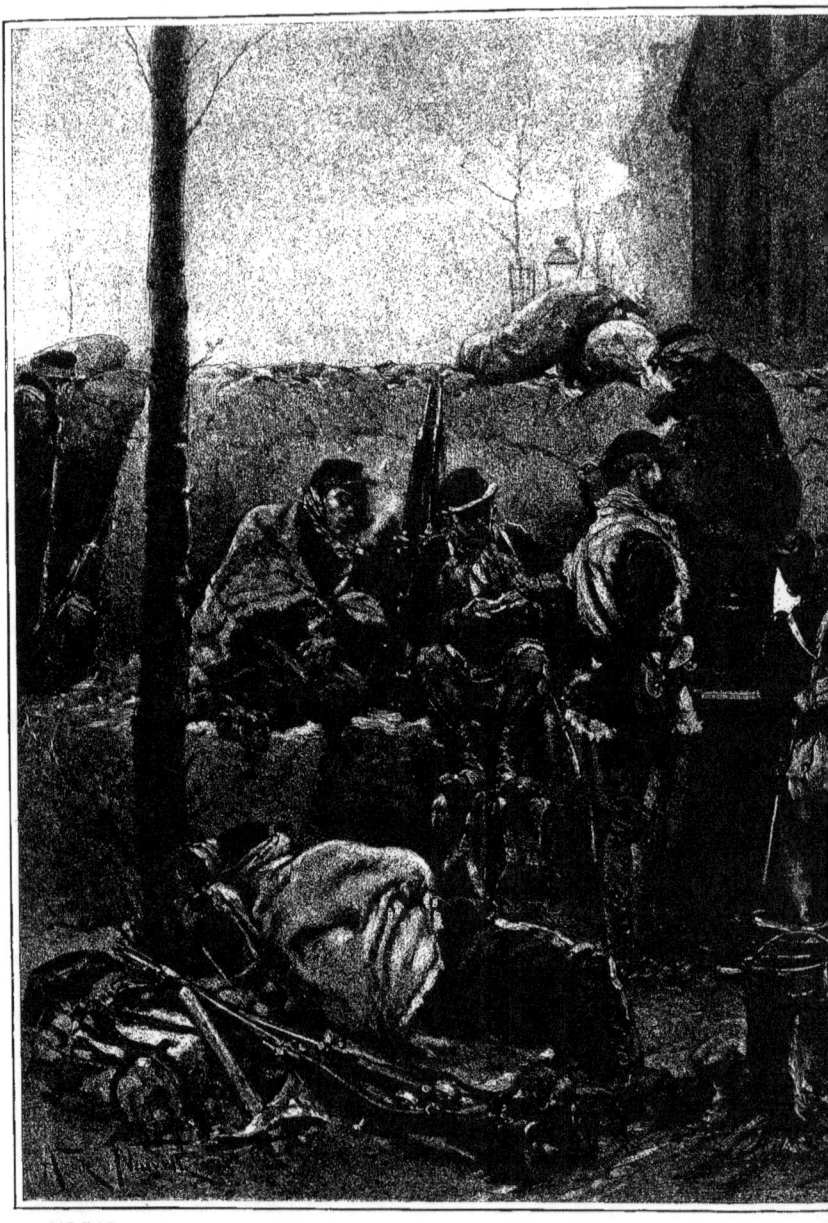

A. de Neuville pinxit.

CONCERT

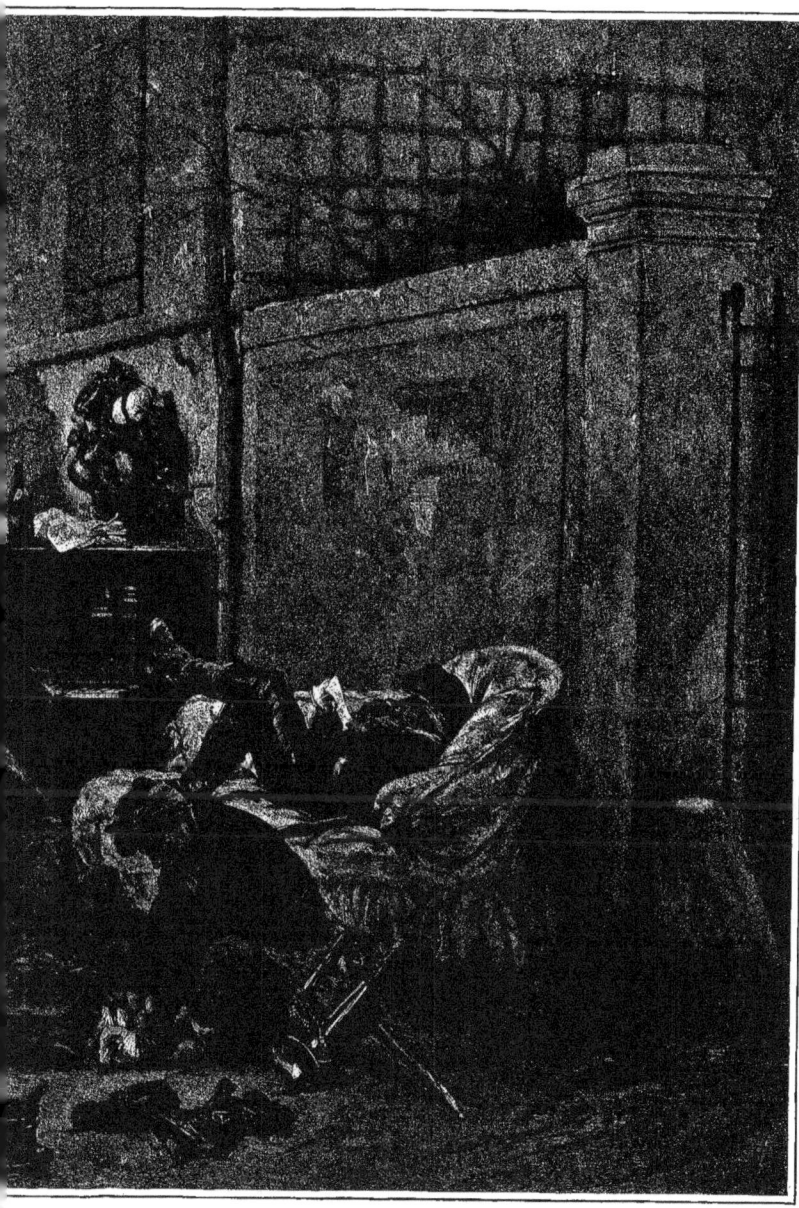

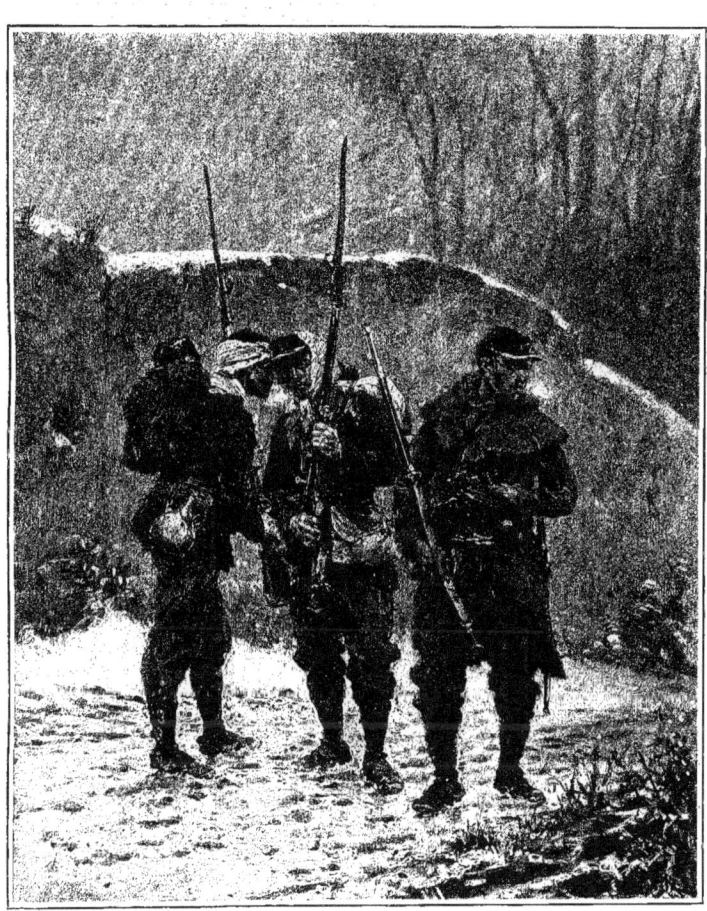

LE MOT D'ORDRE

moblots ont fini de rire. Ça va chauffer et il fait froid. Il ne s'agit plus de chanter *le sire de Fich ton Camp*, avec accompagnement de piano, pour le plus grand agrément des camarades ; ça sent le prussien tout près. Mauvaise odeur et mauvais voisinage. D'ailleurs, le commandant du régiment est un ancien officier de chasseurs d'Afrique, un rude. La croix et les épaulettes de capitaine gagnées laborieusement au Mexique il est revenu planter ses choux et faire des enfants légitimes dans le manoir de ses pères. Mais dès qu'il a vu la patrie en danger, il a décroché son sabre de bataille, comme on dit dans les *Huguenots*, et il a accepté de guider au feu les enfants de son canton, mais à la condition qu'on servirait exactement et qu'on ne bouderait pas. Aux mères, il a dit : « Je vous en ramènerai le plus possible ! » aux enfants : « Faites votre devoir, advienne que pourra ! »

Neuville les avait bien connus pendant le siège ces lieutenants-colonels et chefs de bataillons qui firent souvent des héros de ces braves enfants, presque tous atteints de la maladie du pays. Comme on voit qu'ils sont imprégnés jusqu'aux moelles de l'esprit militaire de leur chef ! Au pied de ce mur désert la sentinelle qu'on relève indique à son successeur la consigne qu'il devra observer. Par ce temps de froid noir, la faction sera dure, mais tenez pour certain qu'elle sera scrupuleusement faite. Ce ne sera pas sans émotions diverses que ce jeune troupier restera vigilant et attentif, pendant deux heures, au poste qui lui est assigné ; mais les camarades peuvent dormir sans crainte, ce Breton-là ne faillira pas à son devoir. « Advienne que pourra ! »

Ces scènes de patience et de douleur sont faites pour réconforter les grands cœurs et Neuville avait un vrai cœur de soldat. De son pinceau sont sortis une foule de motifs glorieux qui reproduits à l'infini par la gravure ont beaucoup fait pour défendre notre vieil esprit chauvin contre les doctrines dissolvantes des inventeurs du colonel Ramollot. Les poètes et les peintres sont les consolateurs des nations malheureuses. Nos peintres l'ont toujours compris, nos poètes et nos littérateurs l'ont trop souvent oublié, et c'est peut-être le cas ici d'exprimer le regret que la mort soit venue enlever de Neuville au moment où il allait illustrer les *Chants du soldat*, l'œuvre si patriotique et si profondément émue de Déroulède.

L'a-t-on regardé assez le *Combat sur la voie ferrée* ; l'a-t-on assez admiré ? Il fallait attendre une heure et faire la queue pour bien l'examiner à son aise. Comme sujet, c'est d'une simplicité première, mais quel enlèvement d'enthousiasme ! Je ne saurais assigner une date et un lieu précis pour cette action militaire, mais certainement Neuville l'avait vue et bien vue. Les avant-postes allemands et leurs factionnaires ont été rejetés de l'autre côté de la levée du chemin de fer par une première ligne de tirailleurs, puis l'attaque s'est prononcée et on voit que l'ennemi bat en retraite sous le feu, les chasseurs à pied font merveille et à moins que l'ordre de *se retirer en bon ordre* ne soit donné, le Prussien sera débuché. Cette levée qui sort d'un petit bois, nous l'avons vue vingt fois aux environs de Paris ; je ne serais pas étonné que Neuville ait placé son combat dans les environs de Suresnes et de Saint-Cloud près de cet endroit où des mercantiles allemands avaient élevé un cabaret de circonstance sous l'invocation nationale de la *Délicieuse saucisse aux pois*.

Les peintres sont des voyants. Ils ont la nécessité de condenser dans quelques types vigoureux leur idéal avec la réalité. De Neuville n'a jamais hésité, lorsque l'intérêt de son œuvre l'exigeait, à sacrifier un peu la réalité à l'idéal. C'est surtout dans la représentation des actions de force qu'il l'a fait. Entraîné par la fougue de son imagination il s'est servi alors de son pinceau comme d'un sabre pour marcher en avant. Ses types d'officiers débordent tous de vigueur et de santé ; ce sont tous des gaillards charpentés fortement et qu'on pourrait décorer de l'adjectif grec que Lancelot a traduit dans ses racines par « bon, brave à la guerre. » De plus, ils sont tous beaux, parce que le courage donne toujours une belle expression au visage ; enfin ils sont tous placés dans des attitudes convenant nettement à l'action qu'ils accomplissent, mais souvent exagérées parce que le combat exalte. Eh

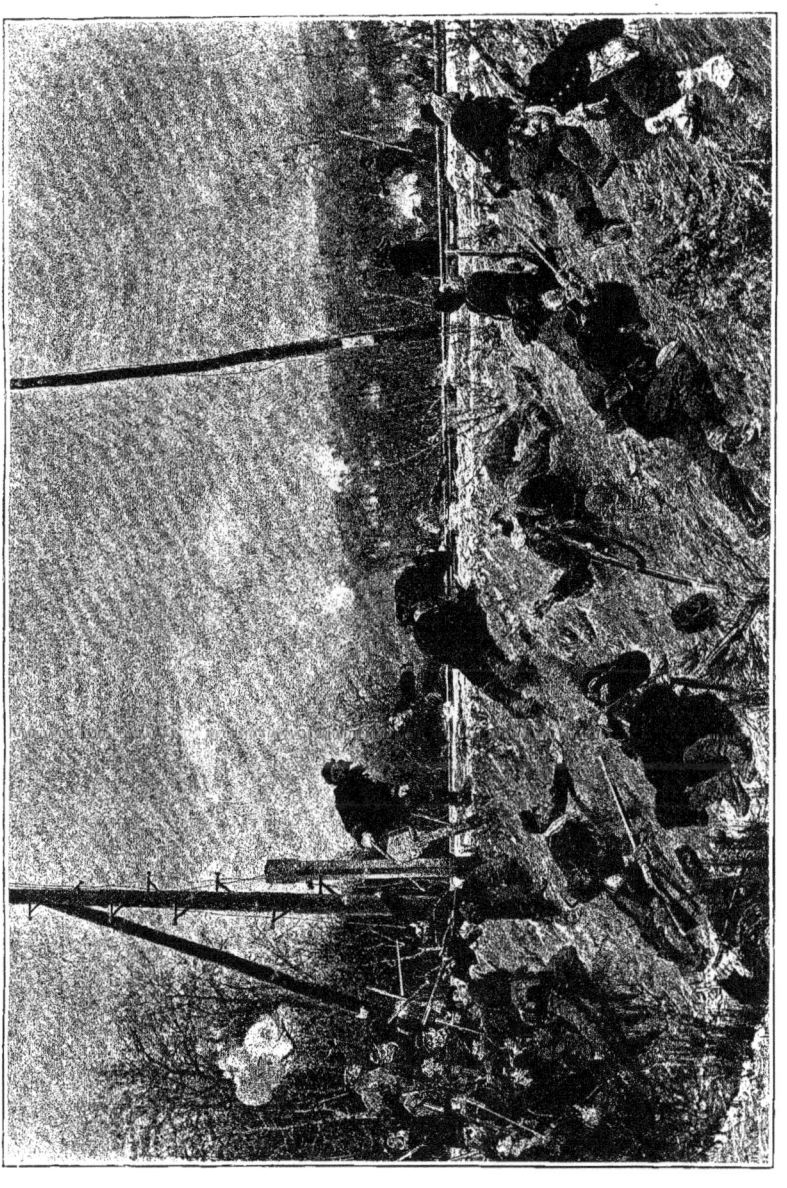

COMBAT SUR UNE VOIE FERRÉE

bien, cette idéalisation de la réalité se trouve être la vérité et les militaires, les meilleurs juges de la valeur exacte de la peinture de bataille, sont tous d'accord sur ce point.

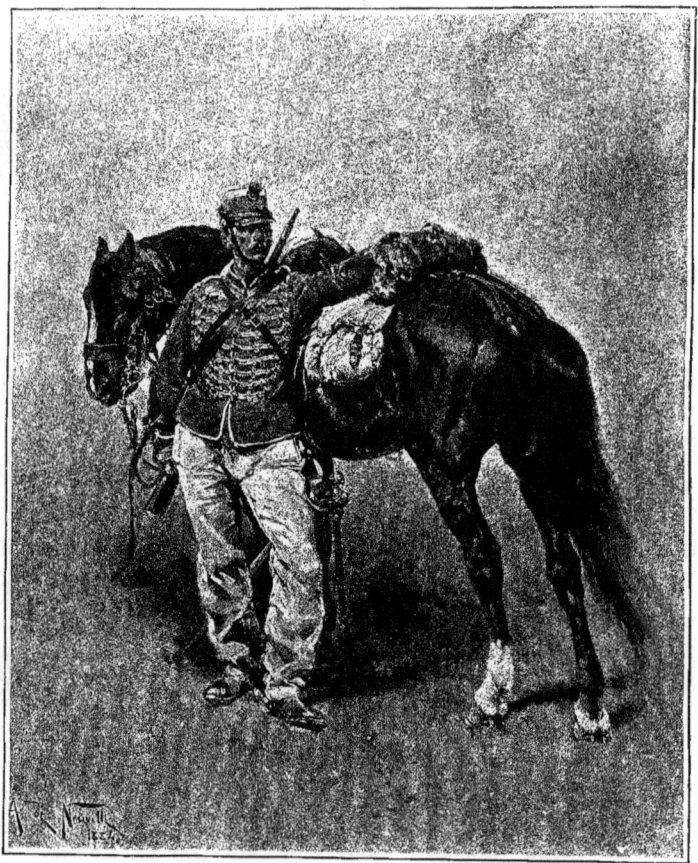

HUSSARD

D'ailleurs de Neuville savait reposer son pinceau et délaisser l'orgie du mouvement, pour le calme le plus complet. Ce hussard nouveau modèle, en tenue d'été, est là pour le démontrer : il est au plus grand calme comme le voltigeur de l'ex-garde impériale en tenue de campagne.

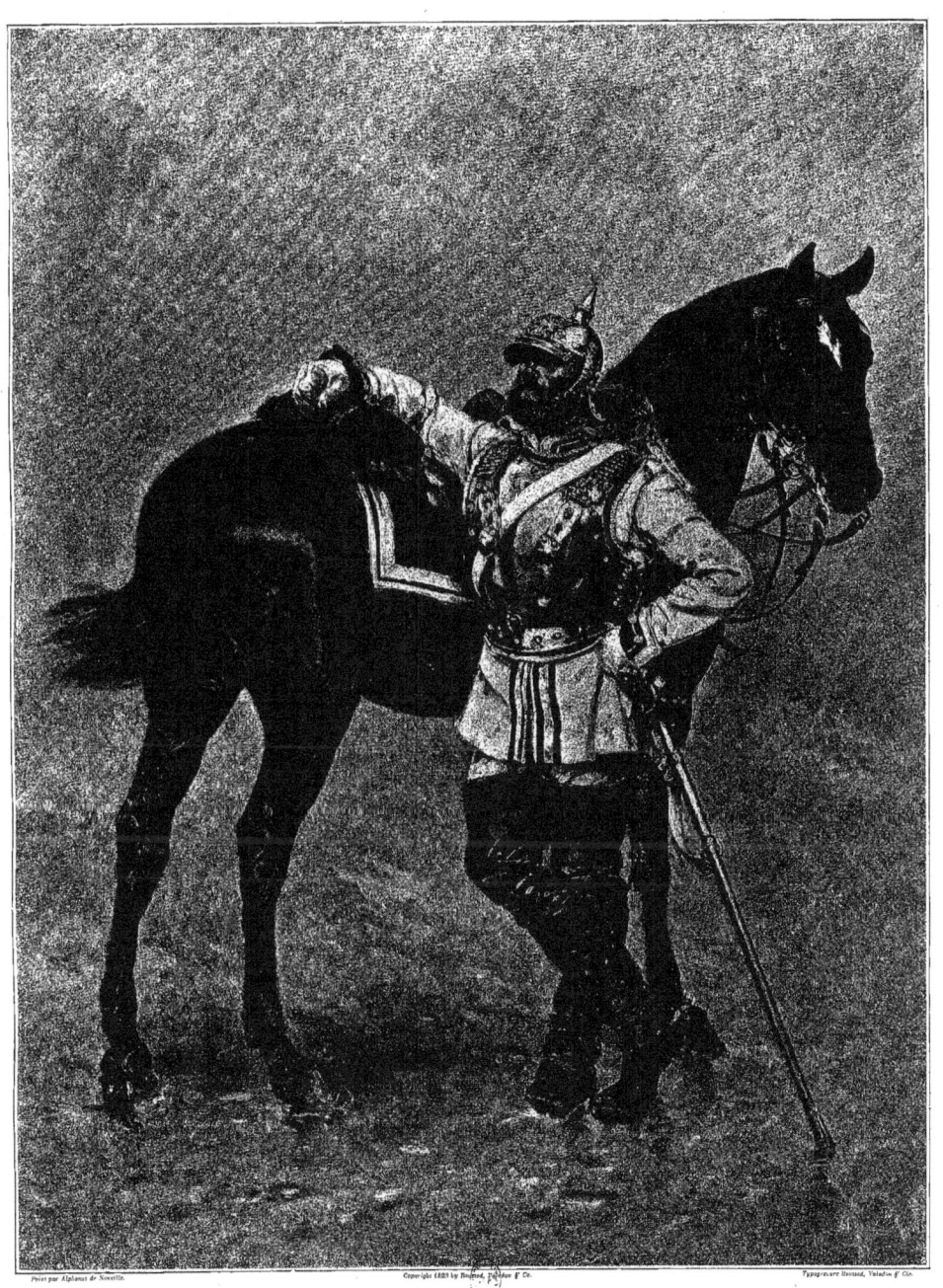

CUIRASSIER ALLEMAND

Le voltigeur, permettez-moi de vous le présenter plus intimement, c'est une vieille connaissance à moi. Il est maintenant modèle chez les peintres militaires, après avoir été soldat dans la garde impé-

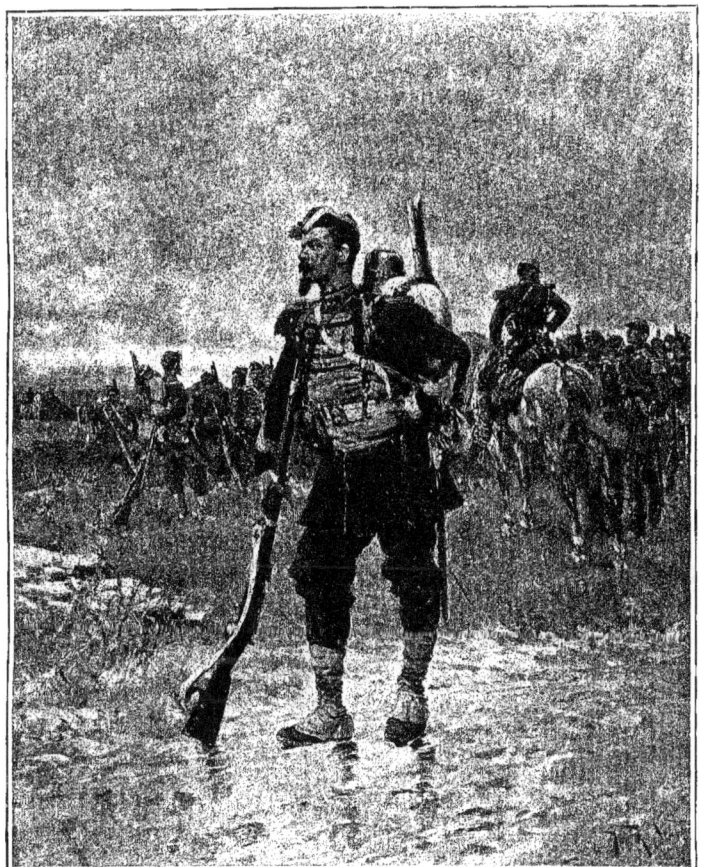

VOLTIGEUR DE LA GARDE

riale, mais dans les chasseurs à pied. Il s'y est distingué par sa manière de servir. La paix venue, il n'a pas voulu déserter l'uniforme et les a successivement endossés tous ; je l'ai vu en vieux de la vieille, en zouave, en légionnaire, couchant en joue, pendant des heures entières, un ennemi imaginaire ou déployant toute sa vigueur dans un coup de baïonnette sans fin. De Neuville l'a peint au repos, sous un vieil uniforme qui lui rappelle de bien chers souvenirs, et a fait passer à la postérité les traits de ce modeste défenseur de la patrie. Car avoir son portrait par Neuville, c'est être sûr de vivre longtemps dans la mémoire des hommes. Le père Ardelin est donc immortel et il n'en est pas plus fier pour cela, je vous le jure.

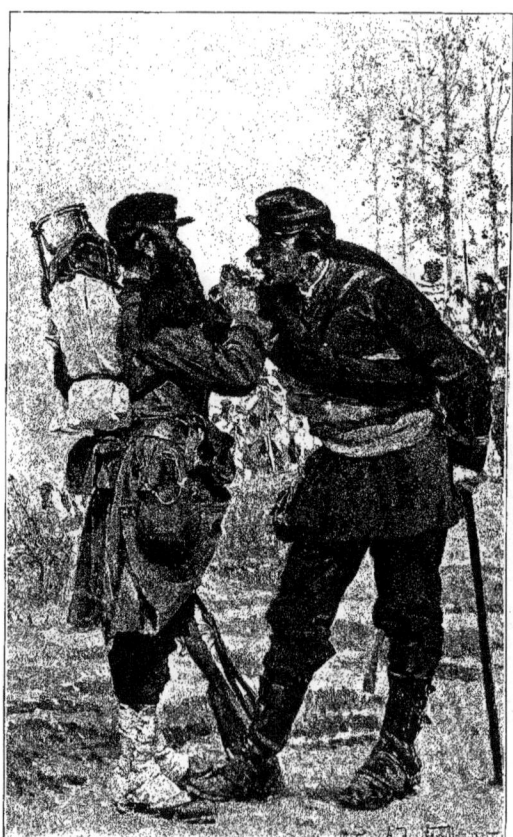

Ces *prisonniers allemands gardés à vue* dans une église ont été mis entre nos mains dans l'une des grandes batailles sous Metz; on n'y voit pas d'officiers, ont-ils été mis à part? n'y en avait-il point? je ne saurais le dire. Mais, je tiens du général G., commandant une brigade de voltigeurs sous Metz, que pendant l'un des derniers combats qui précédèrent de quelques semaines la capitulation, il arriva sur les positions allemandes avec tant de rapidité, qu'il surprit les postes avancés presqu'au complet. Il ne s'y trouvait aucun chef ; le général G. expliquait cette circonstance en disant que les officiers allemands, passant devant un conseil lorsqu'ils rentraient des prisons, faisaient tous leurs efforts, quand le combat tournait mal, pour se soustraire aux mains de l'ennemi. Nos officiers, au contraire, qui ont la même origine que leurs soldats, et auxquels le règlement et les usages imposent de partager leur sort, ne les abandonnent jamais.

S'il n'y a qu'un factionnaire français pour garder tant d'allemands, il faut songer que tout le village est occupé par les nôtres.

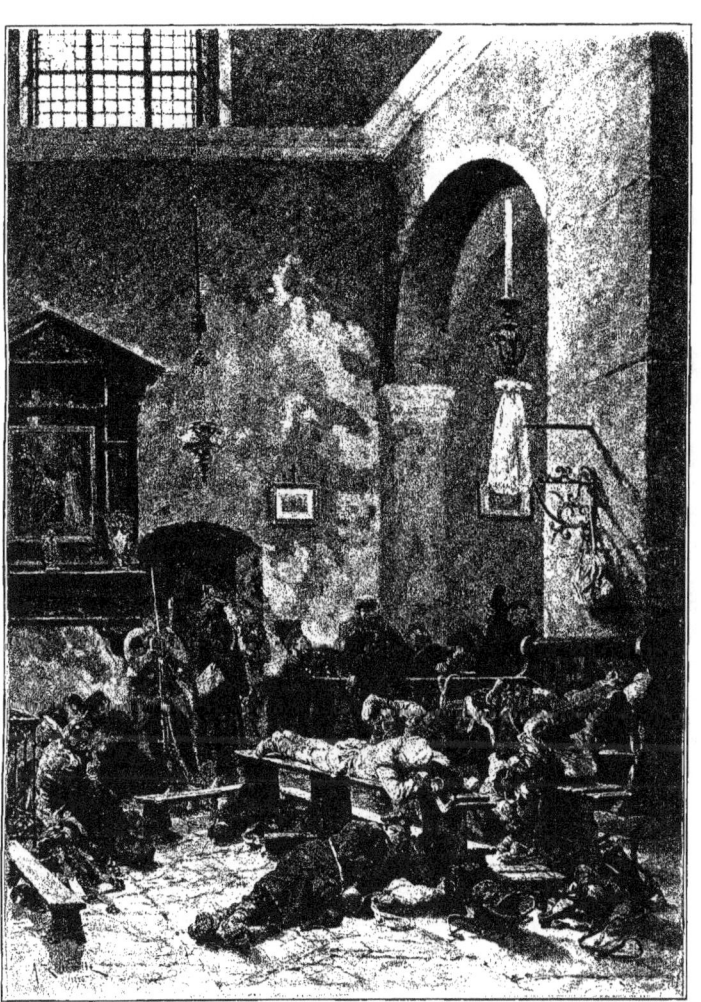

PRISONNIERS ALLEMANDS DANS UNE ÉGLISE

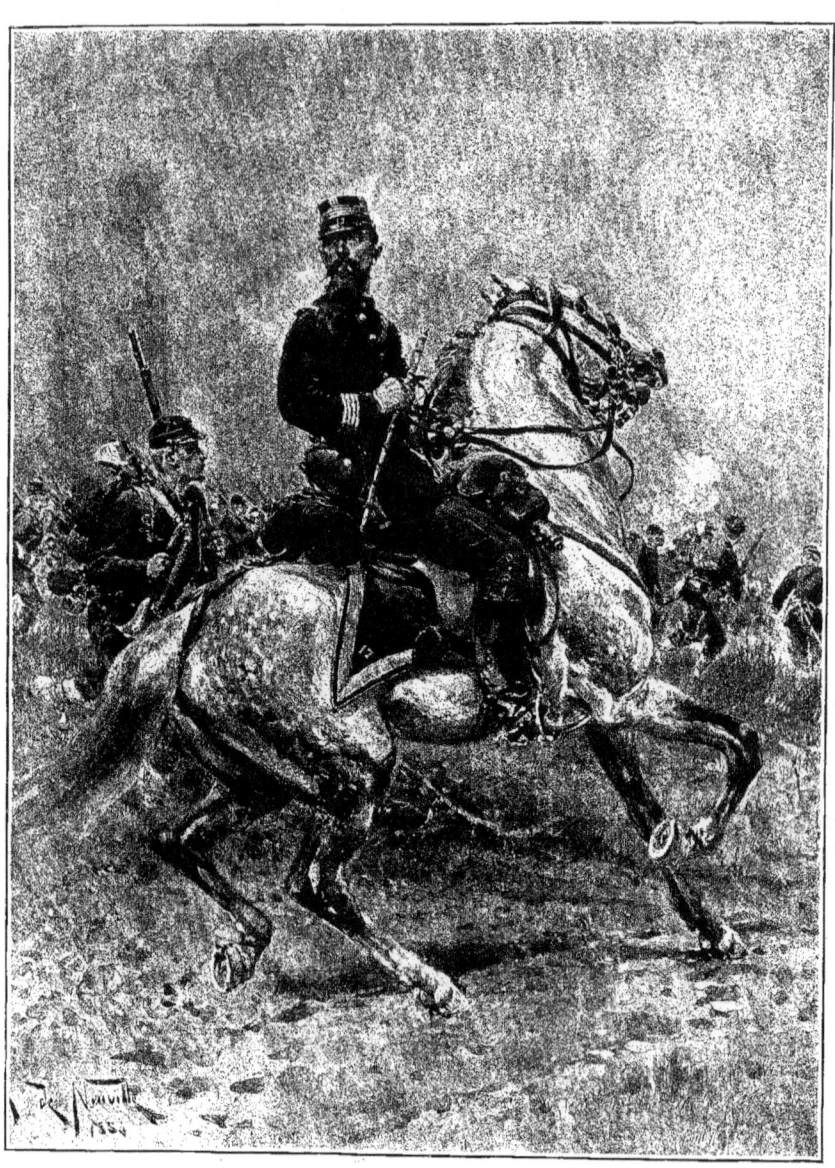

COMMANDANT DE CHASSEURS A PIED

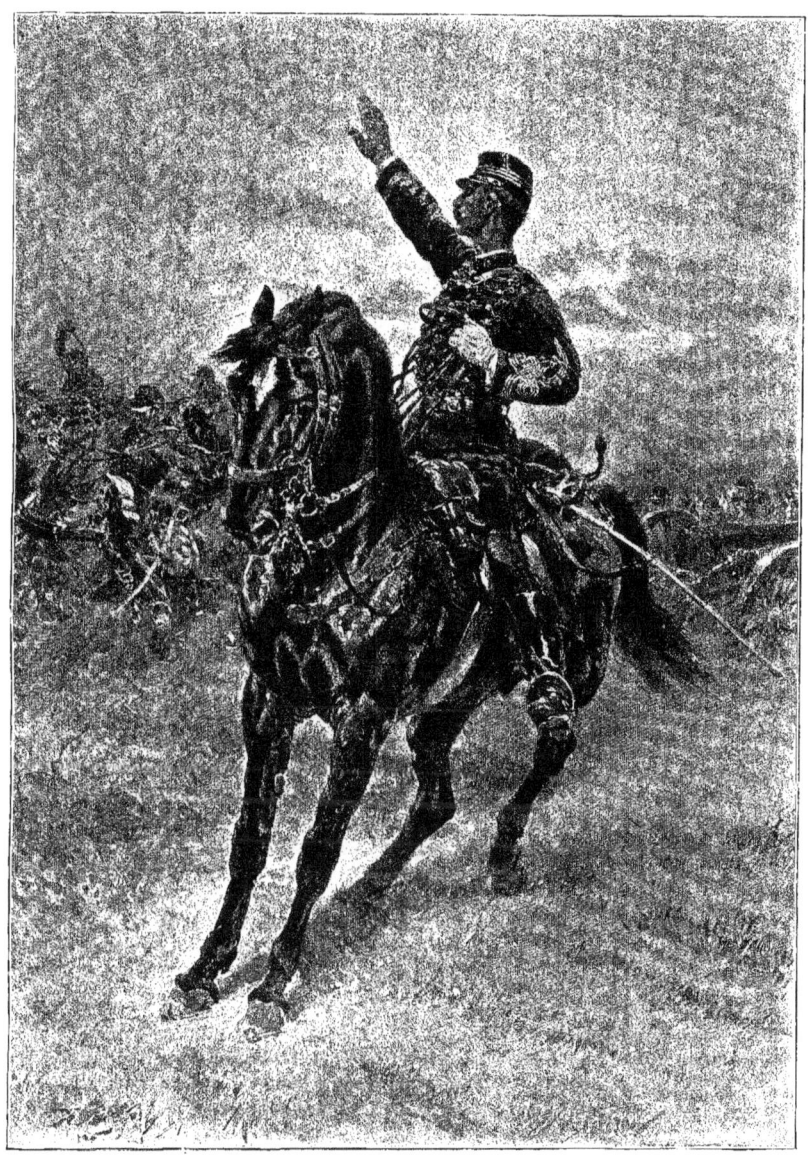

« HALTE! »

Notre ancienne connaissance l'ex-balayeur des rues de Paris est là au premier rang mollement étendu sur la dalle. Il y a gros à parier qu'il préfère son infortune à la gloire de porter les armes pour la patrie allemande.

Ce *Pon Pafarois* a été ramassé par les éclaireurs chargés de surveiller l'ennemi le long des flancs de la colonne en marche. Deux moblots l'amènent devant le prévôt de la Division, qui procède à son interrogatoire. Le numéro de son régiment dit d'abord le corps d'armée auquel il appartient ; s'il veut ajouter quelques renseignements utiles, on les vérifie. On lui laisse ce qu'il possède après l'avoir fouillé, car ainsi que le dit si bien de Brack « sa propriété est sous la sauvegarde de son déshonneur et de notre mépris ». A la façon soupçonneuse dont le regarde le capitaine de gendarmerie, le cas du *Pon Pafarois* ne me paraît pas clair. Ce gros gars, bien portant, vigoureux, n'a pas été poussé par la misère à quitter la bonne fortune de ses camarades ; il n'a donc pas d'excuses prépondérantes à faire valoir, et je suis certain qu'on va l'expédier très loin, afin qu'il n'ait aucune tentation de retourner là d'où il vient. Le bon gendarme est certainement de cet avis : il se connaît en physionomie, il voit passer tant de monde sur les routes.

Un peintre du talent et de la science de Neuville ne fait pas systématiquement de la fantaisie ; il a au cœur et à la tête une synthèse qui l'oblige à rester dans les limites de la vérité vraie ; il l'a sentie ; elle l'a ému ; il rend son émotion le pinceau à la main. Dans ce petit drame qui se joue entre le prévôt d'une colonne française et un déserteur allemand, il y a des sous-entendus qui font toucher du doigt les qualités humaines de nos imperfections militaires et les défauts cruels de la perfection de nos vainqueurs.

De 1815 à 1870, six régiments de nos cuirassiers avaient fait campagne : quatre en 1813 en Espagne, deux en 1854-55 en Crimée, sans, je crois, avoir l'occasion de mettre le sabre à la main. Ils vivaient sur les glorieux souvenirs des dix dernières années de l'Empire ; mais ils en vivaient bien, puisque Mac-Mahon, après la malheureuse journée de Woerth, leur demanda de sauver les débris de son armée. « Comme à Waterloo ! » leur cria le général Raoult, en les voyant s'élancer dans les rues de Morsbronn. Sans hésitation, sans même demander ce qu'ils allaient faire, ces magnifiques régiments se précipitèrent sur l'ennemi. Au pont de Mouzon, l'avant-veille de Sedan, le cinquième cuirassiers chargea au premier signe qui lui fut fait, encore pour venir en aide aux camarades ; et il perdit son colonel, le brave Contenson. Ces jeunes et braves cavaliers, sous les ordres de ce vaillant, ne montrèrent qu'une crainte, celle de ne pas faire assez pour l'honneur des armes. Aussi les cuirassiers sont devenus populaires entre tous les régiments. Neuville devait leur consacrer une page, et ce lieutenant en grande tenue rappelle qu'il y a pour les soldats des défaites aussi méritoires que certains triomphes.

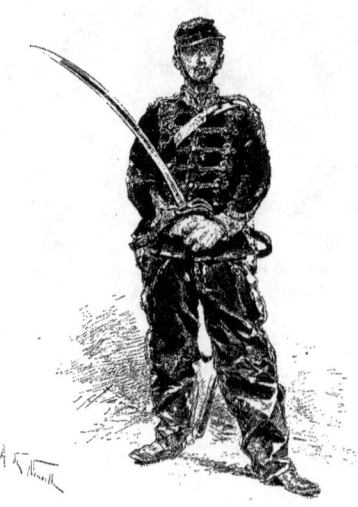

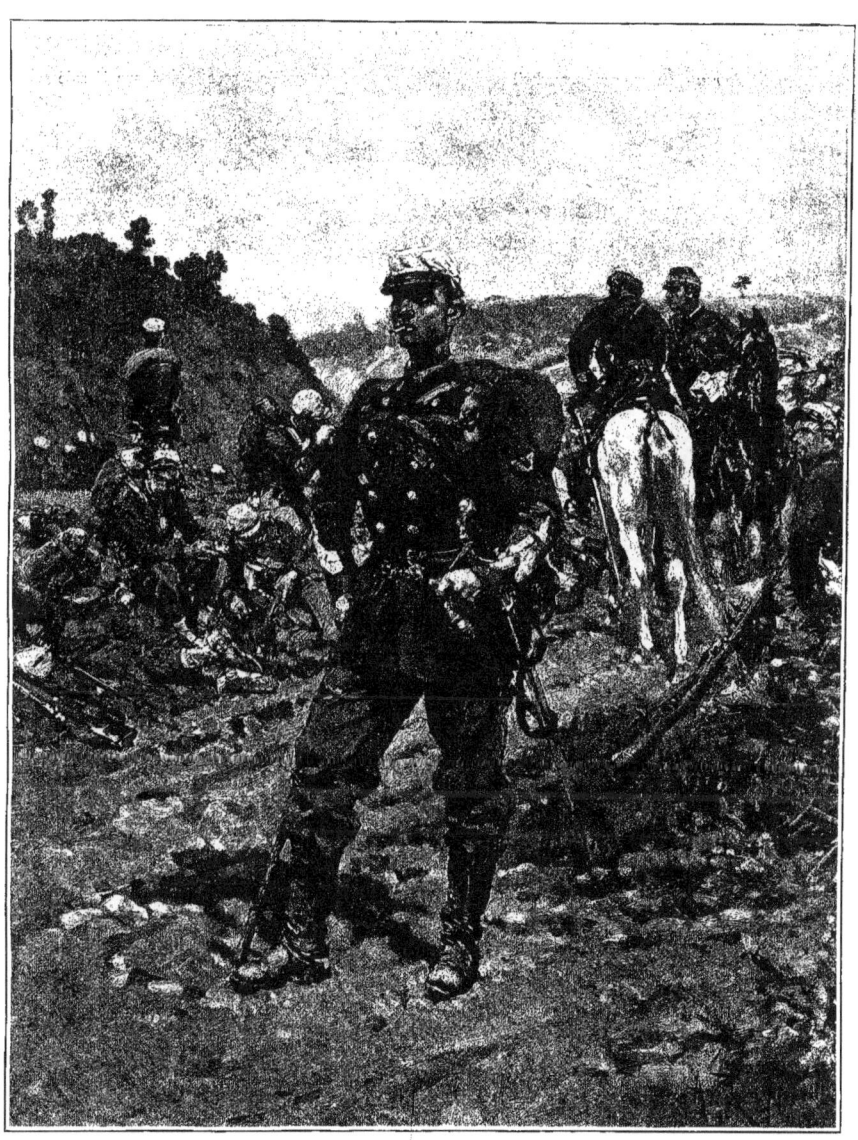

SERGENT-MAJOR DE CHASSEURS A PIED. — GRANDES MANŒUVRES

En route, chacun porte son fusil comme il l'entend : à la grenadière, sous le bras, sur l'épaule

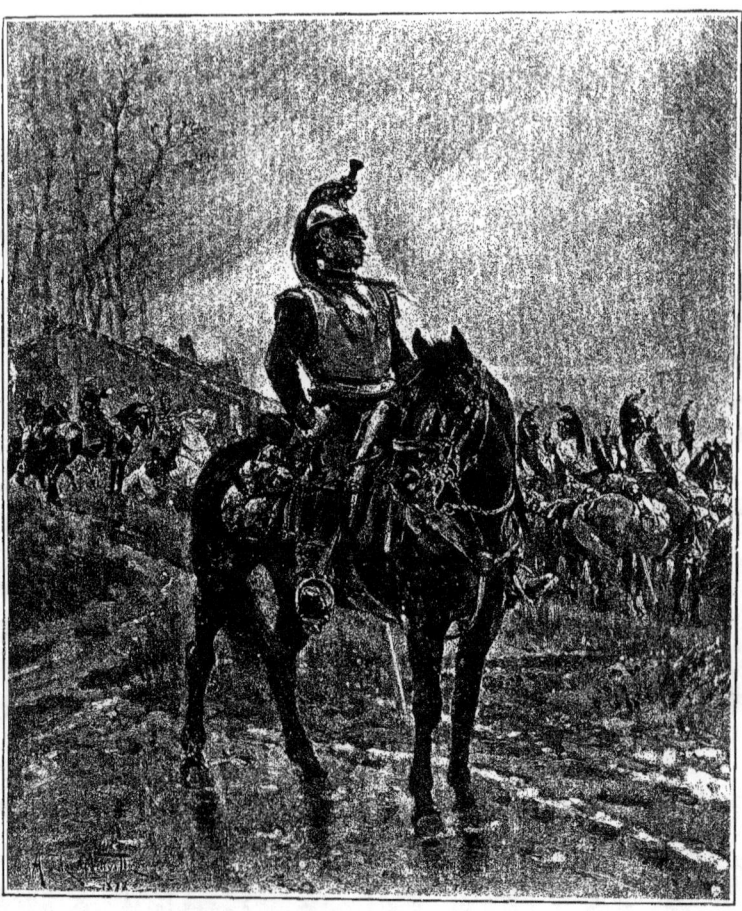

CUIRASSIER

gauche ou sur l'épaule droite, ou bien encore en travers sur le haut du sac, et chacun fume ce qui lui plaît : la bouffarde, le brûle... moustaches, la cigarette ou le cigare.... Pourvu qu'on marche, pourvu qu'on ne s'écarte pas du rang, on peut causer, même chanter. Ce jeune sous-lieutenant qui

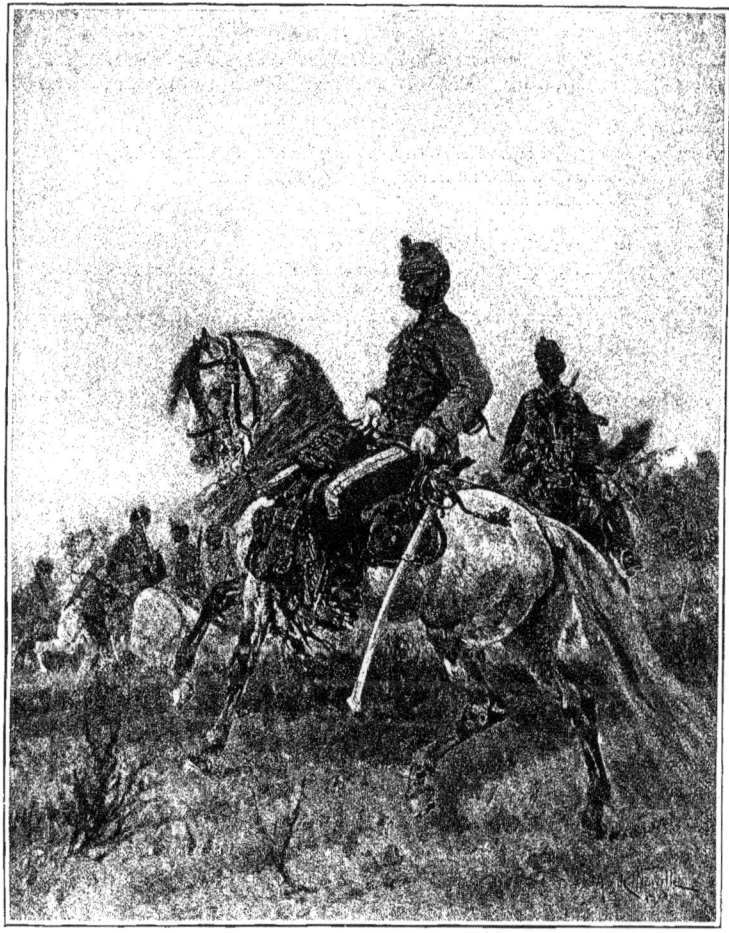

HUSSARD

s'avance la canne à la main en tête de ce peloton était encore hier à Saint-Cyr. Il est aussi grave qu'un vieil officier. Sait-il quel âge il aura le soir de cette marche ce brave jeune homme de vingt ans ?

Le matin de la bataille de Spickeren-Forbach, trois jeunes officiers, sortant de l'école, arrivaient à la deuxième division du deuxième corps d'armée. Un officier d'état-major fut chargé de les conduire à leurs régiments et de les présenter à leurs colonels. Le canon tonnait déjà, précurseur d'une grande bataille. L'officier d'état-major — il avait vu la Crimée et le Mexique — fronçait le sourcil. Les trois sous-lieutenants, tout à la joie de commencer leur carrière un jour de combat, disaient en chœur : « Que c'est beau une bataille !

— Oui, leur répliqua le commandant, le soir, quand c'est fini. »

Le soir, quand ce fut fini et mal fini, — car, en 1870, cela commença par mal finir, — le général demanda à son officier d'état-major : « Eh bien, et vos sous-lieutenants ?

— Tous trois à l'ambulance.

— Et c'est grave ?

— Je crois qu'il y en a deux qui ne s'en tireront pas. »

Voilà pourquoi il faut respecter également le jeune officier qui n'a pas encore vu le feu et le vieux général qui l'a vu si souvent. Tous les deux sont égaux devant le boulet.

Tout n'est pas joie pour le vainqueur — et c'est heureux. Une douzaine de francs lurons se sont

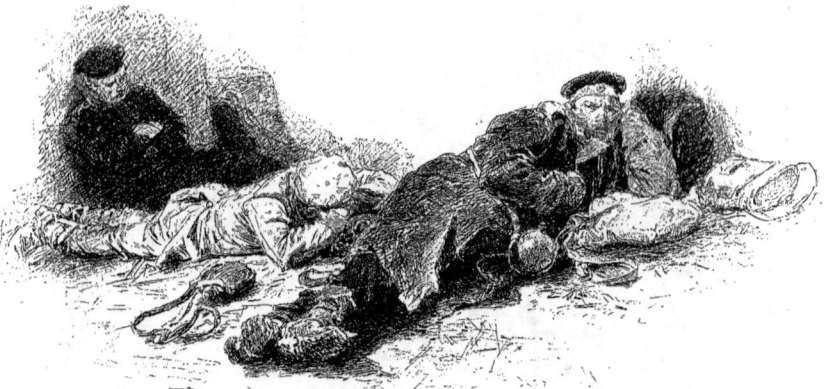

introduits dans une maison de campagne abandonnée. D'un coup de fusil un malin a fait sauter la serrure, et la bande a pénétré dans le logis. Cossu, ma foi ! de beaux meubles, des tableaux et des bibelots de prix ! Mais ce n'est pas là ce qui tente les maraudeurs. La clef de la cave et celle de la caisse feront bien mieux leur affaire. S'il y a des titres ou des coupons, après la campagne, on trouvera un banquier compatriote qui à ses risques et périls les échangera contre des écus. Heureusement pour la morale, le vainqueur est surpris désagréablement et paye en nature le vin qu'il a bu et les larcins qu'il a commis. Dérangés à l'improviste, les Prussiens se défendent et vendent chèrement leur vie. A moins d'un secours inespéré, ils seront tous pris ou tués.

Jusqu'à présent nous n'avons vu Neuville qu'aux prises avec des épisodes plus ou moins restreints de la guerre. *Longboyau* est un petit coin du champ de bataille de Buzenval ; *Ladonchamps* un point minuscule du périmètre de Metz. Le combat du cimetière de Saint-Privat-la-Montagne nous le montre

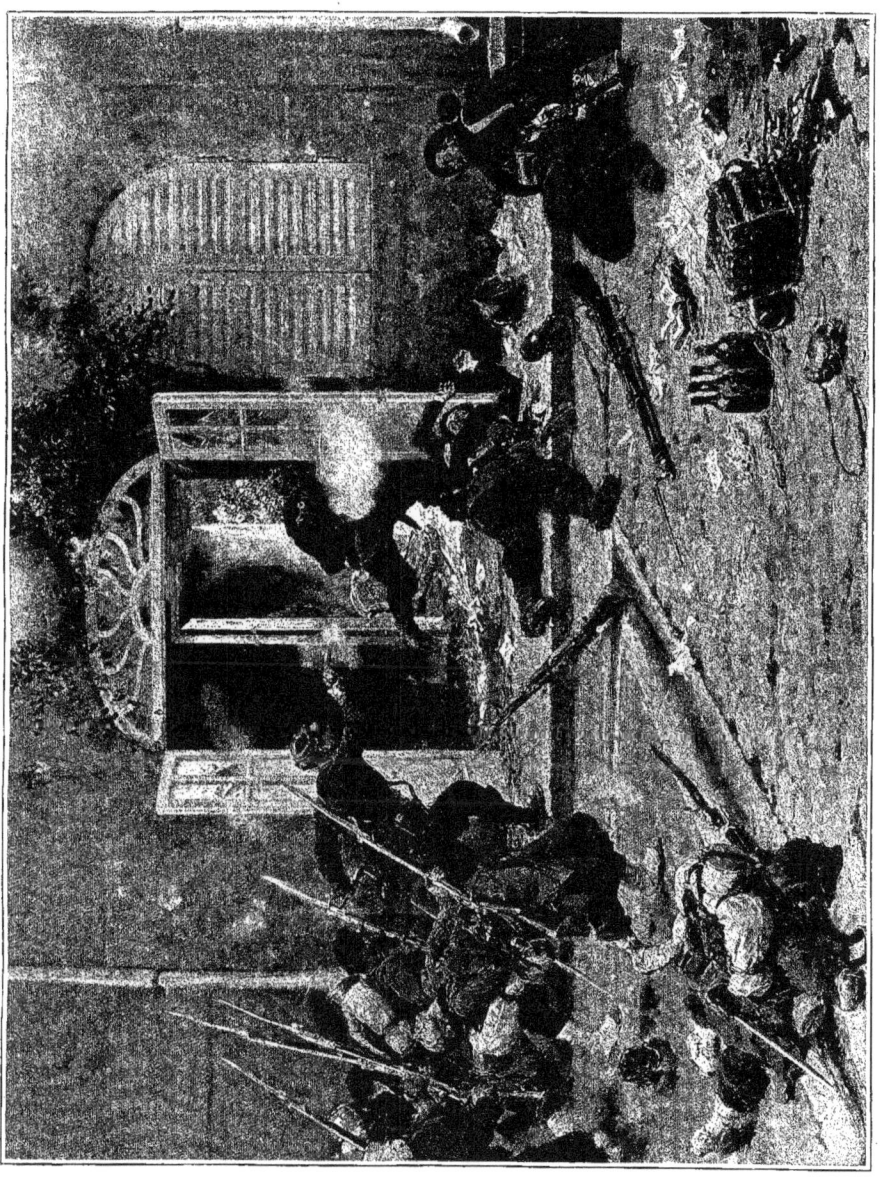

SURPRISE D'UNE MAISON

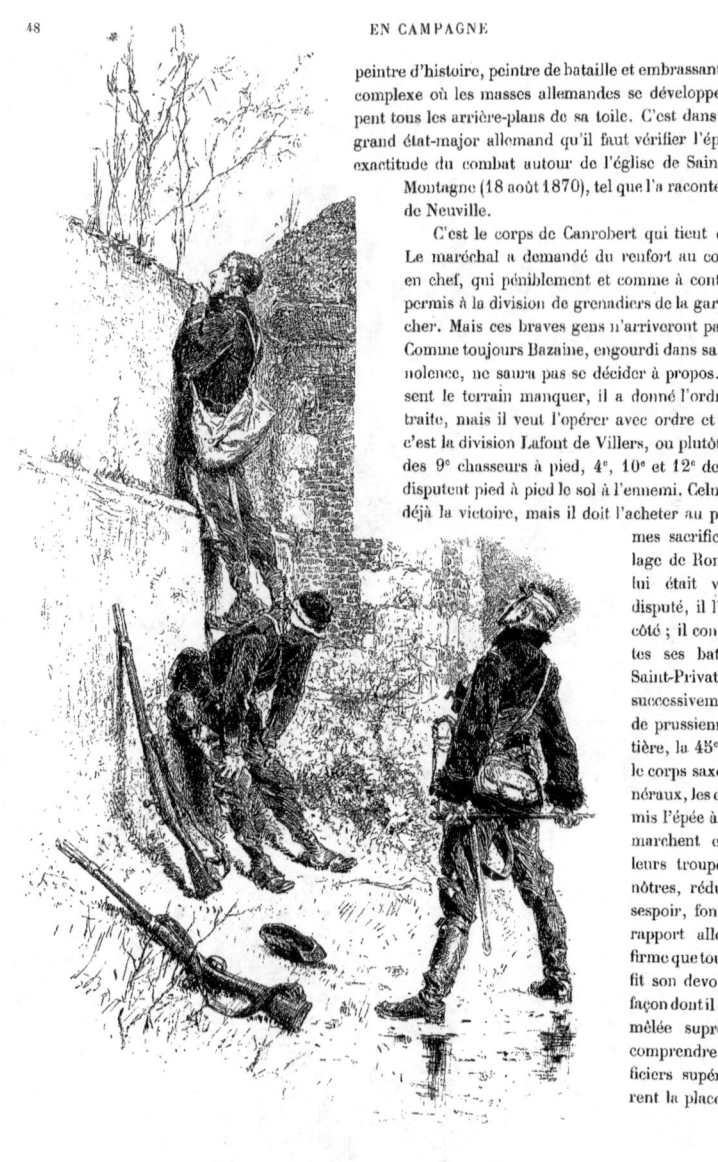

peintre d'histoire, peintre de bataille et embrassant une action complexe où les masses allemandes se développent et occupent tous les arrière-plans de sa toile. C'est dans le livre du grand état-major allemand qu'il faut vérifier l'épouvantable exactitude du combat autour de l'église de Saint-Privat-la-Montagne (18 août 1870), tel que l'a raconté le pinceau de Neuville.

C'est le corps de Canrobert qui tient de ce côté. Le maréchal a demandé du renfort au commandant en chef, qui péniblement et comme à contre-cœur, a permis à la division de grenadiers de la garde de marcher. Mais ces braves gens n'arriveront pas à temps. Comme toujours Bazaine, engourdi dans sa demi-somnolence, ne saura pas se décider à propos. Canrobert sent le terrain manquer, il a donné l'ordre de la retraite, mais il veut l'opérer avec ordre et lenteur, et c'est la division Lafont de Villers, ou plutôt les débris des 9⁰ chasseurs à pied, 4⁰, 10⁰ et 12⁰ de ligne, qui disputent pied à pied le sol à l'ennemi. Celui-ci prévoit déjà la victoire, mais il doit l'acheter au prix d'énormes sacrifices ; le village de Roncourt, qui lui était violemment disputé, il l'a laissé de côté ; il concentre toutes ses batteries sur Saint-Privat. Il appelle successivement la garde prussienne tout entière, la 43⁰ brigade et le corps saxon. Les généraux, les colonels ont mis l'épée à la main et marchent en tête de leurs troupes, car les nôtres, réduits au désespoir, font rage. Le rapport allemand affirme que tout le monde fit son devoir, mais la façon dont il décrit cette mêlée suprême, fait comprendre que les officiers supérieurs prirent la place des sous-

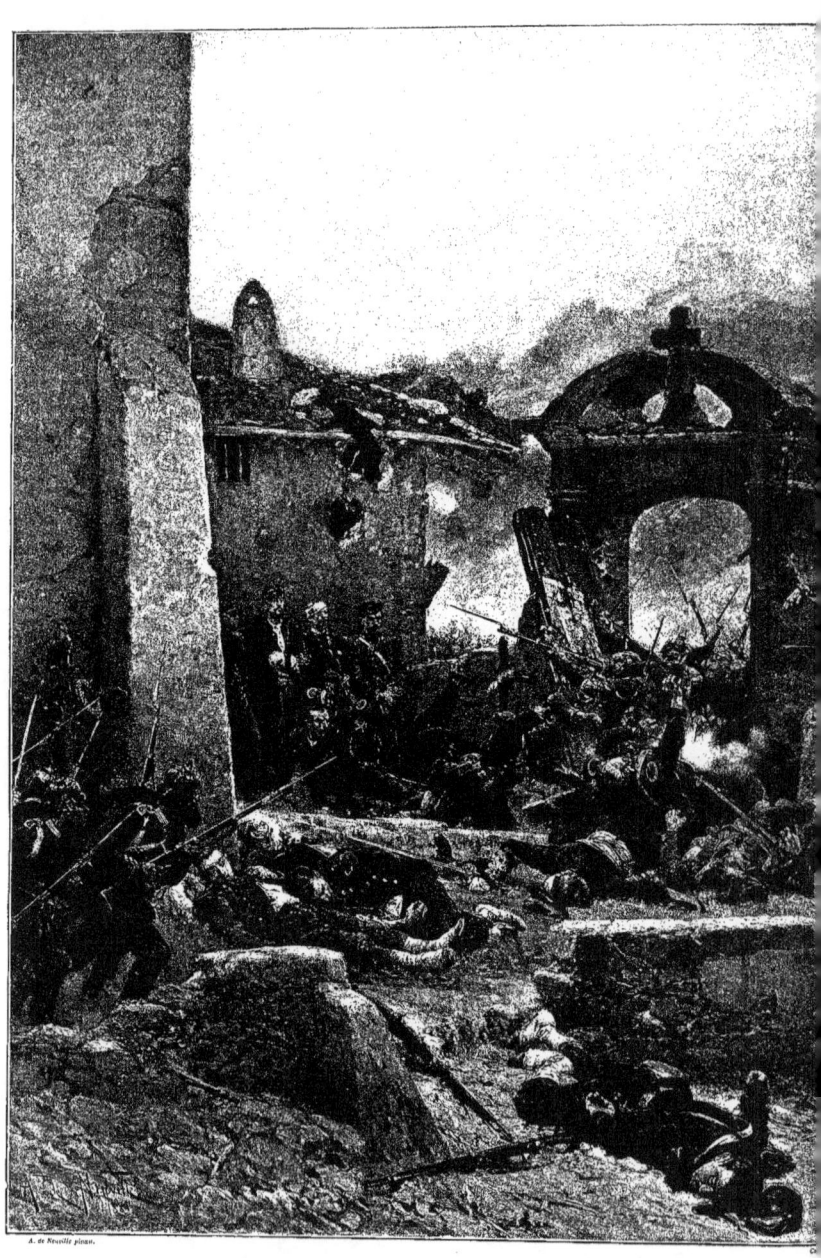

LE CIMET

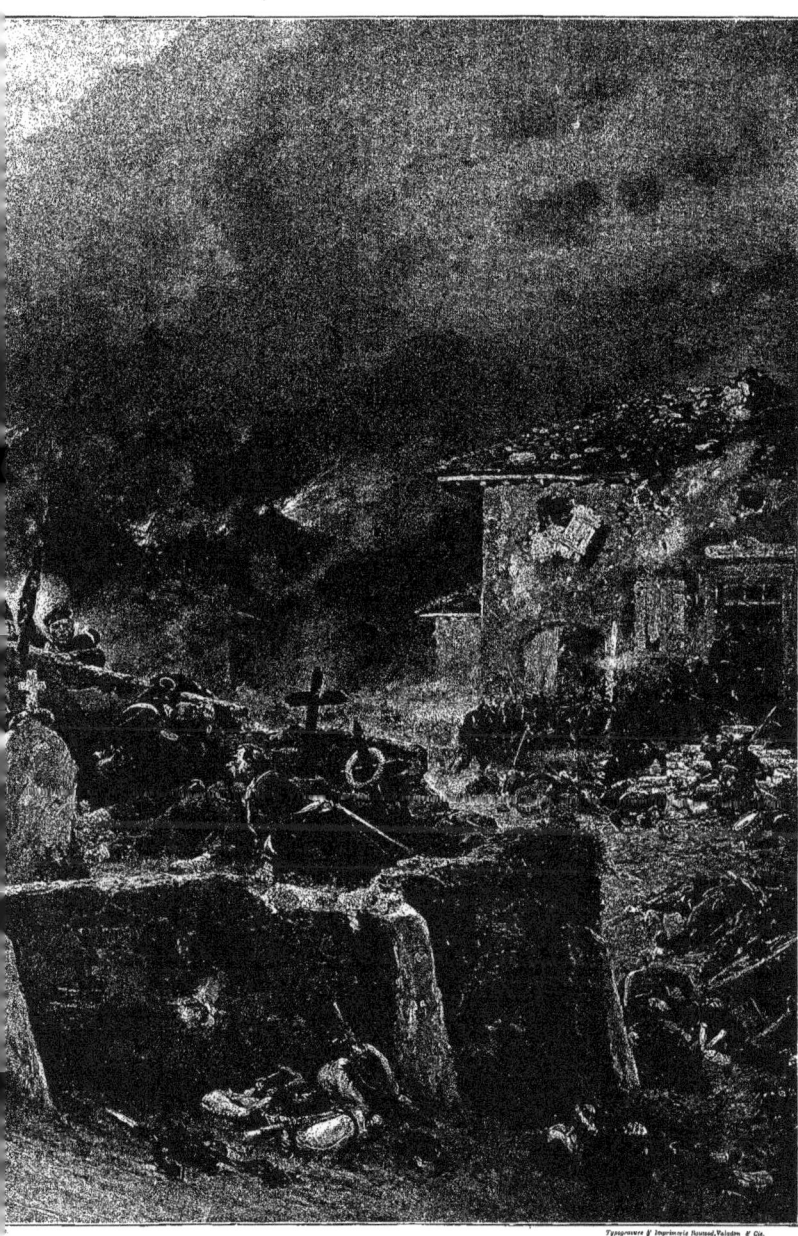

officiers et qu'à cette condition seule les troupes allemandes ne se débandèrent point. « Les soldats allemands se cramponnèrent au sol » : le mot est dans le rapport. En voyant tomber tant d'ennemis,

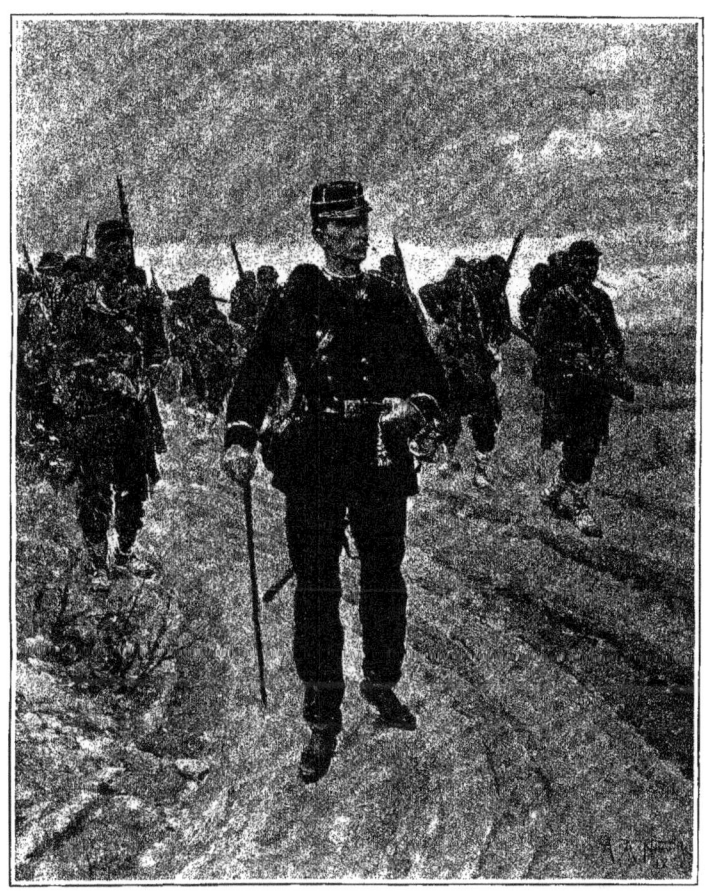

EN ROUTE

les nôtres devaient se croire vainqueurs ; mais plus ils en tuaient, plus il en venait, et à la fin il en vint tant qu'il y en eut trop. Le prince royal de Saxe en personne pressait les régiments qui arrivaient et lançait la 46e brigade, puis la 20e division. Le jour tombait, il fallait en finir. Quand les Prussiens et les Allemands furent si nombreux qu'ils crurent n'avoir plus rien à craindre, leurs tambours battirent la charge, les clairons sonnèrent le pas de course, mais cela ne suffit pas pour les entraîner, il fallut encore que le général de Craushaar se fît tuer dans les rangs du 101ᵉ pour l'enlever. Les défenseurs du cimetière ne laissèrent approcher l'état-major du général Pape que lorsqu'ils n'eurent plus de munitions et que la petite église au pied de laquelle ils luttaient, allait les ensevelir sous ses ruines.

Le rapport prussien ajoute qu'à la fin de la journée nos officiers, lassés, tendaient leurs sabres par les fenêtres et qu'on ramassa 2,000 prisonniers qui avaient cessé de se battre. Plus juste, le roi Guillaume avait télégraphié le soir à la reine Augusta : « Ma garde a trouvé son tombeau devant Saint-Privat. » Nos officiers et nos soldats ne sont tombés entre les mains de l'ennemi que lorsqu'ils furent entourés par lui et dans l'impossibilité de lui nuire. Si Canrobert avait été secouru à temps, jamais les Allemands n'auraient franchi Saint-Privat. Les précautions qu'ils avouent avoir prises pour aborder nos derniers débris prouvent que le silence des vaincus avait encore quelque chose de redoutable.

Les Français ont eu de longues années de victoire ; jamais ils n'ont consenti à dénigrer leurs ennemis abattus. Napoléon Iᵉʳ — la plus haute personnalité militaire des temps modernes — a toujours respecté les vaincus et rendu hommage au courage malheureux. La toile de Neuville, en face du rapport allemand, restera la plus sainte émanation du patriotisme guerrier qui nous a faits si généreux dans la victoire et qui protège encore notre honneur militaire dans la défaite.

Les dernières cartouches ! — Ce fut cette toile qui établit définitivement la popularité de Neuville et le fit d'un seul coup grand peintre. On a conservé telle qu'elle était la maison où s'est passé l'épisode qu'elle représente. Elle est sacro-sainte autant que le tableau de Neuville, dans la mémoire des patriotes. Plusieurs officiers se sont disputé la place de l'officier blessé. Pour moi, l'intérêt du tableau n'est ni dans l'officier, ni dans l'admirable décor militaire du fond, ni dans les tirailleurs tirant leurs dernières cartouches ; il est tout entier dans le soldat de marine qui, son fusil brisé, ses munitions consommées, debout devant le lit où l'un de ses officiers râle, attend l'arrivée de l'ennemi.

Il a bien jugé la situation, c'est un gars sans peur, il l'a prouvé à la bataille ; il n'a plus confiance que dans sa force physique et il attend. Le premier Bavarois qui entrera dans cette chambre, tombera étranglé par ce taureau résolu, dont rien désormais n'arrêtera l'élan qu'une balle au cœur.

Les grands artistes de la statuaire antique nous ont laissé des bronzes personnifiant tel sentiment ou telle vertu ; ils aimaient l'allégorie, qui plaisait aux habitudes philosophiques de leurs contemporains. Notre tendance réaliste depuis quatre-vingts ans écarte nos artistes de ces compositions quintessenciées. Par un effort puissant de réalisme presque sublime, Neuville est arrivé à faire de cet humble troupier la personnification du désespoir militaire, de la détermination finale la plus arrêtée. Dans l'officier, il y a encore la pose suprême de l'homme comme il faut qui veut en imposer — même dans la mort — à ses inférieurs et à l'ennemi. Dans l'attitude du soldat il n'y a que la nature, la vérité, la simplicité. Comme mouvement et passion interne et silencieuse, je n'ai jamais rencontré autant de puissance. C'est classique à force d'être vrai ; c'est épique à force d'être peuple. Oh ! celui-là ne pense ni à ses inférieurs, ni à ses supérieurs, ni à Dieu, ni au diable, ni à sa pauvre mère, ni à la femme qu'il aime. Il pense en dedans qu'il faut qu'il en tue un et il en tuera au moins un.

C'est à Bazeilles que s'est passé cet épisode de la bataille de Sedan. L'infanterie de marine faisait partie du douzième corps et tenait tout le village. Des ordres et des contre-ordres motivés par les changements survenus dans le commandement en chef contribuèrent à compromettre sa situation. Mais cette belle troupe, à laquelle on contestait encore des qualités égales à celles de l'armée de terre, conquit ce jour-là une renommée immortelle. On dira les fantassins de marine à Bazeilles, comme on a dit : les dragons en Espagne et les cuirassiers à Waterloo.

Le lendemain, à l'appel des quatre régiments, sur huit mille cinq cents hommes présents la veille,

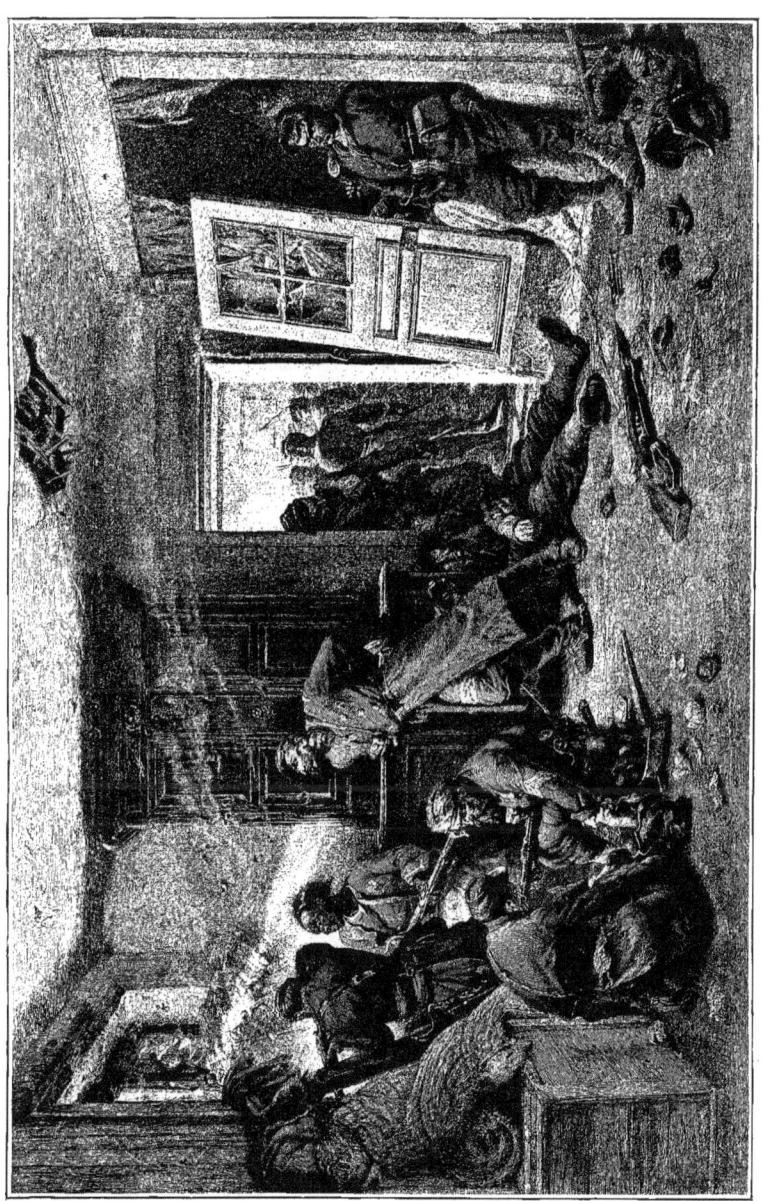

LES DERNIÈRES CARTOUCHES

il manquait, tués, blessés ou prisonniers : cent officiers, deux cent treize sous-officiers ; deux cent soixante-quinze caporaux, deux mille soixante-sept soldats. Plus d'un homme sur quatre !

Les grands dévouements inspirent les chefs-d'œuvre. La magnifique attitude de la division Vassoigne pendant la matinée du 1er septembre 1870 était digne de fomenter chez un artiste comme Neuville le désir d'en fixer le souvenir. Or, on ne saurait trop le répéter, c'est par le peintre que le peuple connaît l'histoire des premières batailles de 1870. On n'a pas encore écrit sur elles un livre populaire impartial et méritant d'être lu. Les livres techniques sont trop chers et rebutent les lecteurs. C'est ainsi qu'on a laissé vivre tant d'erreurs grossières que je n'ai point mission de rectifier ici. Dans le cas présent, au contraire, la légende est conforme à l'histoire, car le jour de la bataille de Sedan, où les soldats français se battirent bien, l'infanterie de marine mérita les éloges de l'ennemi.

Cet officier de hussards appartient à une race idéale qui avait dû être un instant, dans l'esprit de Neuville, le prototype de la grâce militaire, avant qu'il eût vu la guerre. Dans le fantassin de marine, sur lequel je m'appesantissais tout à l'heure, il est arrivé à une intensité formidable de sentiment, de force, de sublime sauvage et irrité par l'accumulation des observations vraies. Il me semble, par contre, que l'officier de hussards qui le suit ne vit que de conventions élégantes. Certainement Neuville a été le peintre des fantassins encore plus que celui des cavaliers ; certainement aussi, il le savait bien, car on n'arrive point à sa hauteur de talent sans mesurer exactement ses forces et ses faiblesses. Mais il a été surtout le poète des grandes émotions de la guerre et des douleurs de la défaite ; il n'était pas celui des belles revues et des défilés, pas davantage des cérémonies militaires. Pour peu qu'une visière le gênât, il la modifiait, si un liséré ou un brimborion quelconque lui semblait devoir produire un bon effet, il l'ajoutait crânement. Je ne lui en fais aucun reproche, mais je constate que ces arrangements de peinture ne se présentaient jamais sous son pinceau lorsque son cœur était véritablement empoigné par la situation. Dans le soldat agissant, il voyait vrai ; dans le soldat paradant, il voulait voir beau. Les critiques d'art ne sentent pas ces choses-là, mais le public qui ne cherche pas la phrase les souligne. Le public s'attacha donc surtout à ses œuvres patriotiques, et après *la Dernière cartouche*, un de ses plus beaux succès fut la scène intitulée *De Montbéliard à Strasbourg*.

La diplomatie interdit, affirme-t-on, l'entrée du palais de l'Exposition universelle à ce tableau. Je ne le crois pas ; je me figure plutôt que notre gouvernement, qui avait négocié dans le but que l'Allemagne fût pour le moins représentée dans la section des Beaux-Arts, ne voulut permettre dans notre section aucune allusion à nos défaites de 1870-71. Il est de mauvais goût de prêter trop de ridicules à ceux qui nous ont vaincus ; c'est bien assez de leur reprocher, comme le fait Neuville, d'avoir voulu d'un seul coup arrêter chez nous, tout ce qui constitue la vie d'un peuple civilisé. Et en effet ces fusiliers allemands, ces sujets d'une nation qui raisonne volontiers platoniquement de toutes les doctrines et de toutes les philosophies, traînent sur la route de Montbéliard à Strasbourg les représentants des trois grandes idées qui mènent aujourd'hui l'humanité :

Le maire, l'incarnation de la loi, fixant les rapports du citoyen avec l'État ;

Le curé, le lien entre l'homme et les pouvoirs surnaturels qui mènent le monde ;

Enfin le piéton, le postier, l'humble personnification des relations humaines, du commerce, de l'amitié, de la famille.

Le maire a résisté dans l'intérêt de ses administrés ; le curé a prêché l'amour du pays ; le piéton a porté en secret quelques lettres à la ville voisine. La guerre est étrangère à tout cela, mais avec un peu de bonne volonté — et la logique allemande n'en manque pas — on peut prouver que tous ces actes sont des crimes contre le vainqueur. C'est à la *commandature* de Strasbourg que cela se jugera définitivement ; et là, la clémence du vainqueur enverra en Prusse ces trois hommes comme prisonniers d'État !!! La force prime le droit.

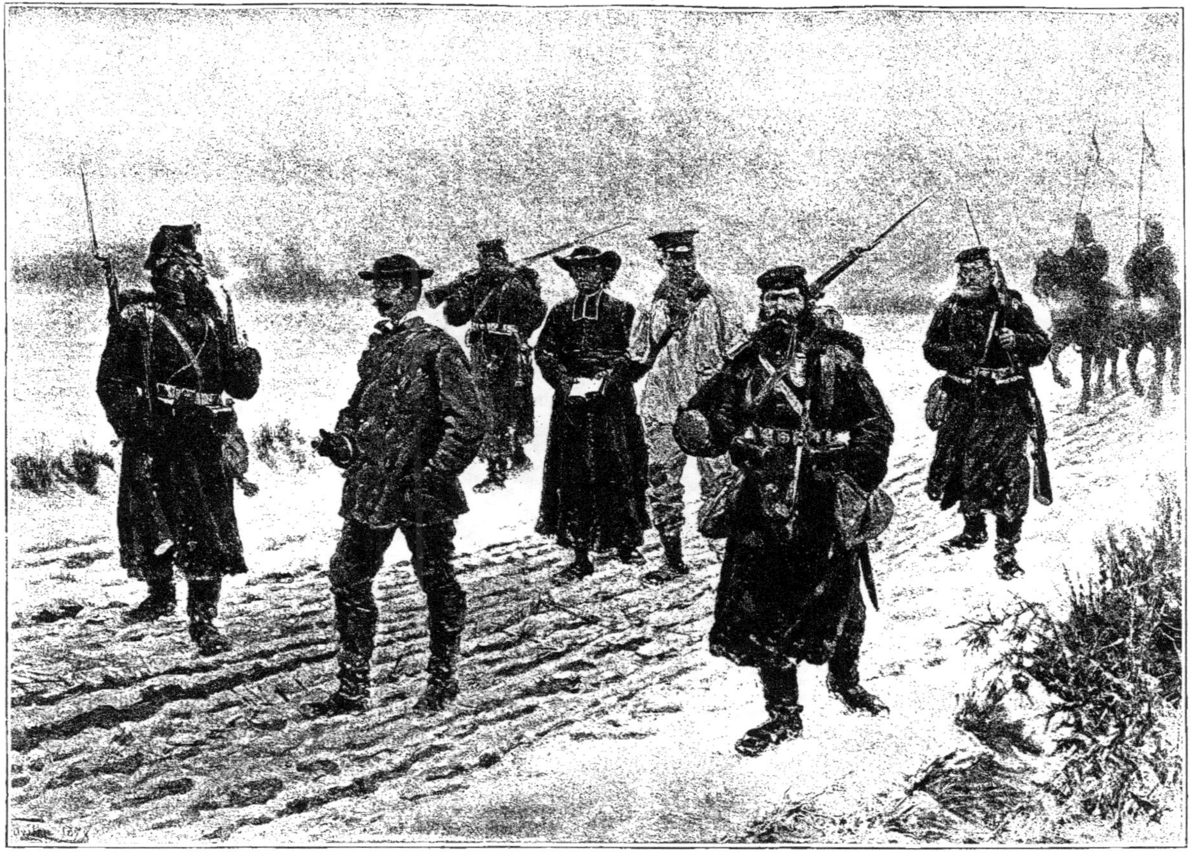

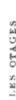

LES OTAGES

Jamais on n'avait fait la guerre ainsi. On avait bien pillé un peu les maisons, houspillé les maris et

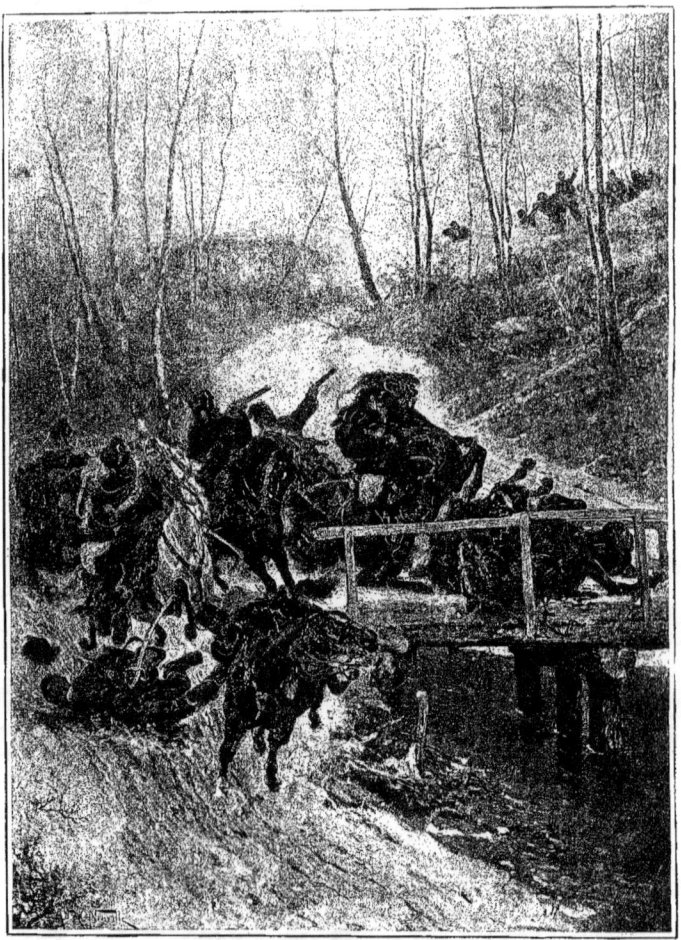

EMBUSCADE

caressé leurs femmes ; mais jamais on n'avait organisé l'occupation militaire d'un pays comme l'ont fait les Allemands d'après les principes de leur immortel Clausewitz auquel ils ne reprochent qu'un

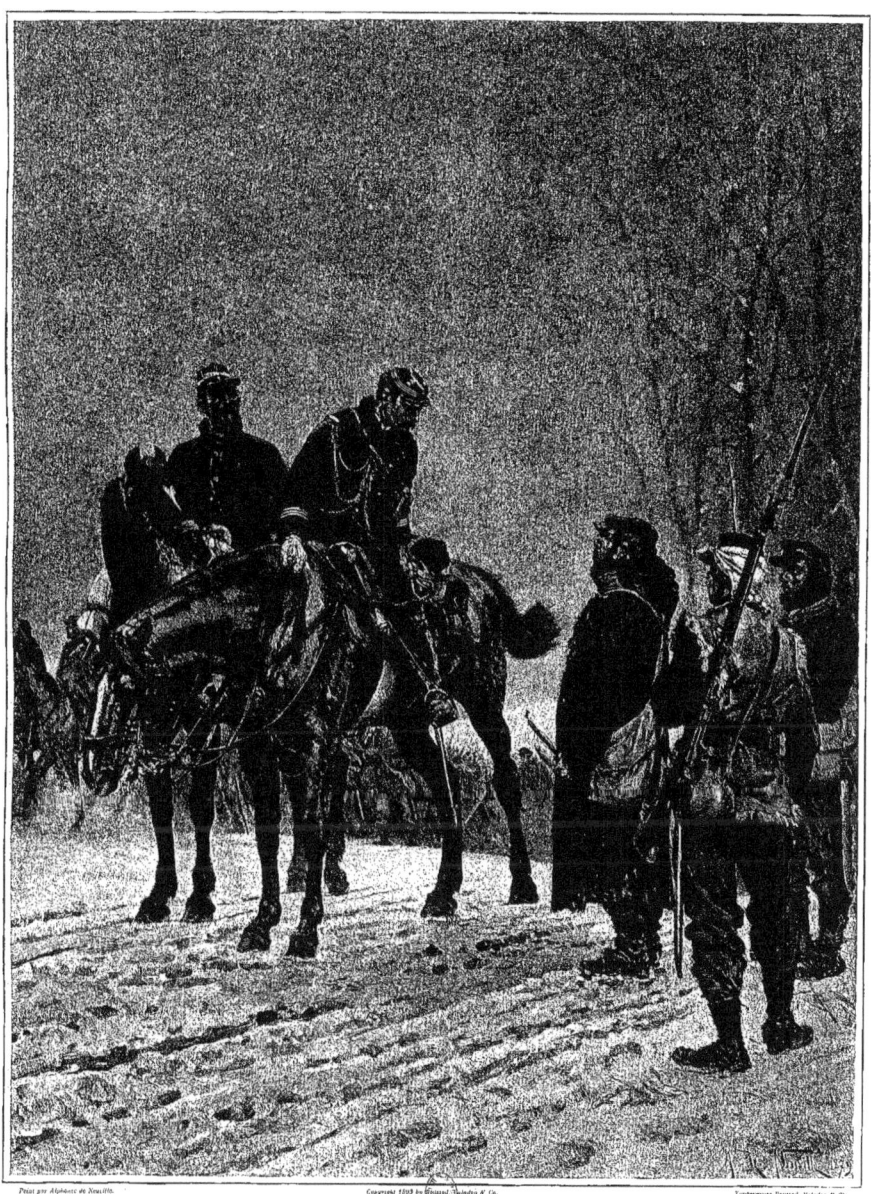

UN DÉSERTEUR

peu trop de poésie. Cette méthode leur a si bien réussi qu'aujourd'hui elle s'est introduite dans toutes les armées d'Europe. Ils sont devenus en quelque sorte les classiques de la guerre, les créateurs

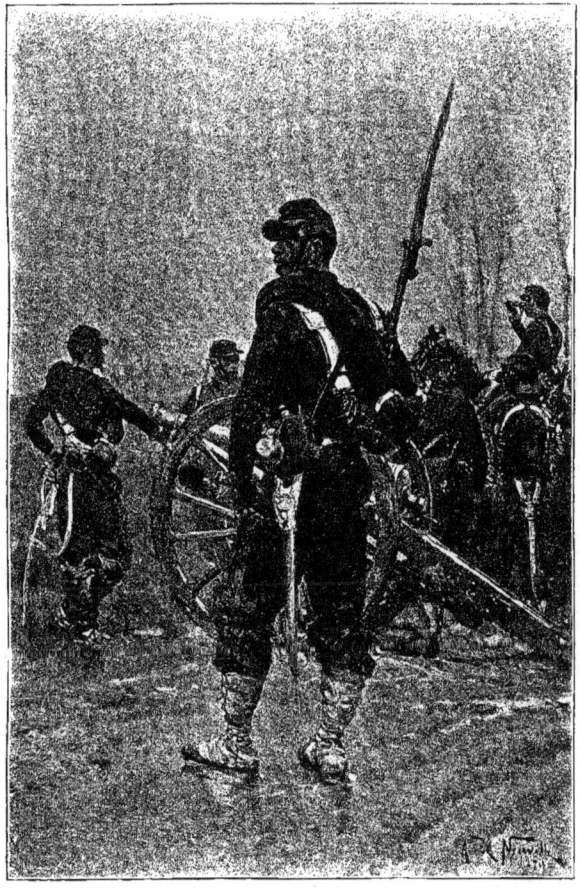

ARTILLEUR

de la science nouvelle. Dieu veuille qu'on l'applique le plus prochainement possible à nos vainqueurs !
Neuville, pour rendre la scène plus frappante encore et montrer le contre-sens de ce peuple philo-

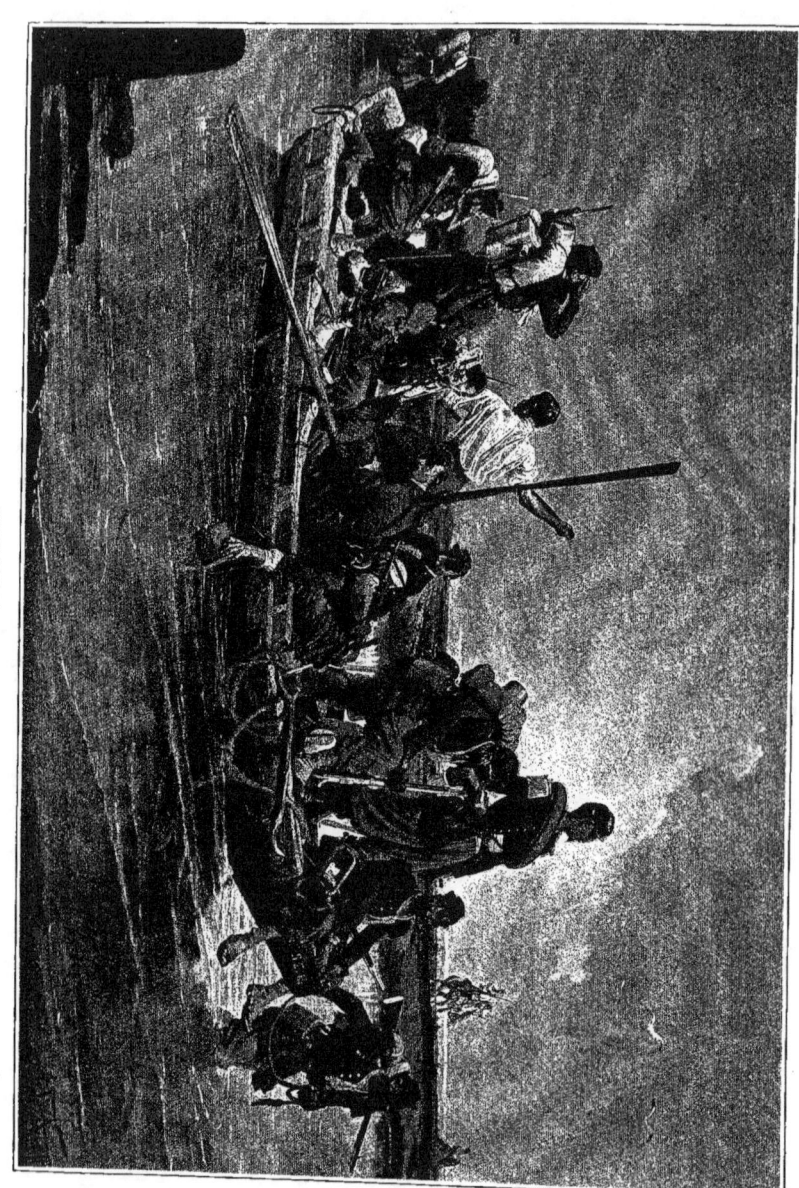
ÉCLAIREURS D'AVANT-GARDE

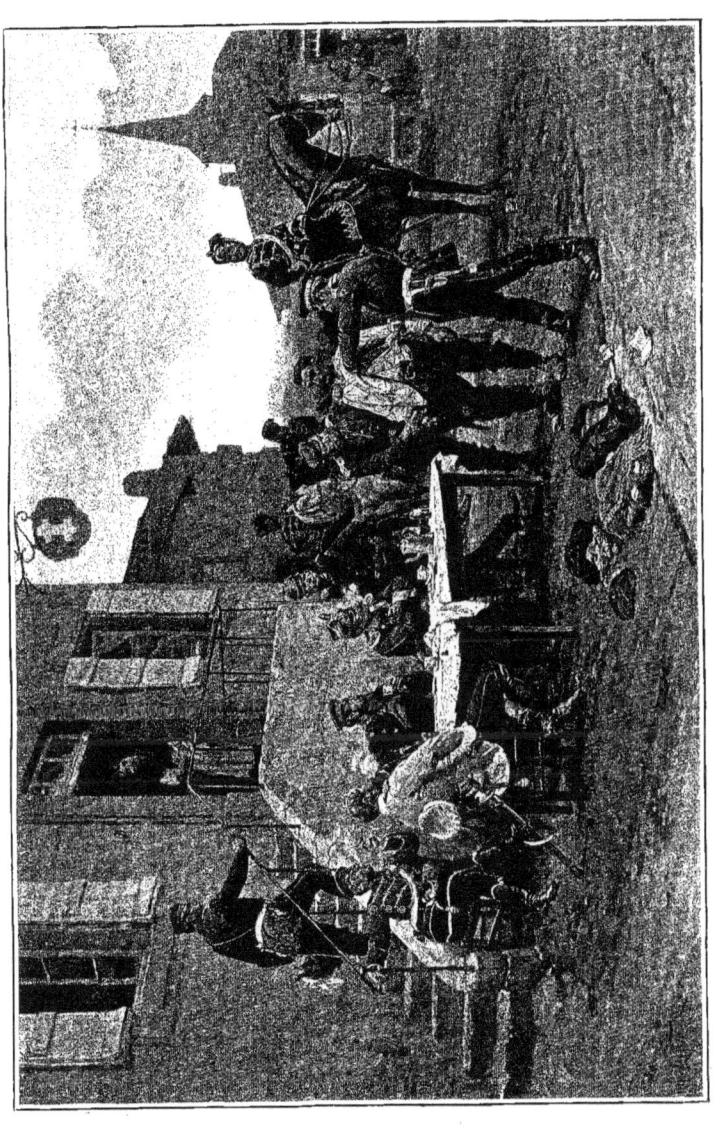

LE PORTEUR DE DÉPÊCHES

sophe, poussant l'abus de la force militaire jusqu'à la négation du droit civil et du droit des gens, a dessiné parmi les Landwehriens allemands la silhouette d'un homme à lunettes, qui, dans sa pensée, devait représenter toute la doctrine hégélienne ; peut-être même est-ce un professeur de droit ou de philosophie. Il l'a isolé dans un abîme de réflexions afin qu'il ne parût pas étonné de la besogne qu'on lui fait faire, pour sa patrie et pour son roi. Quant aux prisonniers, ils sont déjà vengés. Le maire, M. Charles Lalance, est impassible et digne ; il a derrière lui son pays et la civilisation ; le prêtre, l'abbé Chaumet, aumônier des mobiles de la Charente, récite son bréviaire, aussi tranquille sur la route que dans son église : Dieu est partout ! Pour le vieux dragon Vuillier, mutilé, qui sert de facteur à la commune, c'est une étape de plus. Son air narquois dit assez que, pendant ses trente ans de service, il n'a jamais fait une pareille conduite !

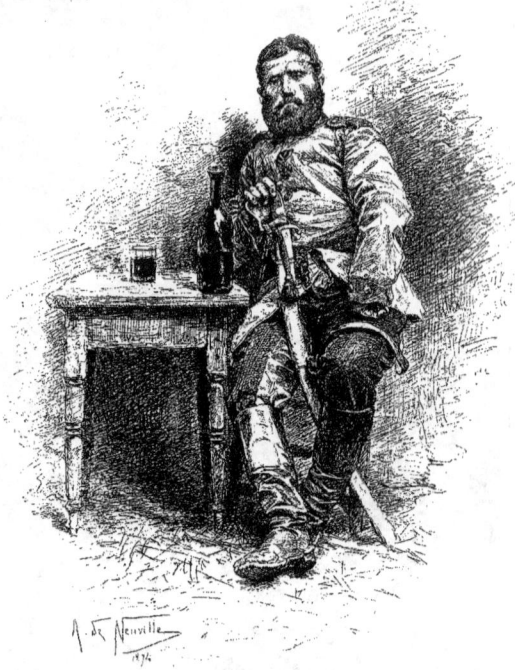

Voici de nouveau un cavalier et je ne répéterai pas, en le comparant avec le servant d'artillerie à pied, la théorie que j'ai décrite tout à l'heure. Ce capitaine de dragons appartient, on le voit, au genre fantastique ou plutôt fantasque qu'adorait Neuville lorsqu'il traitait des cavaliers. Il est tout crinière et tout nerfs. Ce servant placé en arrière de sa pièce a, par contre, toutes les qualités de force requises chez l'artilleur. Ouvrier dans le fer ou le bois avant d'entrer au service, il a conservé ces attitudes robustes que gardent volontiers, même au repos, les hommes habitués aux plus dures fatigues.

Quand on a un peu observé les soldats on sait qu'un artilleur, même à pied, n'a jamais ressemblé à un fantassin ; ni un fantassin à un artilleur. Neuville, qui possédait complète la science du troupier, n'aurait jamais confondu ces deux natures d'homme, et jusqu'au sous-officier chef de pièce qui, au second plan, *houzarde* avec son sabre de cavalerie et ses éperons, tout est merveilleusement achevé dans cette petite scène de calme avant l'orage.

La planche qui suit nous recule de dix années, à la campagne d'Italie. La date de l'œuvre ne l'indiquerait pas que la tenue des chasseurs, leur armement et leur équipement le diraient. On le recon-

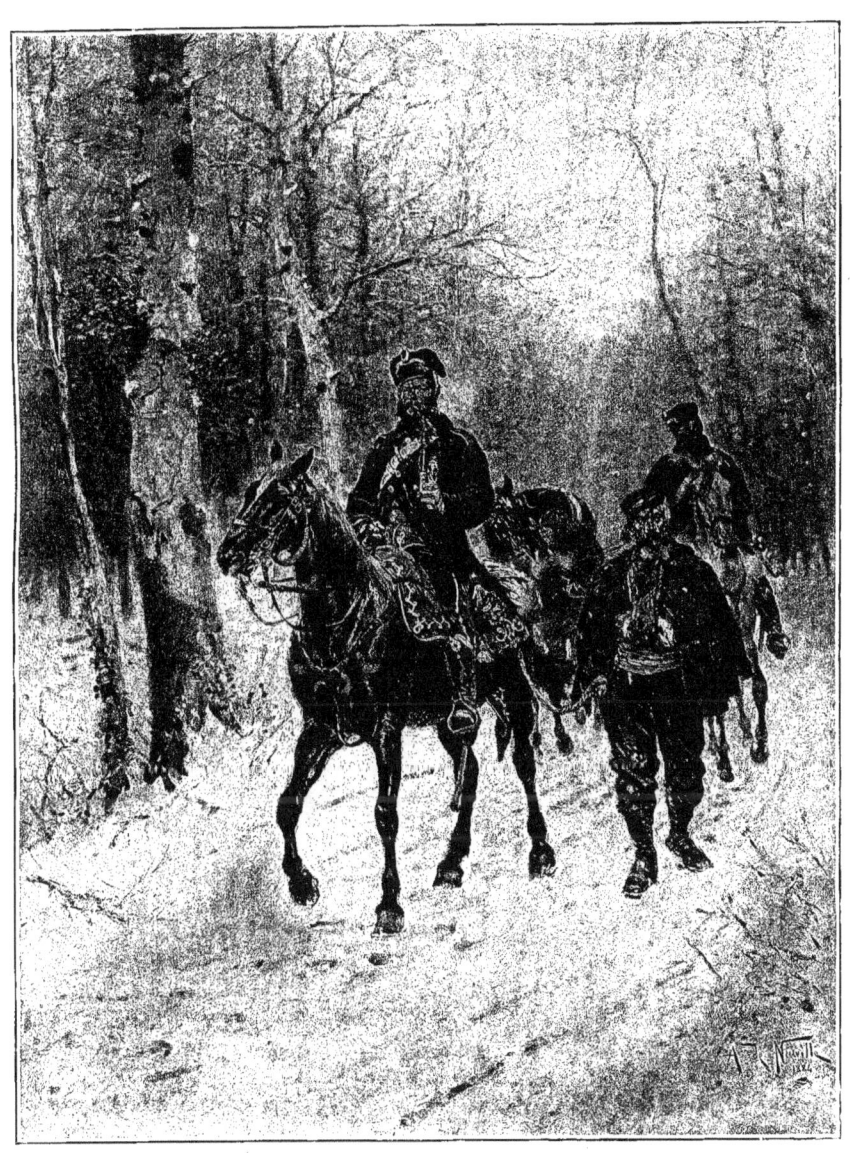

CAPTURE DIFFICILE

naîtrait également à bien des petits détails qui prouvent que Neuville n'avait pas encore vu la guerre et se la représentait beaucoup plus théâtrale et beaucoup moins tragique. Certes, il y a des qualités, dans cette composition, mais ces éclaireurs d'avant-garde, tout gentils qu'ils soient, n'ont pas du tout l'air d'être pénétrés de la mission qu'ils remplissent. Celui qui crie à tue-tête, sans que son officier, pour le faire taire, quitte sa pose à effet, éclaire l'ennemi bien plus que ses camarades.

Ce qui prouve qu'il faut avoir vu pour être vrai — et que savoir incarner l'idéal dans la réalité est le fin du fin de l'art.

Nous avons été vaincus en 1870-1871 — battus partout. Il vaut mieux en convenir noblement

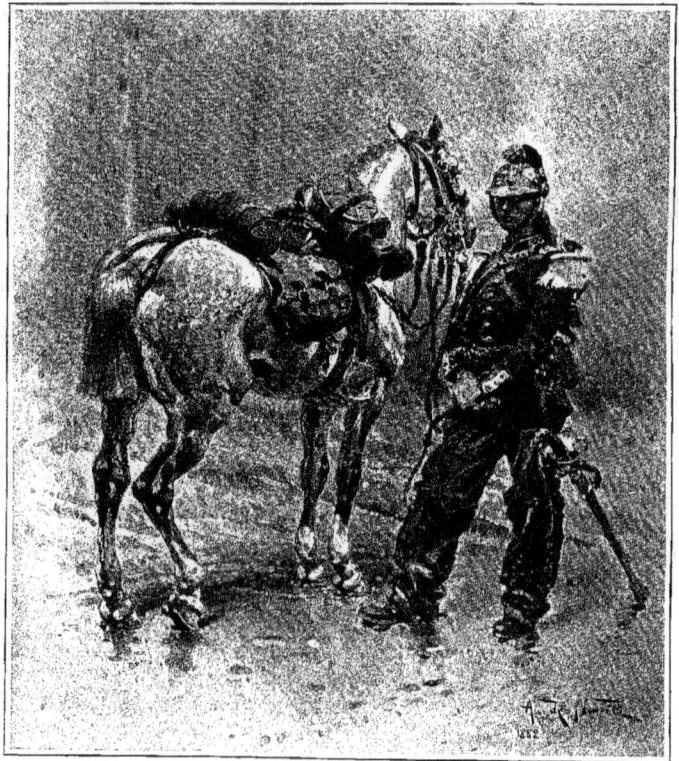

TROMPETTE DE DRAGONS

que de chicaner sur quelques journées un peu moins malheureuses que les autres. Nous avons été vaincus et battus, mais nos ennemis, encore plus par leurs actes que par leurs aveux, ont pris

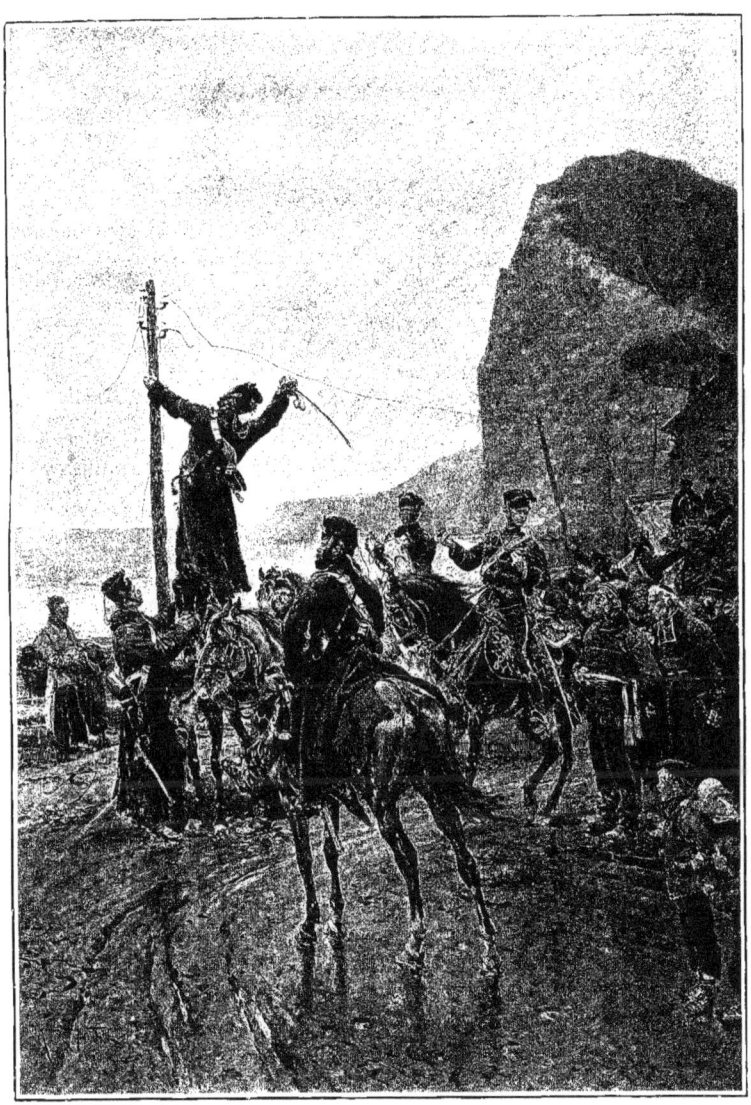

DESTRUCTION D'UN TÉLÉGRAPHE

soin de constater le courage de nos vieux soldats et la vitalité de certaines de nos populations.

Il sera fusillé, ce brave franc-tireur qui a tiré sur un hussard allemand, au coin d'un bois ; le brigadier prussien l'a attaché avec une corde, ce qui ne se fait que pour les criminels, — il sera fusillé. Il le faut pour rassurer le hussard mélancolique qui ramène sur un cheval de main son camarade mortellement frappé. On aurait pu le tuer au moment même où on l'a pris, ou plutôt l'achever car il a été blessé dans la lutte, — mais cela n'aurait pas suffisamment intimidé le pays ; on le traînera ainsi de poste en poste, de village en village jusqu'au moment où il se rencontrera un officier bien imprégné de la saine doctrine, qui dira enfin : Qu'on le fusille !

Et ce brave homme qui n'a pas de nom, qui s'appelle le peuple, tombera en criant : Vive la France ! Mort à la..., et les balles ennemies lui cloueront dans la gorge son dernier cri de haine. Ce cri sera enseveli dans la terre avec lui ; mais un jour il en sortira comme une moisson de souvenirs.

La toile qui suit représente le militarisme allemand dans ses occupations favorites. Traiter les affaires sérieuses en prenant le café et en fumant, après avoir sablé le champagne et savouré les autres vins de France. Les idées sont plus fermes, plus nettes, le cœur est cuirassé contre toutes les défaillances ; et l'excuse de ces juges sans pitié qui vont envoyer ce brave homme au mur est dans les bouteilles vides que remonte ce domestique militaire.

Autre douleur glorieuse ! le fait est des plus simples. Une petite patrouille du réseau de hussards allemands, qui bat l'estrade autour de Metz investie, a rencontré un paysan à l'allure décidée qui, la carnassière au dos, la valise de serrurier passée sur l'épaule, suivait la grande route. Elle l'a arrêté, questionné, car tout cavalier allemand — esprit de nature — flaire un espion, un *émissaire* sous l'homme le plus inoffensif qui passe. Or celui-là n'a pas l'air inoffensif : coiffé court, le visage rasé et la moustache correcte, il sent le chasseur à pied d'une lieue à la ronde. Son œil froid, résolu, sa façon brève de répondre confirment les soupçons : c'est un soldat, c'est un émissaire.

« Cela regarde l'état-major ! » dit le brigadier, et il le conduit à l'auberge de la Croix-de-Lorraine. Et en effet, l'état-major ne peut se trouver que dans le meilleur hôtel du pays. Là on boit, on mange, et chez les militaires de tous les pays, la longueur des repas tue l'ennui, et comme à la guerre il faut toujours tuer quelque chose, on le tue ferme l'ennui.

Pauvre patriote, qui s'est dévoué pour aller porter quelque message secret, pauvre soldat au cœur chaud, à la résolution prompte, ta noble conduite toucherait des tigres..., des tigres civils ; mais tu vas être jugé par des militaires qui font la guerre systématique. Les Américains avaient usiné la guerre, eux l'ont réglementée. Un émissaire pris doit mourir, parce que s'il n'avait pas été pris il aurait pu nuire. C'est la philosophie d'Hegel qui le dit, c'est la morale de Clausewitz qui le prouve. Du reste, celui-là sait son affaire, il a senti la main exercée du policier militaire se porter sur l'endroit où est attaché le message. Soyez certain qu'il mourra bien. Comme son camarade le franc-tireur, il a fait un pacte avec la mort et, pour les braves à cœur de soldat, ces pactes-là ne sont pas des blagues de réunions publiques. On a joué sa vie, on l'a perdue, on la donne — et c'est fini. Voilà la réalité simple, telle qu'elle est, sans phrase ; mais elle doit sinon nous consoler de nos pertes, tout au moins témoigner à l'univers que la terre classique des braves, la France, n'est pas tout d'un coup devenue stérile.

Ce qu'il en est mort obscurément, contre un mur de village, de braves gens dont l'histoire ne daigne pas conserver le souvenir, je ne saurais vous le dire. Mais, bien que cet état-major allemand affecte une froideur théâtrale dans son examen, à l'attention inquiète des soldats et des habitants, on devine que tout le monde pressent l'issue du drame, pour en avoir vu bien d'autres finir de même.

Nous sommes, nous autres Français, moins cruels, ou peut-être plus imprudents à la guerre : un émissaire de l'ennemi, même déguisé, n'est jamais considéré comme un espion, à moins que sa mission d'espion ne soit caractérisée par des faits spéciaux ; on ne passe pas par les armes de simples

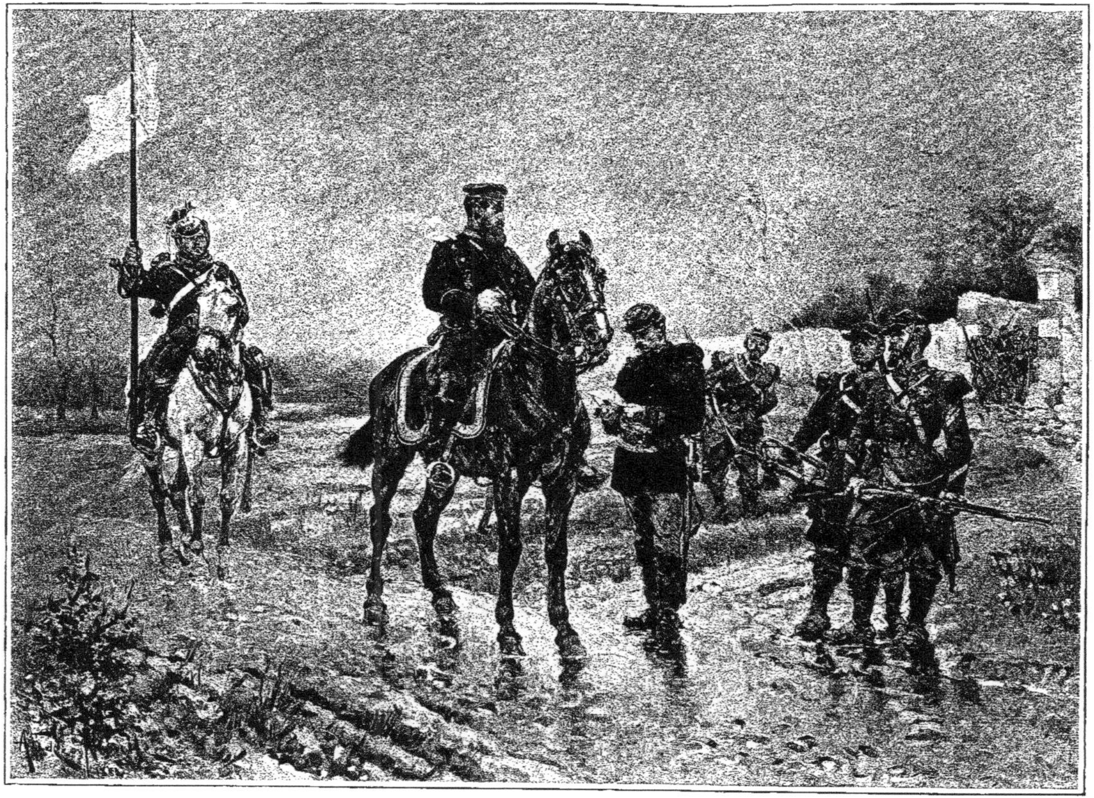

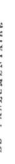

LE PARLEMENTAIRE

porteurs de dépêches. Mais les Allemands affectaient la prétention de traiter en pays conquis les territoires occupés et ils n'y laissaient subsister qu'une seule autorité, l'autorité municipale, parce qu'ils en avaient besoin pour les réquisitions et les amendes dont ils frappaient les populations.

Neuville s'était si fortement imprégné des douleurs que la France subit pendant la lugubre année de 1870-1871 que les types de nos ennemis étaient restés, dans leur diversité, photographiés au bout de son crayon. Tous ces personnages sont des portraits. Le hussard à lorgnon, qui cause au bas de la rampe, était le commensal de certain banquier francfortois établi à Paris; depuis il a eu ses malheurs en police correctionnelle ; le uhlan qui se croise les bras est également un ancien commensal des Parisiens. Les Allemands s'étaient assimilé la France avant la campagne, et l'occupaient déjà civilement avant de l'occuper militairement. Ils y avaient été bien accueillis et auraient voulu l'être davantage : lire à ce sujet un ouvrage peu connu : *l'Allemagne aux Tuileries*. On s'étonnerait de toutes les révélations que contient ce volume, si l'on ne rencontrait encore aujourd'hui, sur le pavé de Paris, un journaliste allemand qui, avant 1870, mangeait en même temps des faveurs des Tuileries et sur le fond des reptiles de M. de Bismarck.

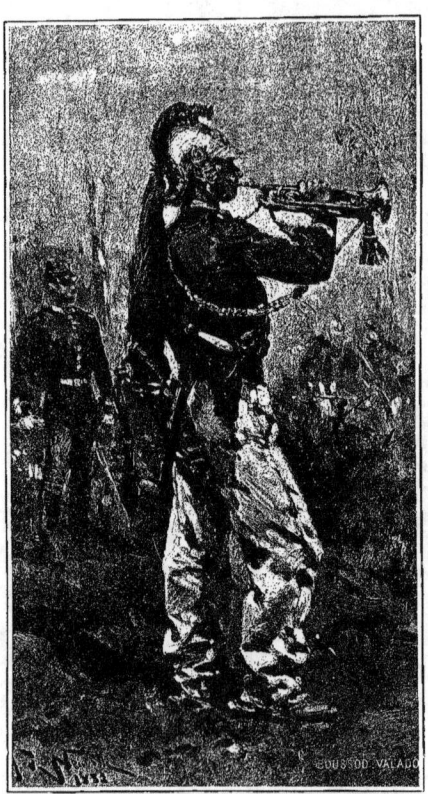

TROMPETTE DE DRAGONS

Regardons pieusement et avec recueillement ces cavaliers allemands coupant un télégraphe sur la côte normande. C'est la dernière œuvre achevée du maître. Après, une large esquisse et quelques études, puis rien ; la mort !

Neuville était hanté par l'idée d'illustrer l'*Invasion* de Ludovic Halévy. Ce livre avait séduit Neuville au delà du vraisemblable. Sa nature facile à la colère et à l'indignation quand on parlait de la guerre de 1870, avait pris au pied de la lettre le roman d'Halévy. C'était pour lui le livre résumant toute la campagne, et lorsqu'on lui faisait doucement remarquer qu'il manquait un peu de ces haines vigoureuses qui animaient son cœur, il répondait : « Mais quels beaux sujets de dessins il contient ! »

Et, en effet, des illustrations pleines de haine auraient produit un contraste saisissant avec ces

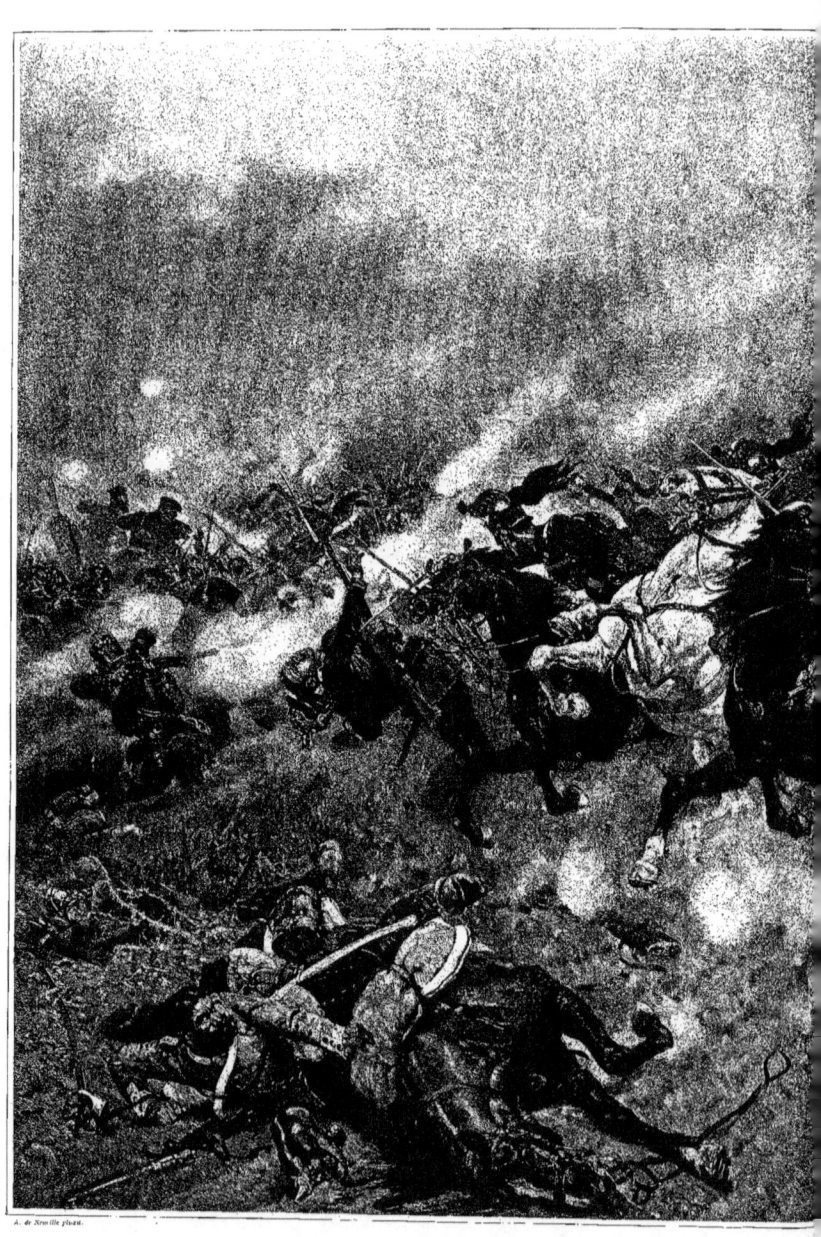

CHARGE DE

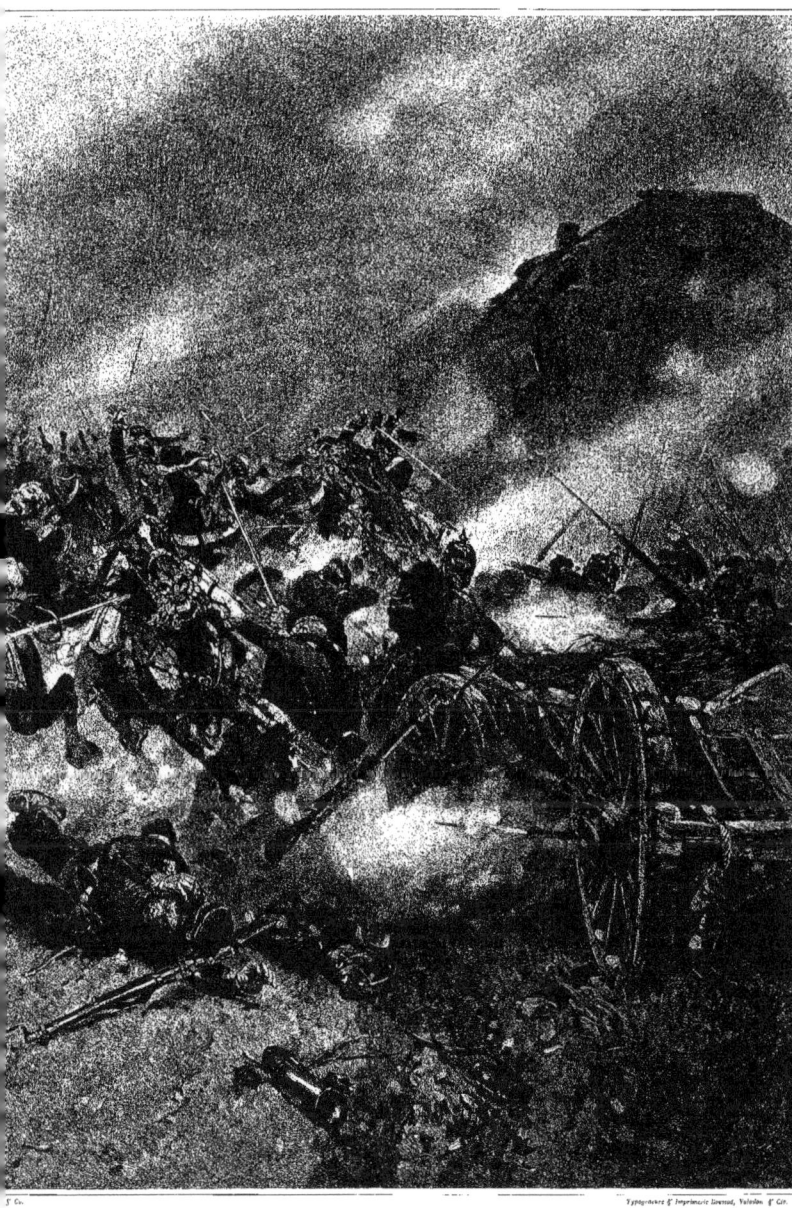

GRAVELOTTE

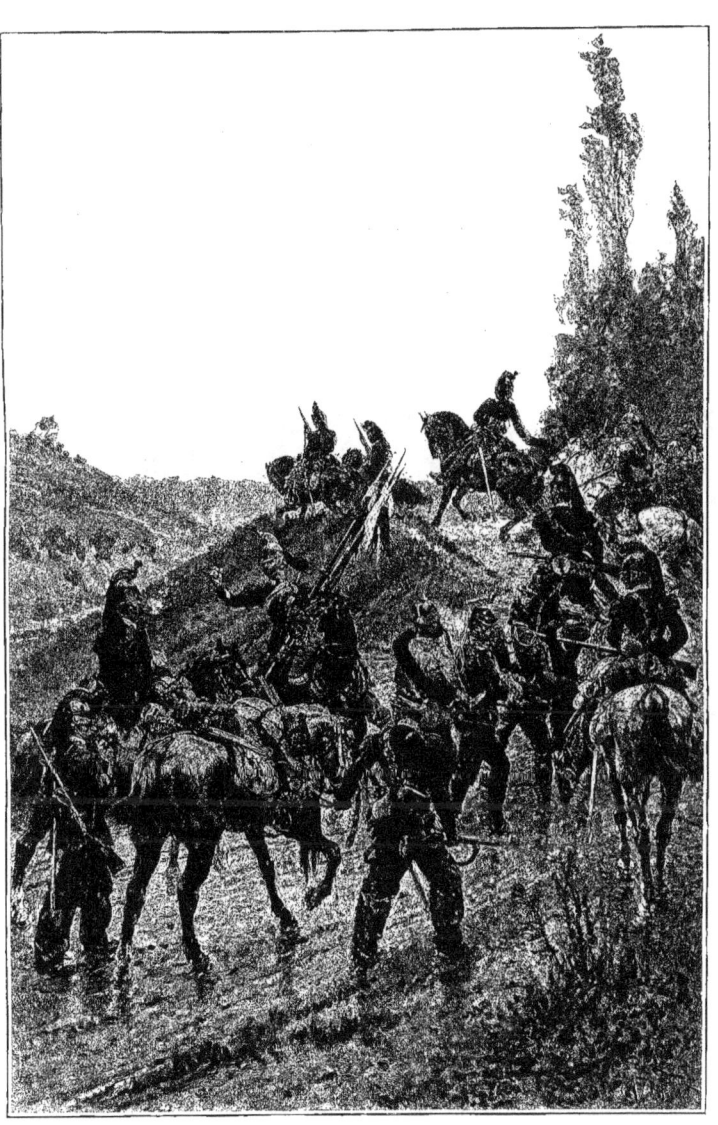
RETOUR D'UNE RECONNAISSANCE

pages désolées, et de cette collaboration entre la colère vengeresse et la tristesse fatale serait peut-être née une œuvre étrangement puissante.

Le *Parlementaire* nous ramène aux choses de la guerre dans lesquelles notre peintre aimait à se jouer, et qu'il semait de difficultés sans nombre, uniquement pour avoir le plaisir de les vaincre. D'un sujet de croquis il savait faire un tableau des plus intéressants par l'expression toujours juste et nette qu'il donnait à ses personnages. Tous les militaires qui auront — pendant la guerre — assisté à un échange de communications aux avant-postes, s'écrieront devant la toile de Neuville :

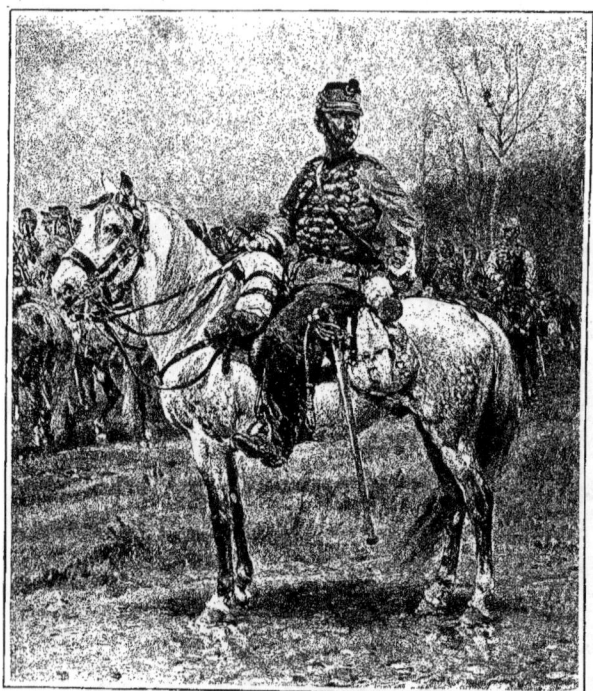

SOUS-OFFICIER DE HUSSARDS

« Mais j'y étais ! » Ils n'y étaient pas. Mais la scène est tellement complète, les personnages si bien à leur place, l'ensemble est à la fois si naturel et si saisissant, qu'il faut, comme toujours, s'incliner devant le talent du maître. Là il n'est pourtant point porté par le souvenir historique d'un fait important : il n'est point non plus surexcité par une ingénieuse réminiscence ; c'est un acte à la fois simple et fréquent de la vie en campagne, mais il lui a donné une grande allure. C'est là où gît la différence entre le métier et l'art.

Les Dragons à Rézonville. — A cent pas de sa belle division, le général Legrand, suivi seulement d'un trompette, d'un capitaine, d'un maréchal des logis et de son aide de camp, s'est précipité sur l'ennemi et, frappé de plusieurs balles, il trouve une mort glorieuse devant sa troupe qu'il a si vaillamment enlevée.

La division Legrand se composait de la brigade Montaigu (2ᵉ et 7ᵉ hussards), dont le chef, blessé, fut fait prisonnier, et de la brigade de Gondrecourt (2ᵉ et 11ᵉ dragons).

Ce fut le plus effroyable choc de cavalerie de toute la campagne. Sept autres régiments furent engagés sur ce terrain.

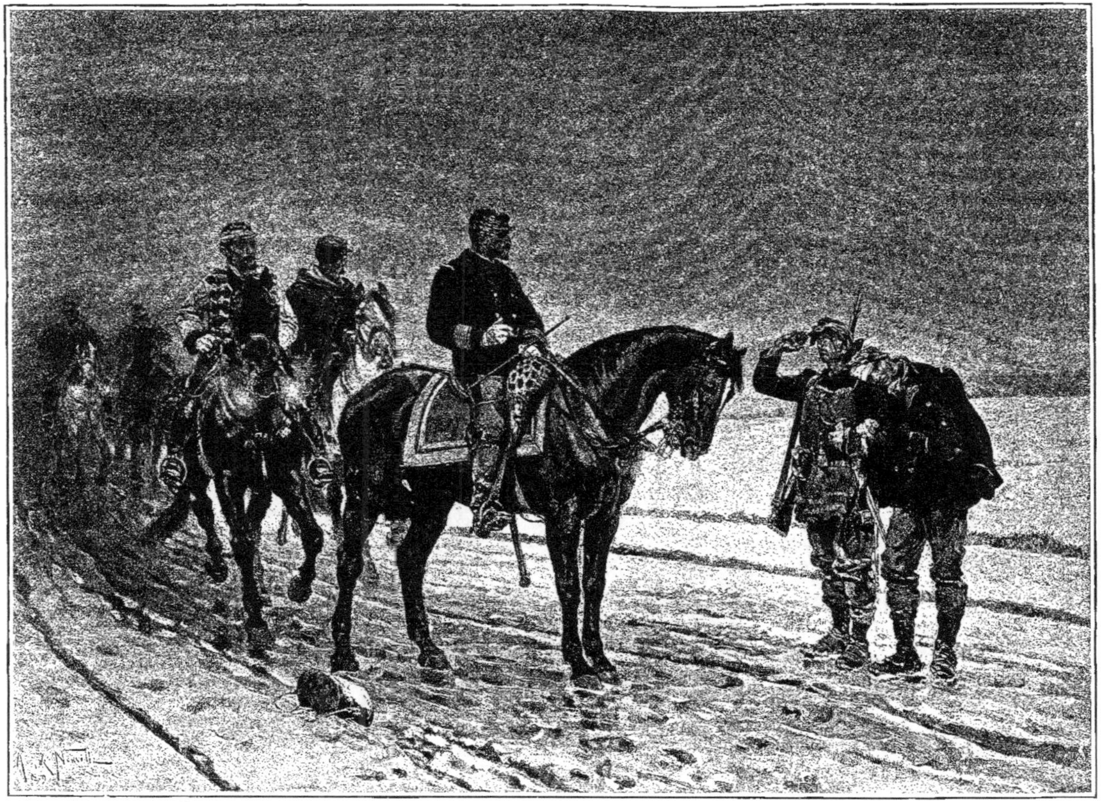

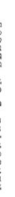

RENCONTRE D'UN BLESSÉ

Hélas! nous n'avons que des relations très écourtées de cette grande lutte. Un philosophe a dit : Les peuples heureux n'ont pas d'histoire. Il paraît que les peuples vaincus sont dans le même cas, car depuis quinze ans tous les ministres de la guerre ont reculé — sauf un — devant la rédaction officielle de la guerre de 1870-1871. Un seul y avait songé sérieusement, il avait même nommé la commission qui devait rassembler tous les documents nécessaires à la confection d'un ouvrage semblable à celui du grand état-major allemand. Mais son successeur s'empressa d'effacer jusqu'à la dernière trace de cette bonne pensée. De telle sorte qu'encore aujourd'hui on ose à peine parler de certains faits de la guerre, car on n'en sait officiellement que la date et le résultat.

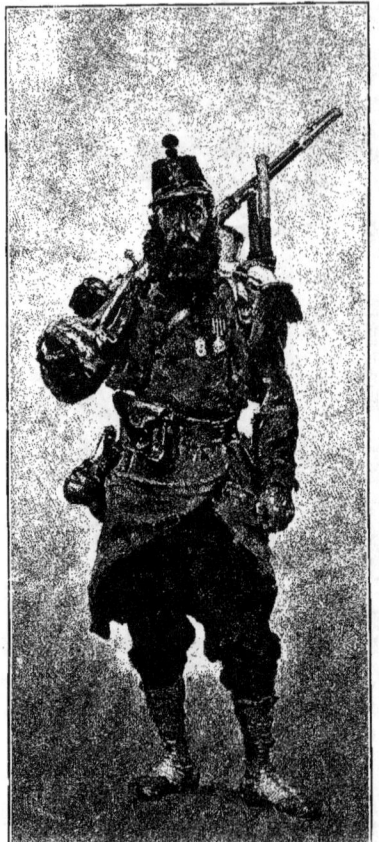

SAPEUR

Voici d'autres dragons qui ont été heureux dans une reconnaissance. Ils ont enlevé une patrouille prussienne et reviennent joyeux à leur corps d'armée. Allez, ces prisonniers-là ne seront pas très malmenés. Nos hommes n'ont point l'air bien cruel et ne prennent pas la chose au tragique. La suite de la guerre prouvera évidemment qu'ils ont tort. Mais nous avons un singulier caractère en France : la guerre civile nous rend souvent féroces, tandis que la guerre avec l'étranger laisse intactes en nous l'humanité et la jovialité.

Le sapeur qui sépare ces deux brillants officiers, vous le reconnaissez tous. Vous l'avez vu, ce doux soldat à la barbe de lion, vous l'avez vu sur nos promenades conduire les enfants du colonel et jouer avec eux. Il ne s'agit plus pour lui en ce moment de protéger, contre les entreprises de leurs jeunes amis, le ballon du petit Paul ou le cerceau de Mlle Eugénie ; il marche en tête du régiment fièrement, résolument, en homme certain de lui-même. Que Neuville l'a bien peint ! On dirait un portrait ! Dans sa mâle attitude on devine le soldat habitué à coudoyer toutes les grandeurs et tous les honneurs. En effet, c'est à lui qu'incombe la noble mission de renforcer la garde du drapeau si l'on combat en ligne. Si l'on forme les colonnes d'attaque, c'est encore lui qui doit protéger le colonel contre les coups dirigés de trop près. Au besoin, la hache à la main, il ouvrira à ses camarades un chemin difficile ; il coupera les arbres pour faire des barricades, il rasera des haies, il enfoncera les portes des maisons. Il sait tout faire, il peut et il veut tout faire. On se demande souvent pourquoi il y a tant de sapeurs décorés et médaillés. C'est parce que, pour avoir les deux

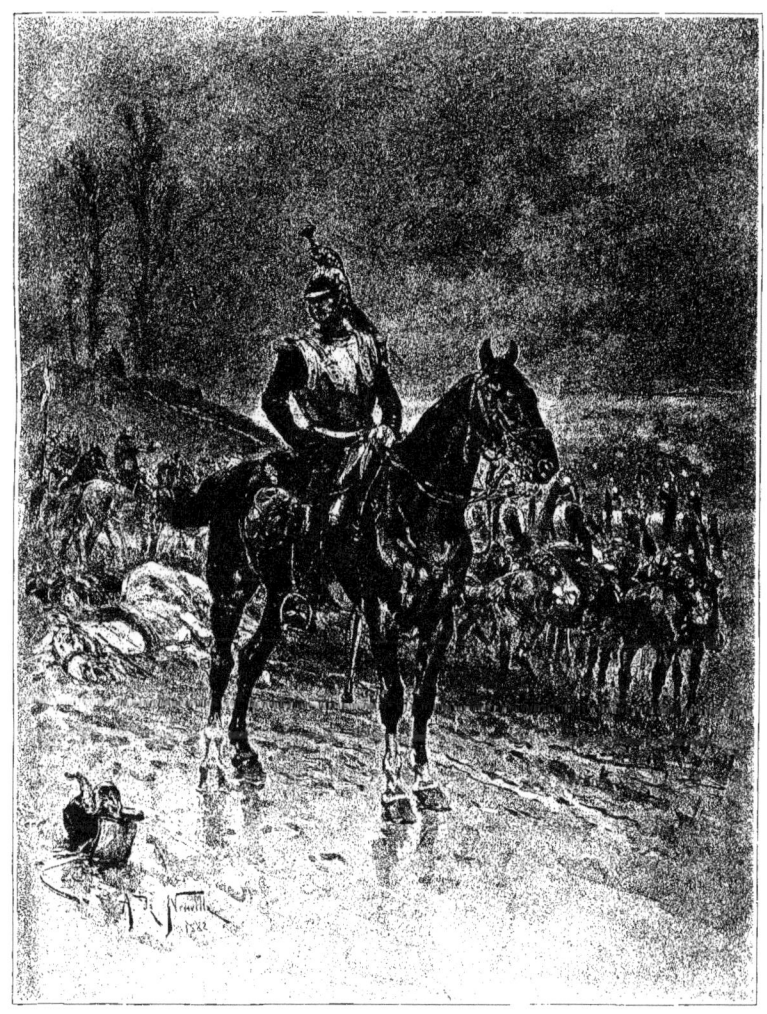

CUIRASSIER

haches en croix sur la manche, il faut être d'abord un soldat sans peur et sans reproche, et puis aussi, parce que le sapeur est au meilleur rang pour se distinguer.

« A moi, mes sapeurs ! » s'écrie un colonel lorsqu'il entrevoit quelque besogne difficile, et aussitôt les douze hommes barbus s'élancent. Ils sont douze et ils en valent cent.

On leur a ôté récemment le tablier blanc qu'on leur avait donné en 1784 et qui rappelait le titre de *soldats charpentiers* sous lequel ils furent créés ; je ne saurais dire si l'on a bien fait ; mais ces têtes de régiments avec leur ligne de magnifiques sapeurs coiffés de bonnets à poil et le ventre ceint de buffle d'une éblouissante blancheur, ces tambours-majors empanachés retroussant leurs moustaches en crocs, n'étaient pas de vaines splendeurs et avaient leur utilité. Jamais on n'avait vu un sapeur bouder au feu ; jamais un tambour-major n'avait reculé d'un pas. Ils savaient que panache oblige et demeuraient aussi calmes au premier rang du feu qu'à la parade. Rien de ce qui élève l'homme au-dessus de lui-même n'est inutile à la guerre, et la double hache fait des héros, comme le ruban rouge.

Triste ! triste ! le pauvre officier, tordu, foudroyé par la douleur, que ramène son brosseur en arrière des lignes. Il n'a plus le sentiment de lui-même, il va mourir ; il est mort. Que dit le général ? que répond le moblot ? que pensent les officiers d'ordonnance ? — peu importe ; on ne peut détacher les yeux de la figure de ce jeune sous-lieutenant de la mobile. L'œuvre bête de la bataille, c'est qu'elle prend les jeunes comme les vieux et toujours les bons. Ah ! si toutes les bonnes volontés avaient été dirigées par une volonté intelligente, nous n'aurions pas été si lourdement vaincus, et bien de ces têtes jeunes, de ces cœurs chauds seraient encore là, — ou bien, si nous avions à les pleurer, nous aurions au moins la consolation de savoir que leur mort n'a pas été inutile au pays.

Je ne sais point si Neuville a voulu, dans cette toile, exprimer des sentiments semblables, mais elle les inspire naturellement.

« Qu'allais-tu faire là, jeune homme, loin de ta mère et de ta fiancée ?

— J'allais défendre la patrie et mourir pour elle !

— Et que faisaient pendant ce temps ceux qui t'avaient appelé ?

— Ils se conservaient soigneusement pour l'avenir. »

Pauvres jeunes hommes de France, qui sont morts comme toi pour la patrie, que le cercueil leur soit léger comme le cœur de ceux qui les ont conduits à cette guerre, comme le génie militaire de ceux qui l'ont dirigée du premier au dernier jour.

Le *Bourget* ! quelle lugubre histoire. Malgré tout ce qu'on a écrit sur l'affaire du Bourget le public ne sait pas encore toute la vérité. Les événements politiques du 31 octobre, le plébiscite qui les suivit et le voyage de M. Thiers à Paris permirent de couvrir de mystère une action de guerre des plus honorables pour ceux qui y prirent une part directe et fort douteuse pour les chefs de la défense.

Le tableau de Neuville représente le moment où tout est terminé pour nous. La garde prussienne vient d'arracher le village à ses derniers défenseurs. Huit officiers français et une vingtaine d'hommes appartenant aux corps nommés tout à l'heure n'ont pas voulu se rendre. Retranchés dans l'église, ils se sont défendus jusqu'à la dernière extrémité, et il avait fallu les fusiller par les fenêtres et amener du canon pour les forcer à se rendre. L'officier que l'on rapporte blessé sous le porche est le lieutenant Griscy des grenadiers de l'ex-garde (128e de marche). Les deux officiers prisonniers, qu'on voit désarmés au premier rang à droite, sont MM. Brasseur, chef de bataillon aux voltigeurs (128e de marche) et le capitaine Ozou de Verrie, des mobiles de la Seine.

Dans son *Histoire de la Défense de Paris*, le général Ducrot — d'habitude si scrupuleux dans l'énumération de nos pertes, ne donne point la liste des tués, blessés et prisonniers des mobiles de la Seine ; il se contente de dire que ce corps perdit cinq cents hommes. Le 128e de marche avait perdu 557 hommes, dont 14 officiers : outre les trois nommés plus haut, cinq capitaines : MM. Fournier,

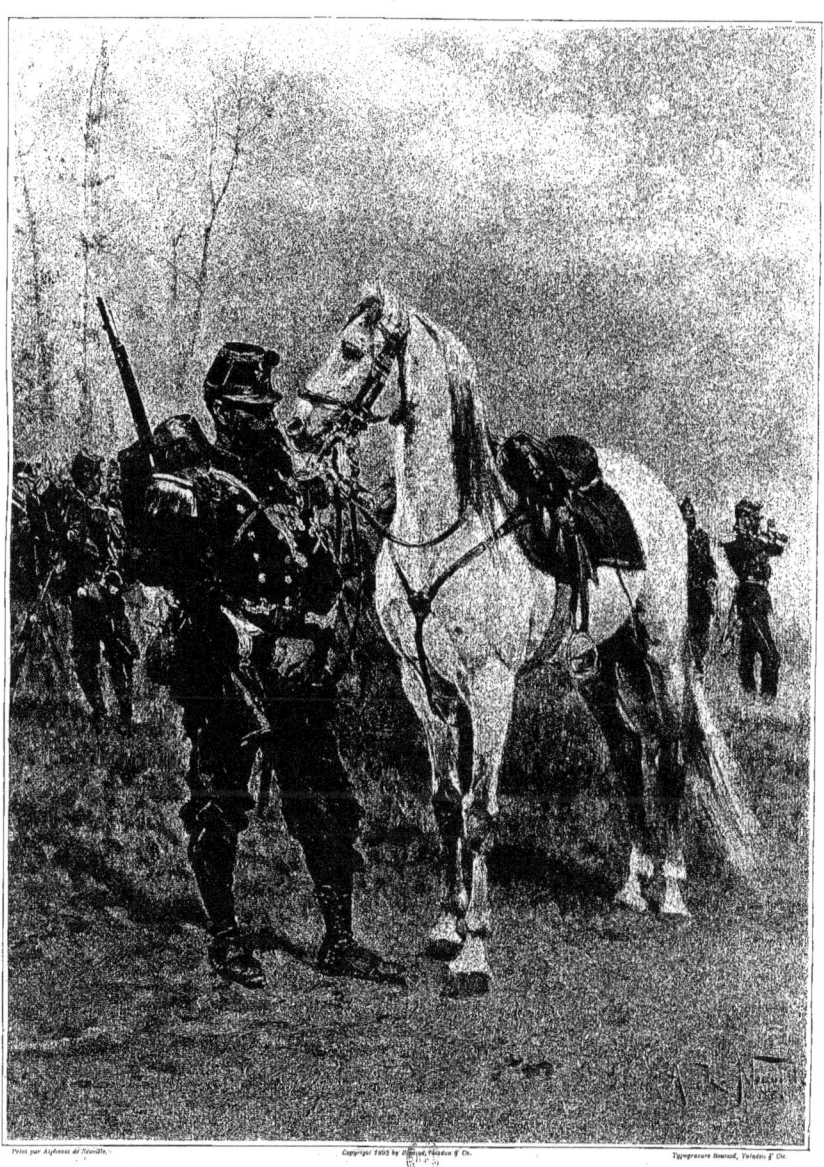

EN OBSERVATION

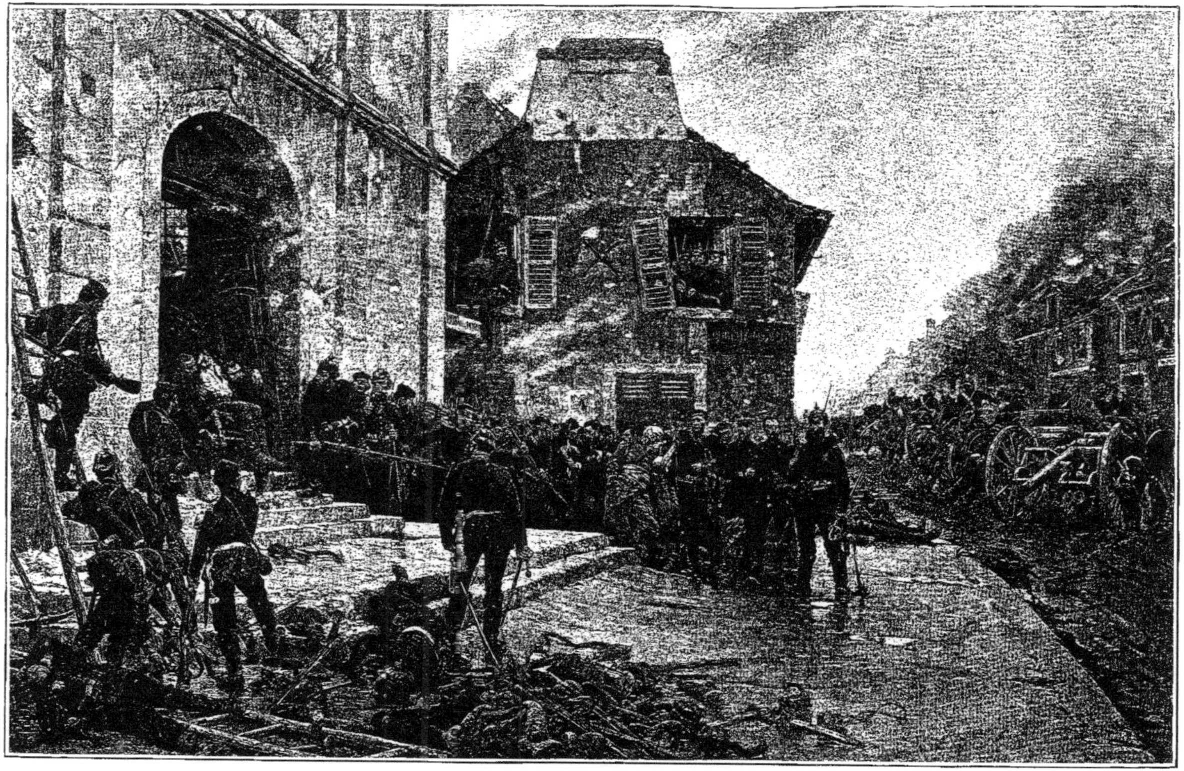

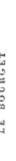

LE BOURGET

Verluythen, Jauge, Mongeotet, Grandinot ; quatre lieutenants : MM. Laffitte, Corta, Lemercier, Marchand, et trois sous-lieutenants : MM. Moussier, Magnin et Vallet. Ernest Baroche, chef de bataillon de la mobile, se fit tuer pour ne pas se rendre.

Depuis un monument a été élevé aux victimes du *Bourget,* mais le tableau de Neuville est encore le meilleur souvenir qui leur ait été consacré. Ce tableau eut le sort de *de Montbéliard à Strasbourg,* il fut écarté de l'exposition de 1878 comme pouvant blesser les susceptibilités allemandes.

L'œuvre de Neuville, qui a déjà été popularisé par des reproductions de toutes sortes, éparpillé dans mille journaux illustrés, et conservé sous les cent mille cadres des amateurs de gravure, gagnera certainement à avoir été réuni dans cet album. Tous ses tableaux, tous ses dessins se relient, depuis 1871, dans une idée commune. On dirait qu'ils sont les scènes d'une grande et sombre tragédie. Je ne crois pas que, dans l'histoire de l'art, il existe une série de peintures, n'ayant pas été exécutées d'ensemble, qui se joignent plus exactement. Et, si dans ces courtes notices, j'ai fait sonner bien plus haut son patriotisme que son superbe talent, c'est que l'un, à mon avis, n'aurait pas marché sans l'autre. Ils ne faisaient qu'un. Aussi j'ai regretté que les besoins de la mise en pages aient empêché de donner un ordre méthodique aux excellentes reproductions de ses œuvres admirables. Elles auraient pu former l'histoire de certains côtés de la guerre de 1870-1871 ; Neuville a été à la fois le *flagelleur* de la cruauté allemande et le poète épique du courage et de la patience des officiers et des soldats français. Dans l'immense faillite de nos institutions et de nos traditions militaires, il a sauvé tout ce qu'il était possible de sauver et, en même temps, il a su reprocher à notre ennemi tout ce qui enlevait du prestige à sa victoire.

Aussi parlera-t-on de lui longtemps, car il est entré profondément dans le cœur de tous ceux qui aiment et respectent leur patrie malheureuse, la France, cette noble vaincue.

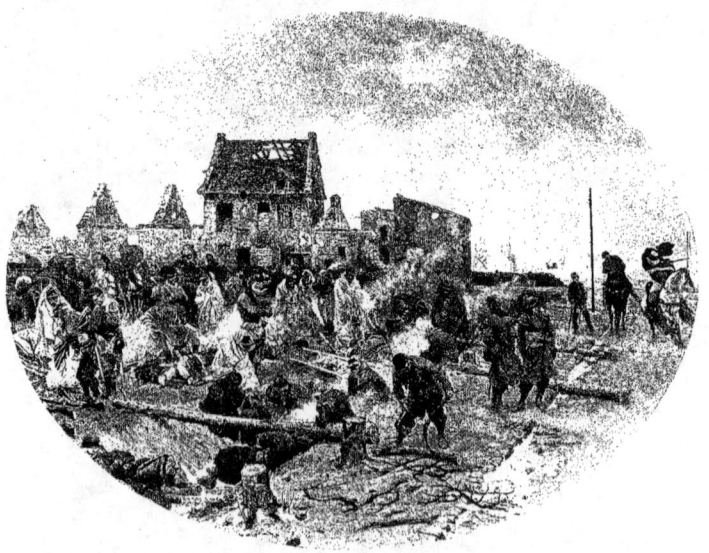

BIVOUAC DEVANT LE BOURGET

A. DE NEUVILLE

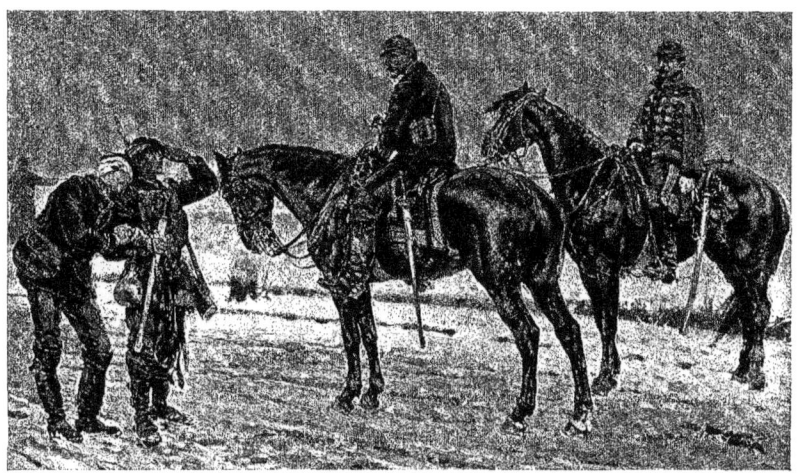

L'OFFICIER DE MOBILES BLESSÉ

Neuville est mort jeune et cependant son œuvre est inépuisable. Quatre livraisons de EN CAMPAGNE ont été consacrées à la reproduction de ses tableaux et, dans nos réserves, nous pouvons encore puiser et en présenter d'aussi beaux et en nombre. Avec les artistes de ce tempérament et de cette activité, on n'en a jamais fini. Pour donner son œuvre complète, dix volumes suffiraient à peine et il faudrait fouiller tous les musées de l'Europe et de l'Amérique, car sa popularité fut aussi immense que sa production.

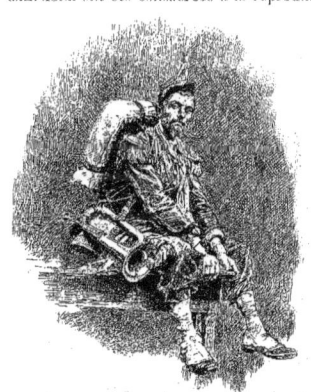

Son patriotisme ardent, l'émotion, le mouvement débordaient dans ses compositions et l'on parlera de sa gloire chez tous les peuples et pendant de longs siècles.

L'officier de mobiles, blessé, ramené par son ordonnance en arrière de la ligne de bataille, appartient à la catégorie des sujets émus qu'affectionnait le peintre des *Dernières cartouches*. L'hiver sévit et le jeune lieutenant peut à peine se tenir debout et répondre à l'officier général qui le questionne. C'est son soldat qui parle pour lui. Jadis nos peintres militaires dédaignaient ces petits épisodes si fréquents, du drame de la guerre. Neuville, au contraire, les a recherchés et a su en tirer des effets saisissants. Comment se nomme le Général? quel est ce jeune défenseur de la patrie? dans quelle province se passe cette scène? peu importe au spectateur. C'est un enfant de la France qui a versé son sang pour elle ; il est l'image de la Patrie elle-même se levant pour repousser l'invasion étrangère ; c'est un martyr du devoir. Ce tour de force de toucher toutes les âmes en racontant l'histoire d'un inconnu, Neuville y excellait. Au silence de cette scène douloureuse succède sans transition dans notre musée improvisé un défilé mouvementé de dragons *en reconnaissance*. Ici la fougue est bruyante et l'opération ne s'accomplit peut-être point aussi discrètement que le comportent la prudence et le règlement du service en campagne. Mais que voulez-vous ? ce sont des Français et leur régiment débutait peut-être dans l'art difficile d'épier et de surprendre, art dans lequel les Allemands sont passés maîtres. La dernière guerre a été une rude leçon pour nous. Nous avions oublié tout ce que nous avait appris Napoléon Ier ; nous nous figurions que nous n'avions qu'à avancer pour vaincre, qu'à nous présenter pour triompher. Ces dragons-là seraient plus heureux de se battre que de faire le métier d'éclaireurs. Leurs sabres cliquettent sur les flancs de leurs chevaux ; aujourd'hui attachée à la selle, cette arme ne dénonce plus à l'ennemi par son frottement bruyant la présence du cavalier.

Je l'ai déjà fait remarquer : Neuville avait un faible pour les chasseurs à pied. Le peintre du mouvement adorait ces soldats en vif-argent et, toutes les fois que son pinceau les caressait, il leur donnait des allures pittoresques et superbes. Ce sapeur deux fois médaillé est évidemment peint d'après nature ; c'est le soldat de ce chef de bataillon que nous avons vu bien certainement défiler au Champ de Mars.

Infortunés chasseurs ! une organisation à l'étude veut les supprimer ou tout au moins les transformer. Si elle leur laisse encore leur nom, elle leur enlève leur uniforme et leur division en bataillons séparés. Plus de pantalons gris bleuté, plus de liserés jonquilles, d'épaulettes vertes ! on leur donne en échange la tenue et l'agglomération régimentaire des lignards. Infortunés chasseurs !

Simplification administrative ! réplique sèchement le libellé de la réforme. Simplification administrative, c'est-à-dire Progrès. Progrès soit, et encore ?... mais certainement douleur pour tous ces braves gens qui avaient le culte de l'épaulette verte et qui se faisaient galamment tuer parce qu'ils croyaient sincèrement qu'un chasseur à pied devait cette satisfaction à son nom, à son drapeau, à son uniforme.

J'ai connu jadis un brave officier de chasseurs à pied. A l'âge de vingt ans, tourmenté par le désir d'appartenir à un corps spécial, à un corps d'élite, il s'était engagé, en 1840, au camp d'Helfault, pour être chasseur et rien que chasseur. Instruit, intelligent, rude soldat, il parvint vite à l'épaulette. Jugez de sa joie lorsqu'il apprit qu'il était officier et officier aux chasseurs. Lieutenant, puis capitaine, il promena son épaulette d'argent — son épaulette chérie — en Algérie, à Rome, à Bomarsund, en Crimée, en Italie, en Syrie, en Chine, au Mexique, — partout où les chasseurs s'illustrèrent. S'il n'était pas mort à Sidi-Brahim, c'est que son bataillon n'y était pas ; mais souvent il exprimait le regret de n'avoir pas fait partie du fameux huitième. Hélas ! il serait mort chasseur et heureux, n'était la loi sur l'avancement à laquelle nul ne pouvait se soustraire. En 1870, elle le fit chef de bataillon à l'ancienneté. Lui, ancien *vitrier*, ancien *lascar negro*, lui qui avait porté avec honneur et bonheur pendant trente ans le pantalon gris, il fut obligé de chausser le pantalon garance. Si l'on n'avait pas été en guerre avec l'Allemagne, il demandait sa retraite. Il se résigna, la mort dans l'âme. Ne plaisantons pas trop ces douleurs-là ; elles ont dans leur naïveté un côté respectable. Le vieil officier grisonna, puis blanchit ; il servit mollement : « Je deviens lignard », disait-il avec tristesse. Aujourd'hui, il est en retraite et sur sa carte de visite il a fait inscrire pieusement :

Le Commandant Z..., officier de la Légion d'honneur, ancien officier de chasseurs à pied.

Le temps qu'il a passé dans un régiment d'infanterie, il l'a oublié ; et il ne veut pas se le rappeler. Neuville a souvent réconforté le cœur de ce vieux brave qui croit saintement qu'après la situation de Maréchal de France, il n'y en a qu'une autre d'enviable sur la terre, celle de chef de bataillon, commandant un bataillon de chasseurs à pied, comme Canrobert et comme Mac-Mahon.

La nouvelle Loi — si elle est votée, ce qui n'est pas sûr — supprimera les deux grades enviés par

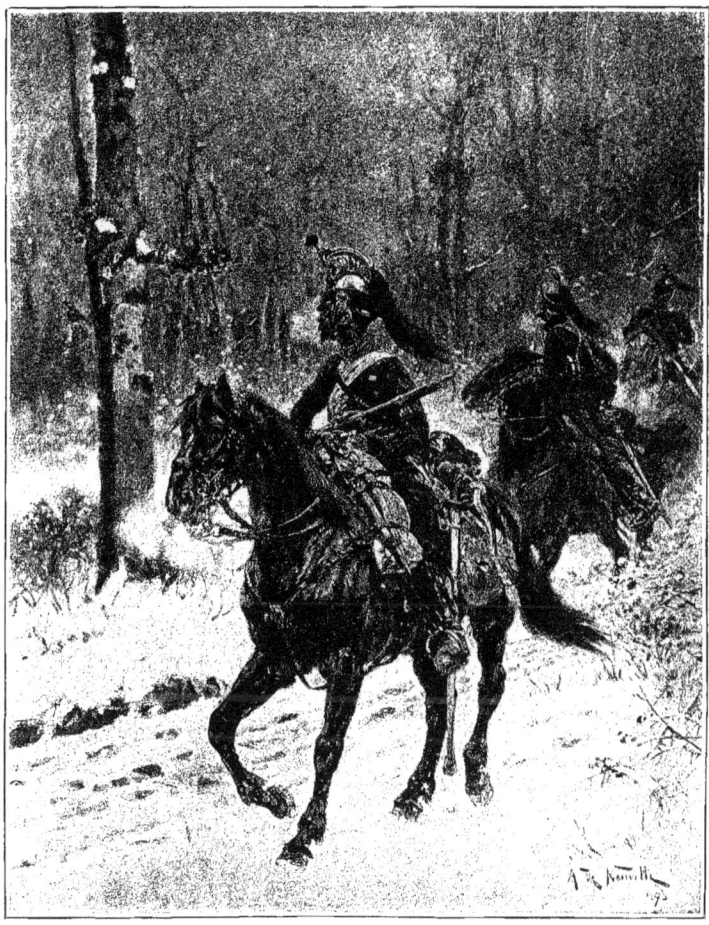

EN RECONNAISSANCE

mon vieil ami, mais ce qu'elle ne supprimera jamais, c'est la gloire des chasseurs à pied et les magnifiques toiles que Neuville leur a consacrées.

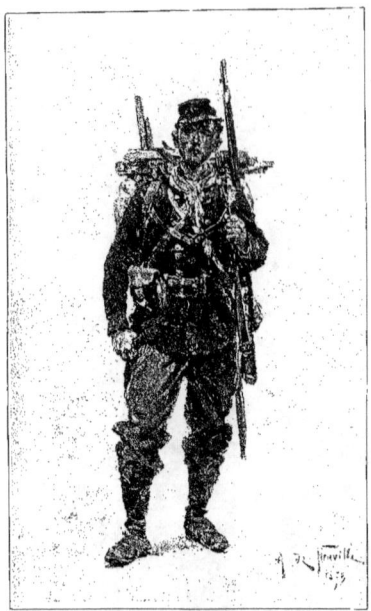

MOBILE

La figure, le type du Mobile — du *Moblot* — restera attaché, d'une façon inséparable au souvenir de l'année terrible. Je ne dirai pas, avec les enthousiastes, qu'il fut l'âme de la défense nationale, mais certainement il montra dans beaucoup de circonstances un grand dévouement. Généralement très insuffisamment commandé par des jeunes gens qui devaient faire leur apprentissage militaire en présidant à son éducation, le Mobile manquait par la discipline et la solidité ; mais il était brave, industrieux, résigné. Très novice dans les choses de la guerre, il s'assouplit vite et à la fin de la campagne, certains régiments de mobiles valaient autant et parfois mieux que certains régiments de marche de la ligne. Lorsqu'ils étaient commandés par d'anciens officiers démissionnaires, retirés jeunes du service, mais pleins de flamme et d'amour pour la patrie, on les vit égaler parfois les meilleures troupes. Qui se souvient aujourd'hui qu'ils formèrent cent quatre régiments de trois mille hommes environ ? Outre les six régiments de la Seine, la défense de la capitale en absorba vingt-cinq. Trois autres furent envoyés en Algérie : le 9e (Allier), le 21e (Creuse), le 43e (Bouches-du-Rhône), où ils firent un très bon service. Les soixante-dix autres furent répartis dans les armées de province et embrigadés avec les troupes de la ligne. L'esprit de clocher leur fit accomplir souvent de très beaux faits d'armes.

Le Mobile parisien — et c'est particulièrement lui que Neuville, qui l'avait vu au feu, peignit de prédilection — avait ses jours de gloire et d'indiscipline. Il se prodiguait au Bourget, sous le commandant Baroche, et un mois avant, il avait abandonné le Mont-Valérien sous prétexte qu'il était mal nourri. Cela prouve simplement que le général Trochu eut tort de le ramener du camp de Châlons en lui parlant de ses droits. Pendant la guerre, le soldat n'a qu'un droit, celui d'obéir à ses chefs ; et il n'obéit au grand devoir patriotique, il ne s'héroïse dans le sacrifice, que lorsqu'il est loin des influences toujours troublantes de la famille.

Ce qui fit justement l'originalité du Moblot, et surtout du Moblot de Paris, ce fut ce mélange de qualités et de défauts, de patriotisme et de révolte, dont on pouvait presque dire qu'il était la caractéristique de l'esprit de la nation. Le Moblot aimait aussi se donner des airs de vieilles troupes, il chargeait son sac à la zouave, et passait avec une égale rapidité de la colère à la joie, de la gaîté au découragement. Il reste la preuve la meilleure qu'on n'improvise pas les armées et que la profession de soldat est un métier difficile que l'on n'apprend pas du jour au lendemain.

Voyez ces francs-tireurs ; ils sont l'antithèse du Moblot. Presque tous, et surtout les bons, auraient mieux fait de prendre un engagement dans la ligne. Mais notre siècle n'est pas à la simplicité ; chacun y dit sa messe sur l'autel de l'Individualisme. Presque toutes les organisations de corps non classés

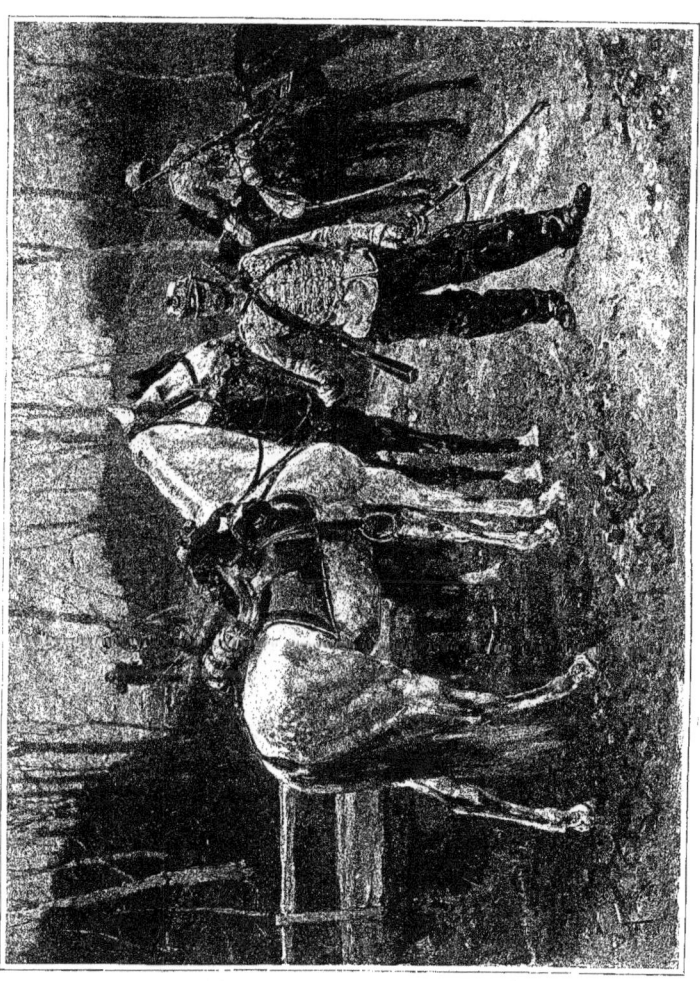

HUSSARDS.

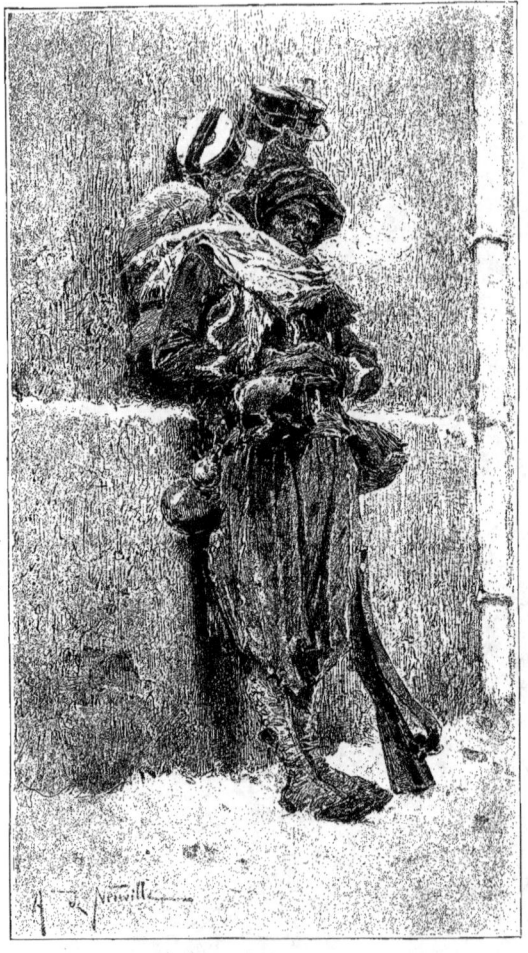

TURCO

sont nées d'une vanité surexcitée par le désir de faire mieux que les autres. Donner son nom ou celui de sa commune à une troupe qui fera merveille est un juste orgueil. Sous la première République, la plupart des régiments de cavalerie légère de nouvelle formation ont été organisés de cette façon. C'est le côté philosophique de la vie militaire en temps de révolution ; on part comme partisan et l'on devient soldat régulier.

Malgré son indépendance un peu trop incorrecte, le franc-tireur joua un rôle utile dans la guerre de 1870-1871 — il a été la terreur des uhlans ; des uhlans pillards, ivrognes, qui, d'ailleurs, ne les épargnaient pas : « Ah ! monsieur de Bismarck, disent ces braves gens à leur prisonnier, au mépris du droit des gens, vous faites fusiller nos camarades, sous prétexte que leur feuille de route n'est pas régulière. Eh bien, mon gars, tu vas aller à la division avec tes dépêches et ton fourniment », car le franc-tireur est imbu de cette recommandation du prévôt : « Et surtout ramenez-moi des prisonniers, que nous sachions un peu ce qui se passe dans le voisinage ! »

Certes, il est bien pittoresque ce Turco ; c'est un poème encore plus qu'un soldat. Il est le côté impétueux de la bataille, l'élan des premiers coups, la hardiesse et l'aventure ; les obstacles toutefois l'irritent et souvent le découragent ; c'est un bon tirailleur, un admirable faiseur de coups de main ;

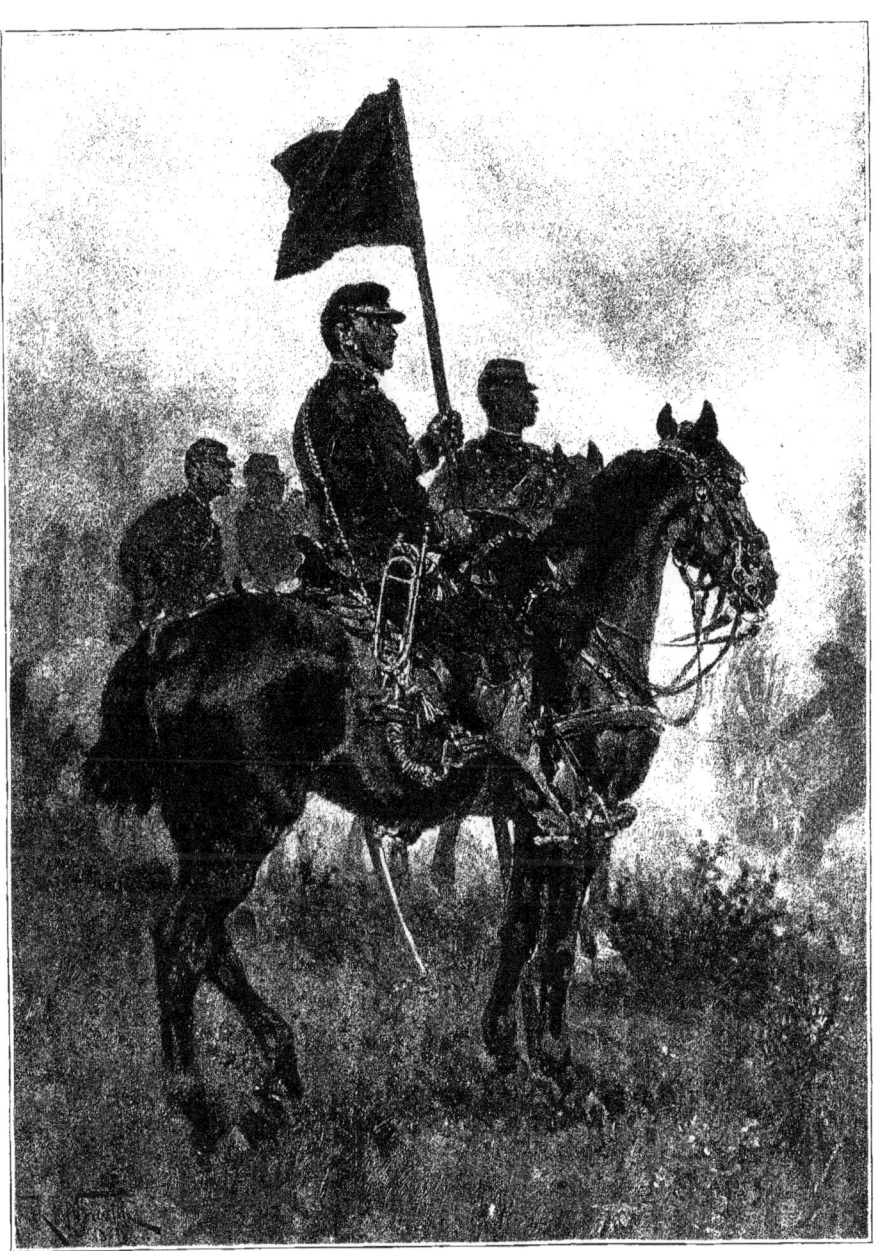

TROMPETTE D'ARTILLERIE

c'est la panthère du combat, ce n'en est pas le lion. Le lion, c'est le petit fantassin déjà expérimenté qui tient vigoureusement à son poste, ne recule qu'avec prudence, n'avance que sur l'ordre de son chef, qui ménage ses cartouches, garde son rang, y meurt au besoin, mais ne fait jamais un isolé, ni

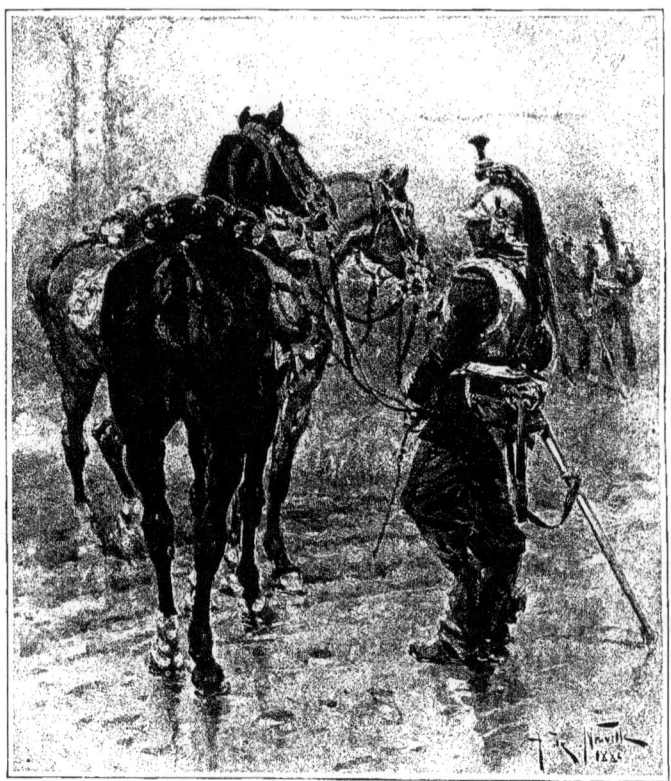

CUIRASSIER

un traînard. Parfois l'artiste le néglige, ce monsieur tout le monde, cette pauvre unité de la Légion, ce gagneur de batailles, qui se nomme le peuple et qui n'a pas d'autre nom, car il appartient à toutes les classes de la société, à la race des gens de cœur.

Le poète, trop souvent, flatte les beaux débraillés, le peintre caresse les poseurs toujours en attitude, mais la réalité les punit. Ce ne sont pas de vrais soldats que les Allemands surprennent dans un village de l'Est, ce sont des isolés et des traînards.

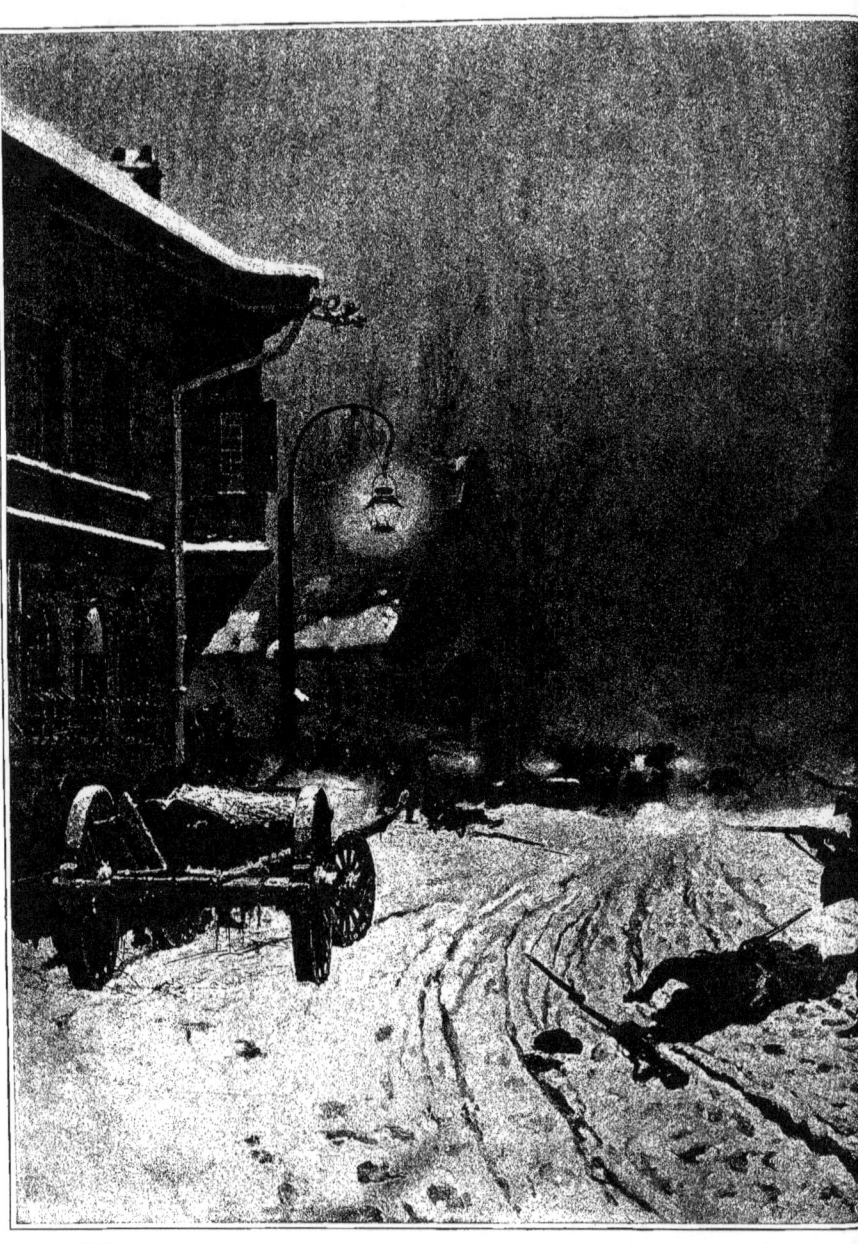

A. de Neuville pinxit.

SURPR

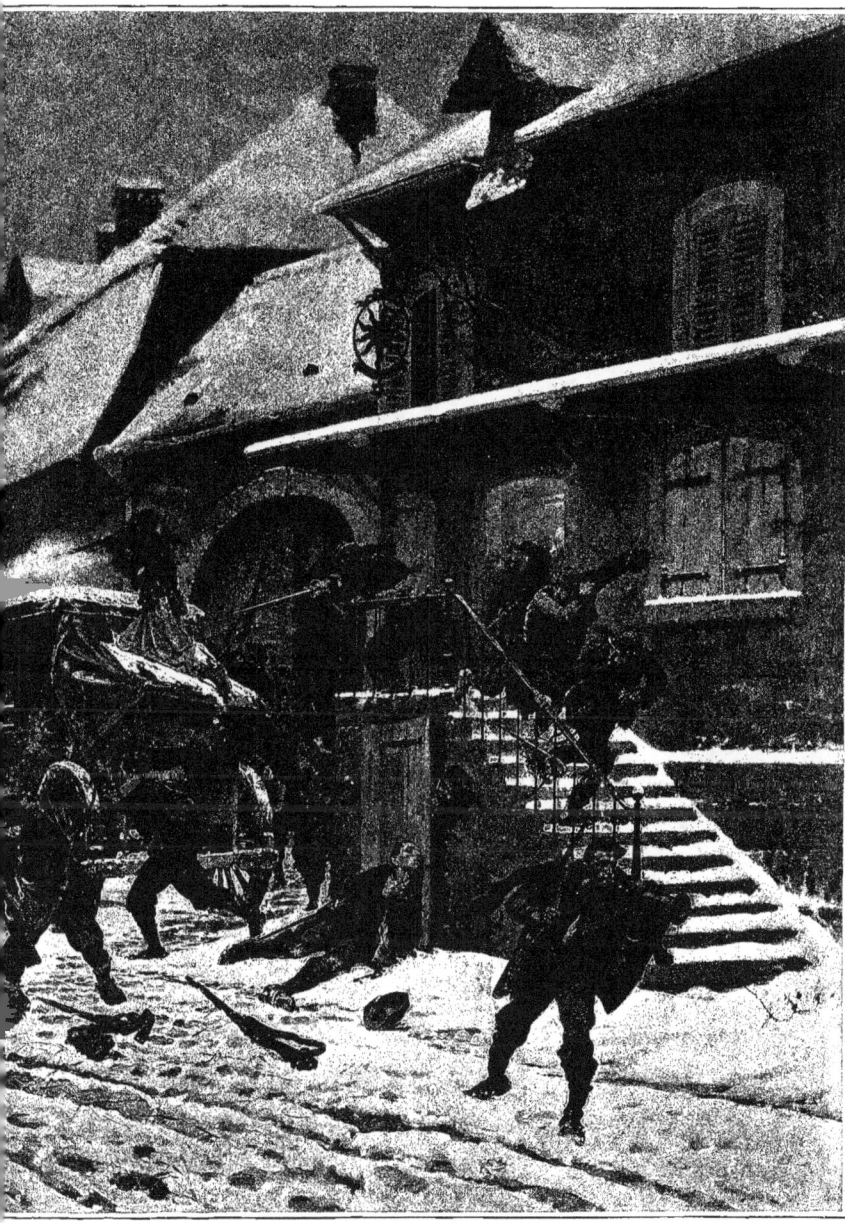

La veille au soir ils ont laissé l'armée filer en avant et ils se sont étendus sur les flancs pour rançonner les villages. « Nous n'avons pas de pain, nous n'avons pas de gîte. » Ce sont là des héros

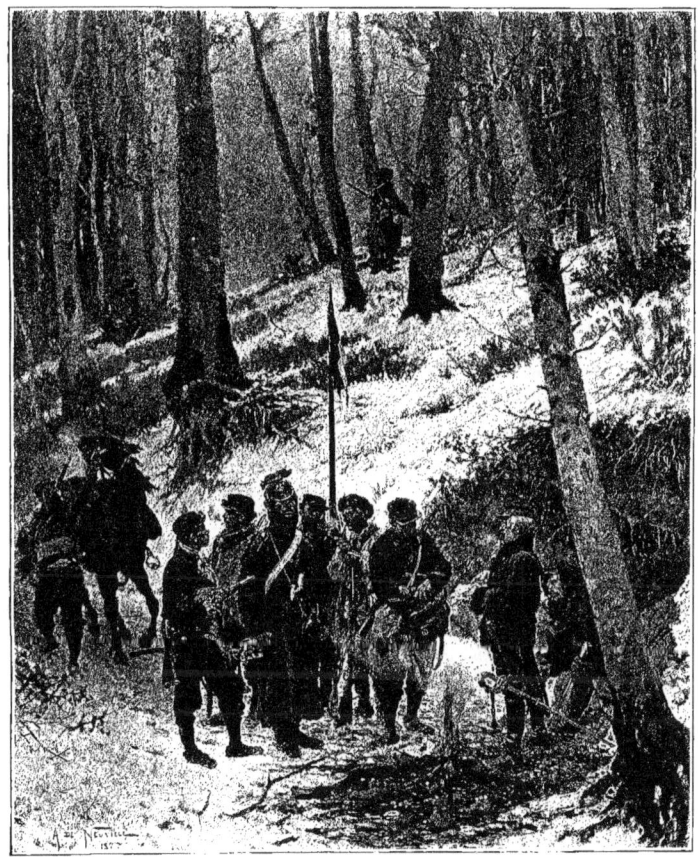

FRANCS-TIREURS

à la façon d'Erckmann-Chatrian, se plaignant de tout, de la distribution, des chefs qui veulent qu'on obéisse, des souliers à semelles en carton, des cartouches en son, et jamais d'eux-mêmes. Ils voient la trahison partout sans songer que le premier des traitres est le soldat abandonnant son rang.

S'ils étaient à leur compagnie, cela ne leur arriverait pas ! car ils vont tous y passer : la masse des

Allemands est profonde, elle est bien commandée, elle est disciplinée, elle sait ce qu'elle doit et veut faire. Tandis qu'eux, ils forment une bande ; la direction, la volonté, le drapeau leur manquent. Certainement ils vendront chèrement leur vie. D'ailleurs il le faut bien.

Quand on songe à ce que ces pauvres gens feraient d'utile à leur corps, sous les ordres de leurs chefs directs, on en tire cette morale qu'à la guerre il y a beaucoup moins de danger à faire son devoir, à marcher à son rang, qu'à mener la vie de vilain soldat. Ce ramassis de tous les régiments, cette bande d'hommes de tous les corps, cette plaie des armées en marche que ne maintiennent ni la discipline militaire, ni un grand amour du pays, elle a fait saigner les flancs de l'armée de Mac-Mahon, marchant de Châlons sur les Ardennes. Elle a été l'une des causes des désastres de l'armée de l'Est et c'est dans un des villages des environs de Besançon que Neuville a placé sa *Surprise*.

Comment les peintres militaires de l'avenir pourront-ils peindre leurs tableaux ? Avec l'uniformité des tenues et le service de trois ans, tous les soldats se ressembleront ; aujourd'hui encore les réformateurs daignent respecter les couleurs distinctives des diverses armes, mais leur secret désir est l'unité du pantalon, de la vareuse et de la casquette. Quelques-uns d'entre eux attachent une telle importance à ce progrès qu'ils en parlent sérieusement et comme d'une découverte importante de la tactique et de la stratégie modernes. Ils citent pour exemple les Américains. Or en Amérique, en temps de paix, en temps normal, l'armée n'existe qu'à l'état embryonnaire ; mais pendant la guerre de la Sécession, jamais on n'avait vu une telle variété d'uniformes tant par les différences dans les coupes que par le nombre des couleurs. Tous les corps célèbres de France et d'Angleterre avaient été imités et parodiés ; le comfort américain avait, il est vrai, très amoindri l'élégance de ces belles tenues, toutefois l'utilitarisme américain avait parfaitement compris que chacune des provinces, chacun des districts dans les provinces, possédait des sentiments particularistes et que les citoyens de telle ou telle cité seraient heureux et fiers de promener et d'illustrer leurs uniformes spéciaux. Au fur et à mesure que la guerre s'avança, les premiers et beaux uniformes s'usèrent, on ne put pas toujours les remplacer et alors la vareuse et la casquette du marin se généralisèrent ; mais beaucoup de corps de cavalerie persévérèrent jusqu'à la fin.

L'uniforme est la moitié du soldat, parce que c'est le lien qui soude le régiment, qui rive les hommes l'un à l'autre ; sous l'uniforme naissent la camaraderie et l'esprit de corps. Avec l'uniforme se crée la légende. En regardant ce cuirassier qui tient deux chevaux en main, je pense malgré moi aux cuirassiers de Reichshoffen, aux cuirassiers de Waterloo, d'Iéna, d'Eylau, à cette longue série de faits d'armes inscrits sur les étendards de nos douze régiments de cuirassiers : *Jemmapes, 1792* — *Fleurus, 1794* — *Rivoli, 1797* — *Hohenlinden et Marengo, 1800* — *Austerlitz, 1805* — *Iéna, 1806* — *Eylau, Eckmühl, Essling, Wagram, 1809* — *La Moskowa, la Bérézina, 1812* — *Dresde, Hanau, 1813* — *Vauchamps, Champaubert, 1814* — *Fleurus, 1815* — *Solférino, 1859*.

C'est une question très controversée que celle de la suprématie des clairons sur les tambours.

L'argument principal en faveur des clairons est qu'ils assurent un certain nombre de fusils en plus au régiment ; on étudie aujourd'hui la possibilité de donner des revolvers aux tambours et clairons ; mais un colonel d'infanterie, qui sait son affaire, m'a dit que lorsque les clairons et les tambours prennent le fusil — à moins que ce ne soit dans un assaut, et alors ils sont plus utiles comme clairons et comme tambours que comme fusils — leurs camarades sont bien près d'être battus. Le beau clairon de la ligne que nous présentons a, réglementairement, son fusil à la bretelle ; il peut sonner ainsi en marche, mais au feu, cela lui serait impossible, car il faut qu'il soit clairon ou tireur, il ne peut pas être les deux à la fois. Décidément le revolver doit être l'arme des non-combattants.

Voyez ces chasseurs à pied en tirailleurs ; leur clairon sonne. Quand il ne leur répète pas les com-

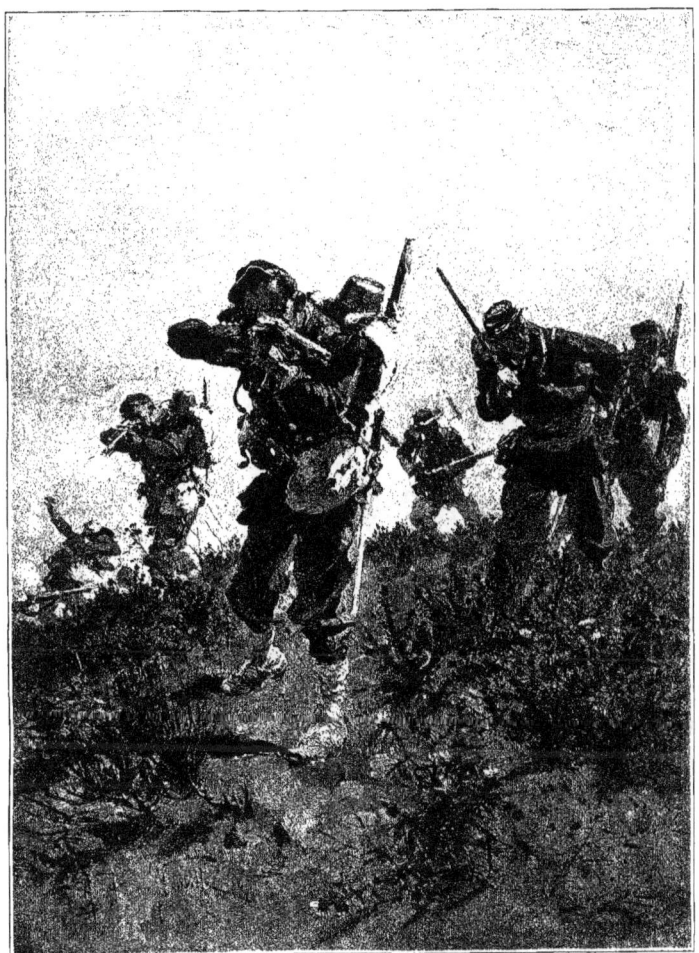

CHASSEURS A PIED

mandements de leur officier, il les anime, il les excite. J'ai entendu raconter dans ma jeunesse par un vieil officier de la 32e demi-brigade qui avait été à Saint-Jean-d'Acre, que la batterie de tambours placée par Bonaparte à la droite de la brèche « cassait la poitrine et supprimait la raison. » Aujourd'hui le clairon chante clair comme le coq gaulois ; il partage le droit au bruit avec le tambour. Quant au tambour-major, il a perdu de son prestige.

Il est certain que nos mœurs militaires sont bien changées et si le brave Cayol, le tambour-major de la 32ᵉ qui fit battre la charge à Saint-Jean-d'Acre et reçut pour ce fait des baguettes d'honneur, revenait aujourd'hui, il ne s'y retrouverait plus. Toute notre histoire des guerres de la Révolution est traversée par de superbes tambours-majors empanachés entrant dans les villes la canne haute ; entraînant leurs régiments en Italie, en Helvétie, en Allemagne, en Egypte et obtenant les plus hautes récompenses dévolues à un général en chef des officiers de la peau. Aujourd'hui, le tambour-major est habillé, coiffé, chaussé comme les autres sous-officiers ; il ne lui reste que sa canne et encore quelques tambours-majors, épris d'idées modernes, la remplacent par le clairon.

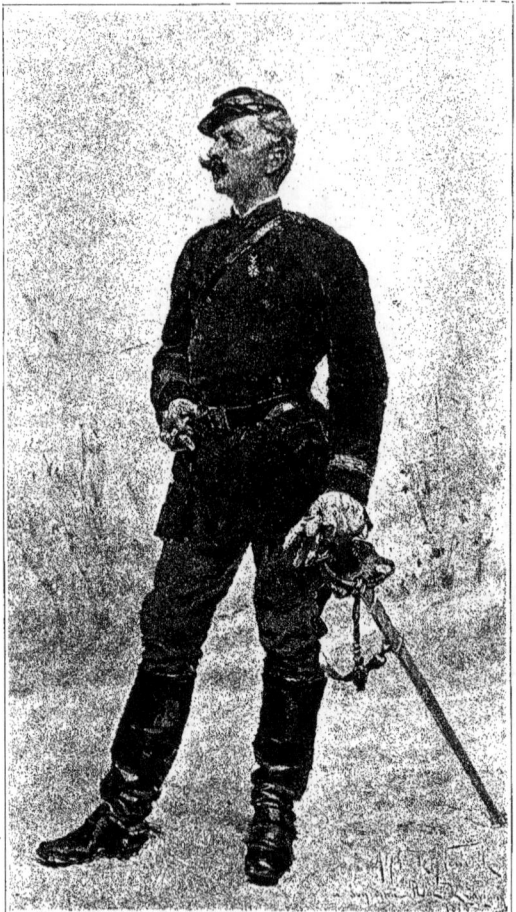

PORTRAIT DE M.***

Neuville a peint peu de portraits, mais il les peignait très spirituellement.

Le portrait militaire est un écueil contre lequel viennent se briser les plus hauts talents.

Il faut en effet qu'un militaire en peinture n'ait l'air ni d'un garde national, ni d'un bravache ; que l'uniforme ne discipline pas trop son physique et lui laisse son originalité. Il est difficile de peindre un militaire le sabre à la main et s'élançant sur l'ennemi ; à moins qu'il ne soit général en chef ou ministre de la guerre, cela paraît généralement de mauvais goût. Dans le portrait ci-contre, notre peintre a trouvé la note juste. Un gentleman de haute mine, bien entré dans sa casaque militaire, la tête haute, l'œil spirituel, la physionomie

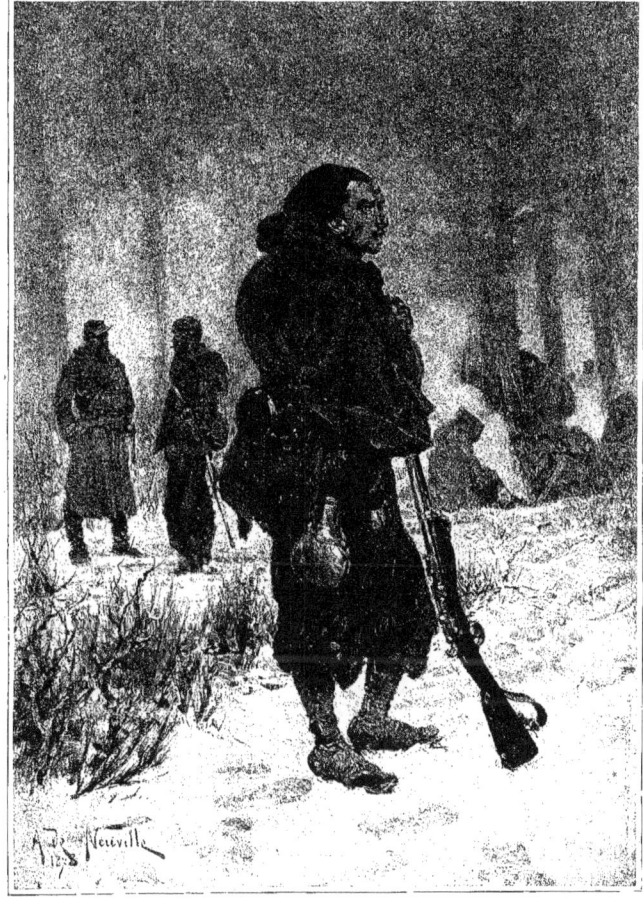

UN ZOUAVE, CAMPAGNE DE FRANCE.

pas commode mais bon enfant, et surtout point de raideur militaire, pas de pose de photographe. Le marin, le fusilier marin est aussi un type qui sollicitait le pinceau de Neuville. Ce petit noiraud

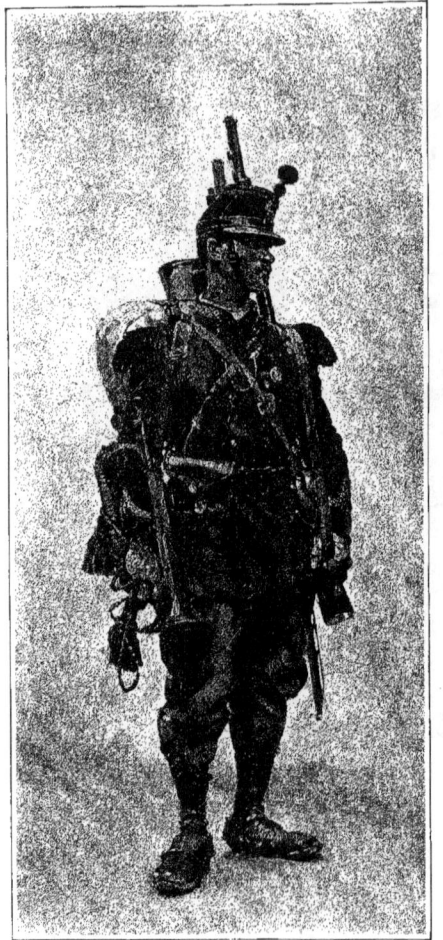

CLAIRON

est bien vu et bien saisi, c'est un gars du Finistère qui monte la garde près d'une tranchée. On les avait fait venir à Paris en 1870, les marins, pour garder les forts, et ils les gardèrent comme leurs vaisseaux. Partout où on les employa à des actions de force, à Épinay (pas sur-Orge, à Épinay près Saint-Denis), au Bourget, à la Gare aux bœufs, ils se conduisirent comme des héros d'Homère. Mais on en avait peu, on les économisa et l'on eut raison ; ils se seraient tous fait tuer. En voilà qui croyaient comme article de foi à la sortie et qui se moquaient de la mort ! Bons patriotes et pas du tout matérialistes, les marins sont les meilleurs soldats du monde. Malheureusement ils marchent mal à terre, les guêtres les gênent, tandis que sur le pont, pieds nus, ils sont à leur affaire.

Nous allons clore cette nouvelle série de dessins de Neuville par les hussards.

Bien que le hussard contemporain nous donne une faible idée de ce que fut jadis le hussard français, c'est encore le cavalier le plus pimpant de l'armée française. Ses galons blancs sur son dolman bleu de ciel sont certainement plus élégants que les tresses noires du chasseur. A part cette distinction du noir et du blanc, un régiment de chasseurs ressemble absolument à un régiment de hussards. Aussi ne serait-il pas étonnant que dans un coin du ministère de la guerre, l'un de ces amoureux de la simplification ne rêve de donner aux vingt régiments de chasseurs et aux douze de hussards le même nom et les mêmes tresses — et pourquoi pas de tresses du tout, une simple veste et le nom général et générique de *régiments de cavalerie légère* avec le même ordre de numérotage. C'est ça qui serait du progrès et ne ferait pas de jaloux ; plus de hussards, plus de chasseurs, rien que des cavaliers légers. — Mettez-leur un casque, on pourra alors les appeler dragons légers, tandis que les cuirassiers décuirassés s'appelleraient dragons lourds. Dès lors, quel progrès ! quelle solution ! quelle

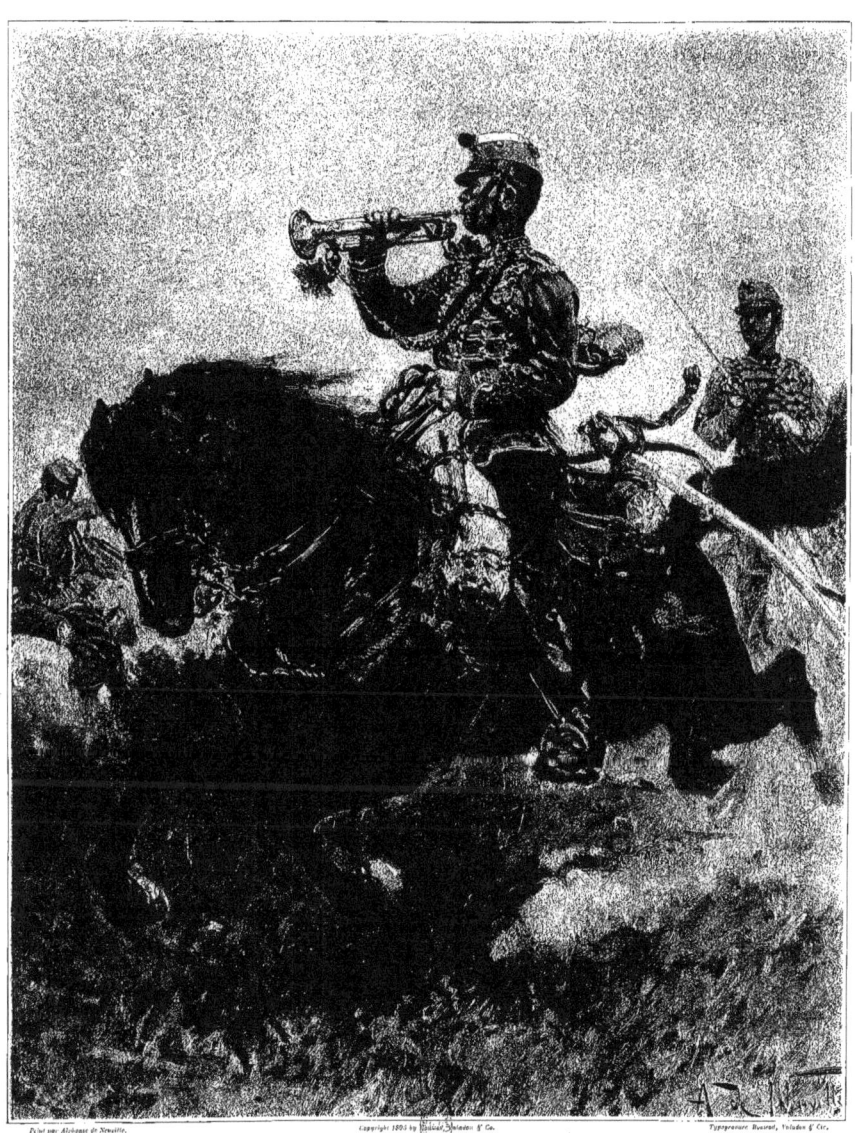

TROMPETTE DE HUSSARDS

uniformité ! tous dragons, tous de la même couleur, ayant le même armement, le fusil. Pour bien des réformateurs, le sabre est aussi une superfétation ; il est gênant le sabre et à quoi sert-il contre une balle de fusil à répétition ? Dès lors pourquoi des cavaliers ? Pour les reconnaissances ? allons donc, on les fera en ballon, duquel descendra un téléphone dont la tablette sera sur la selle du général en chef. En ce temps-là on ne se servira plus que de fusils, de canons, de cartes de géographie, de ballons et de téléphones. La science, il n'y a que cela, il n'y a plus que cela, il ne peut plus y avoir autre chose.

Hélas, où est-il le temps où un hussard était un être à part, redouté de l'ennemi, adoré des femmes, admiré des hommes ? Les Lasalle, les Pajol, les Colbert, les Curély, les de Brack ont laissé d'impérissables souvenirs dans les fastes de la cavalerie légère. Ces hussards épiques, avec trente cavaliers, jetaient l'épouvante dans une armée. Aujourd'hui le hussard est plus calme ; quinze années de paix ont un peu changé les habitudes des officiers français ; mais vienne la guerre, les instincts de nos pères reprendraient le dessus.

Une armée est faite pour la guerre. Comme elle gagne beaucoup de qualités en temps de guerre, elle en perd fatalement en temps de paix. Le travail et la science sont, quoi qu'on dise, l'apanage des élites, la masse ne vit que d'expérience et de pratique ; or la guerre, quoi qu'on fasse, sera toujours du domaine de l'expérience et de la pratique. La science est utile pour la préparer, pour la diriger, pour instruire vite les soldats, pour les rassembler et les transporter plus vite encore ; la science est nécessaire pour

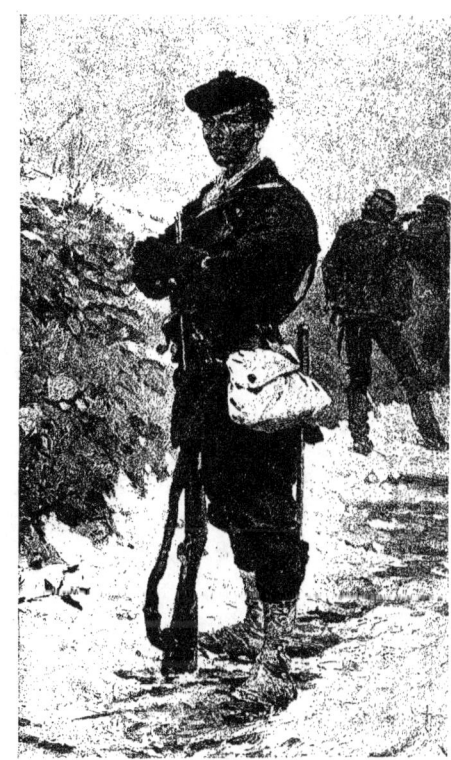

FUSILIER MARIN

fabriquer les armes, régler leur portée, accumuler les provisions de bouche et les munitions de guerre, mais la guerre se fera toujours par la vitesse, le nombre et la bravoure des soldats. Il faudra toujours des hussards comme il faudra toujours des sapeurs du génie. Un bon général sera toujours celui qui saura le mieux se servir des éléments mis à sa disposition.

Et ce qui ne doit pas faire désespérer de voir la nation française reprendre un jour le goût et l'habitude de la victoire, c'est qu'il y a toujours des grands peintres comme Meissonier, Detaille et Neuville pour retracer ses hauts faits, pour la consoler de défaites imméritées, et qu'il y a des millions de spectateurs pour regarder et admirer leurs beaux tableaux.

JULES RICHARD.

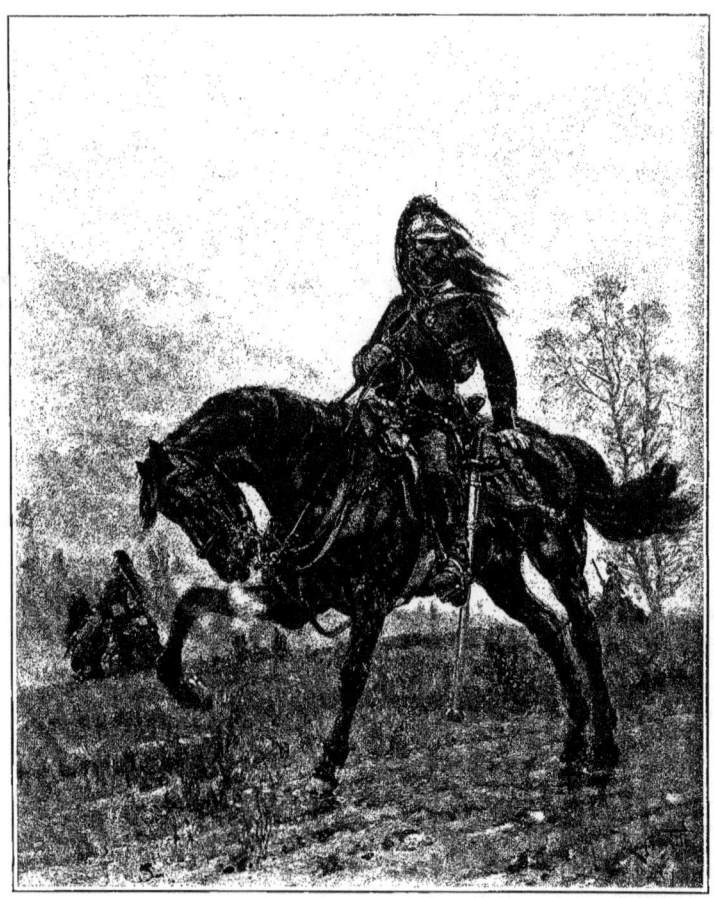

OFFICIER DE DRAGONS.

EN CAMPAGNE

TABLE DES ILLUSTRATIONS

D'APRÈS

ALPHONSE DE NEUVILLE

	PAGES
Portrait d'Alphonse de Neuville, par P. Mathey	1
Dans la tranchée	3
La cantine du 9ᵉ bataillon de chasseurs	3
Chasseur à pied	4
Le départ du bataillon	5
Un renseignement	6
Chasseur à pied (clairon)	7
Le duc de Chartres, colonel du 12ᵉ chasseurs à cheval	8
Défense de la porte de Longboyau	10-11
Officier de dragons	13
Pièce en danger	15
Attaque d'une maison par le feu	17
Zouave	18
Turco	19
Passage d'un gué	20
Combat dans une église	21
En faction	22
Hussards	23
Officier de dragons	24
Défense d'un château	25
Combat sur les toits	26
Dans le grenier	27
Concert aux avant-postes	30-31
Le mot d'ordre	33
Combat sur une voie ferrée	34
Hussard	35
Voltigeur de la garde impériale	37
Un peu de feu !	38
Prisonniers allemands dans une église	39
Commandant de chasseurs à pied	40
« Halte ! »	41
Canonnier	42
Sergent-major de chasseurs à pied. Grandes manœuvres	34
Cuirassier	44
Officier de hussards	45
Prisonniers allemands	46
Surprise d'une maison	47
Derrière un mur	48
Le cimetière de Saint-Privat	50-51
En route	53
Les dernières cartouches	55
Les otages	57
Embuscade	58
Artilleur	59

TABLE DES ILLUSTRATIONS

	PAGES		PAGES
Éclaireurs d'avant-garde	60	L'officier de mobiles blessé	81
Le porteur de dépêches	61	Clairon d'infanterie	81
Dragon bavarois	62	En reconnaissance	83
Capture difficile	63	Mobile	84
Trompette de dragons	64	Hussards	85
Destruction d'un télégraphe	65	Turco	86
Le parlementaire	67	Trompette d'artillerie	87
Dragon à pied (trompette)	68	Cuirassier	88
Charge de dragons à Gravelotte	70-71	Surprise au petit jour	90-91
Retour d'une reconnaissance	73	Francs-Tireurs	93
Sous-officier de hussards	74	Chasseurs à pied	95
Rencontre d'un blessé	75	Portrait de M***	96
Sapeur	76	Un zouave, campagne de France	97
Cuirassier	77	Clairon	98
Le Bourget	79	Fusilier marin	99
Le bivouac devant le Bourget	80	Officier de dragons	100

PLANCHES HORS TEXTE EN COULEURS

Chasseur à cheval. En regard de la page	18
Cuirassier allemand. En regard de la page	36
Un déserteur. En regard de la page	58
En observation. En regard de la page	80
Trompette de hussards. En regard de la page	98

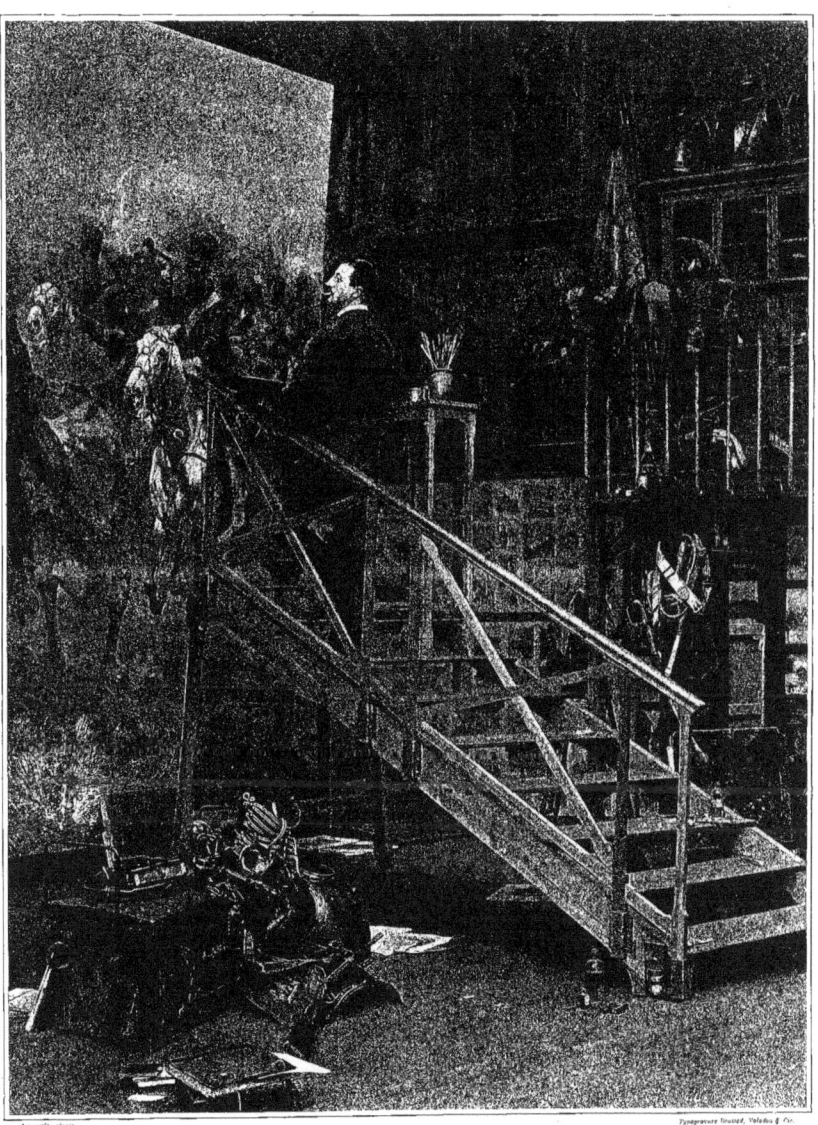

ÉDOUARD DETAILLE DANS SON ATELIER

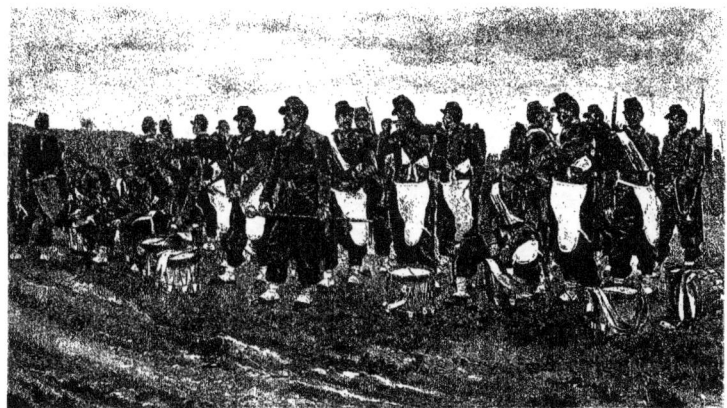

BANDE DE TAMBOURS.

EDOUARD DETAILLE [*]

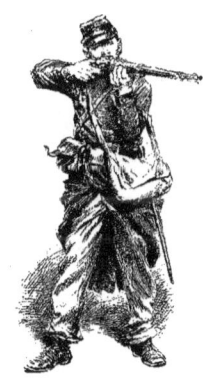

FANTASSIN TIRANT.

Grand, mince, svelte, avec des membres longs, justes et adroits; une allure correcte et froide, où il y a quelque chose de l'officier d'état-major français qui aurait été attaché militaire à Londres; un nez fin, grand et busqué, un nez d'aristocrate; des yeux bleus qui, intéressés et attentifs se font d'acier; un teint tout à fait éclatant, blanc et rose, et le sang si près de la peau très fine que, à la plus légère secousse, tout le visage s'empourpre; une moustache blonde bien fournie, galante et légère, sans ébouriffage ni empois; des cheveux d'un blond foncé que ne raye nul fil blanc, coupés en brosse, se dressant très drus sur un front clair; le corps serré en un vêtement bleu tout uni, tout droit, sans une tache ni un grain de poussière, tel Edouard Detaille à quarante-deux ans en son atelier du boulevard Malesherbes. Au dedans ou au dehors, nulle excentricité de costume, l'horreur de ce qui, dans la tenue, n'est point comme il faut, propre, net : seulement, d'une façon très discrète, qui serait imperceptible au vulgaire, dans des détails de costume, un soupçon de rappel de modes anciennes, de modes vieilles de cinquante ans, et c'est là comme la coquetterie de cette jeunesse si tôt et si justement triomphante.

Rien ne donne plus justement l'idée morale d'un homme que l'inspection de la maison qu'il s'est

[*] Les nécessités de la mise en pages ne nous ont point permis de suivre dans le placement des gravures l'ordre chronologique des œuvres reproduites : cet ordre, si important lorsqu'il s'agit d'un peintre tel qu'Édouard Detaille, dont il convient de marquer soigneusement le développement de pensée, se trouve rétabli par des indications placées dans le texte entre crochets.

faite. L'atelier où tout le jour travaille Édouard Detaille est très vaste ; éclairé comme une serre, large assez pour qu'un peloton y puisse manœuvrer sans gêne, mais on n'y voit rien de ces affiquets dont des peintres, amateurs de pittoresque, se plaisent à s'entourer. Point de lambeaux d'étoffes, point de tapis poussiéreux, point de curiosités exotiques. Les murs, tout revêtus de sapin du Nord vernis, sont coupés à mi-hauteur par une sorte de balcon qui règne sur deux côtés. Sous cette galerie, des photographies soigneusement classées, encadrées d'une manière uniforme, des tableaux exécutés et surtout des dessins de *l'Armée française*, ce livre auquel Detaille a consacré cinq pleines années de sa vie.

Ailleurs, dans un renfoncement que fait le mur, quelques études choisies entre les plus intéressantes que le peintre ait rapportées du camp de Krasnoé-Sélo où il était l'hôte de l'Empereur de Russie, quelques projets de tableaux comme un *Épisode de 1814* qu'il faut bien espérer voir un jour terminé. Dans des armoires bien closes, en un autre recoin de l'atelier, des souvenirs militaires, quelques statuettes, des jouets du Roi de Rome, des plaques de shakos et de gibernes.

Sur le balcon qui règne autour de la pièce et où l'on monte par un raide escalier de bois verni, des armoires contenant ou supportant des casques et des coiffures militaires, quelques râteliers avec des fusils qui brillent comme un jour de parade. Tout est propre, d'une propreté méticuleuse, sans un grain de poussière sur les bois, sans une tache de rouille sur les aciers. La table à écrire dans un ordre parfait, les papiers classés, les encriers nettoyés, les crayons taillés et en bataille.

CHARGE DES GARDES D'HONNEUR (1814).

Dans des meubles hauts, adroitement ménagés, dans des tiroirs polis et nets, les gravures sont disposées avec une régularité minutieuse.

L'immense poêle qui chauffe l'atelier semble, tant il est luisant, passé chaque matin à la mine de plomb, et l'escalier démontable, espèce d'estrade d'invention ingénieuse d'où l'artiste peint ses grandes toiles, est propre, de cette propreté qu'on ne rencontre guère qu'à bord des navires de guerre. Pas de sièges, à peine un tabouret près de la table à écrire : de cette façon les visiteurs ne s'éternisent point et les fâcheux se fatiguent.

Dans cet atelier, deux tableaux — deux fragments d'un même tableau — sont seuls accrochés au mur d'une façon immuable et pour n'en sortir jamais. C'est comme une permanente leçon que le peintre se donne, lorsqu'il les regarde. En 1880, le Gouvernement français l'avait chargé d'immortaliser sur une immense toile M. Grévy, alors Président de la République, distribuant des drapeaux aux députations de l'armée. Le sujet n'était point pour inspirer : il convenait d'y donner une part prépondé-

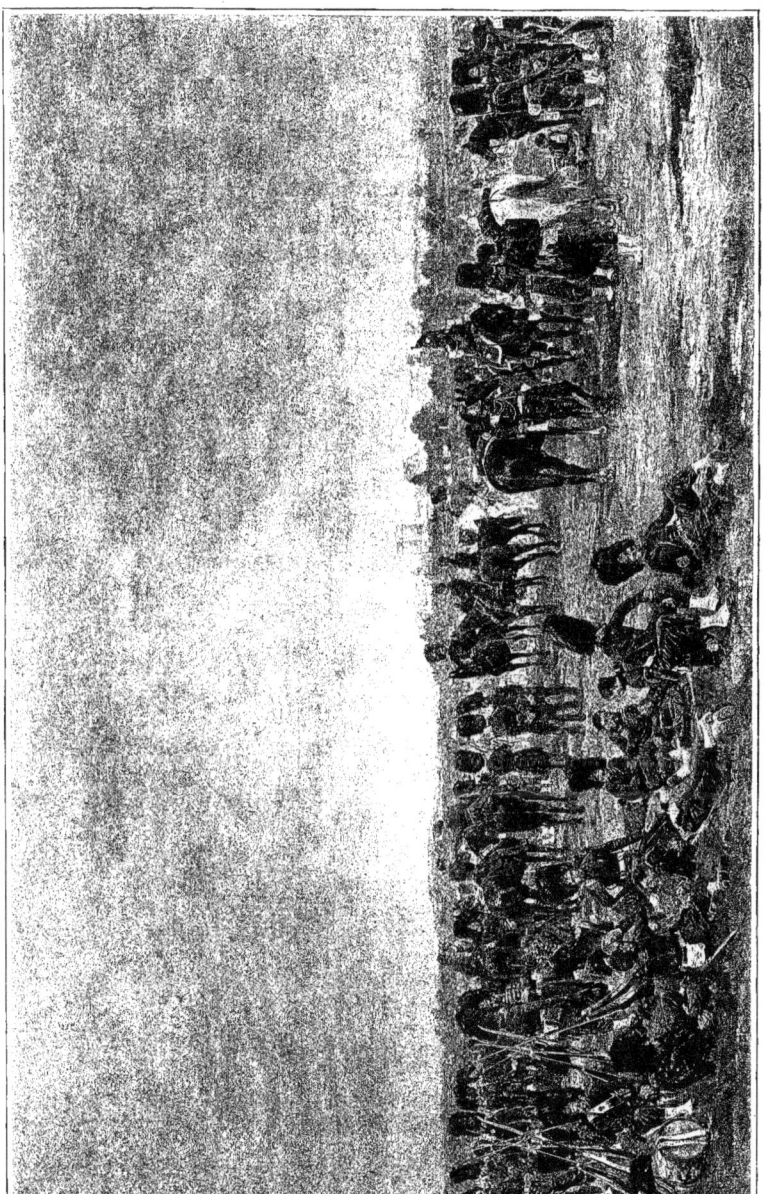

LA GARDE IMPÉRIALE AU CAMP DE SAINT-MAUR (1869).

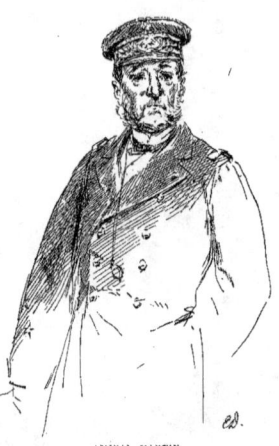

AMIRAL MARTIN.

rante à l'élément civil, peu décoratif de sa nature, de faire la place large aux députés et aux sénateurs dont les têtes comme les redingotes n'ont rien de récréatif. La plaine de Longchamps, d'un vert cru, échiquetée et bornée par des lignes uniformes et immobiles de soldats stationnant, crevait les yeux. Seuls les chefs de l'armée et les commandants de corps, arrêtés à cheval au pied de la tribune présidentielle, offraient à peindre quelque agrément. Les têtes étaient énergiques et viriles, les corps élancés et franchement masculins sous la tunique serrée que traversait le cordon rouge ou qu'étoilait la plaque. Encore ne pouvaient-ils se montrer en mouvement puisqu'ils écoutaient le discours présidentiel; tout au plus, pouvaient-ils saluer d'un geste noble découvrant en plein leurs fermes et mâles visages. Rien de la furie qui, dans la *Distribution des aigles* de David, précipite au serment les maréchaux d'Empire, les généraux et les colonels et met dans leurs mains levées, dans leurs jambes courantes, dans les drapeaux déployés, dans tout ce ruement vers l'estrade de l'Empereur l'héroïque souvenir des victoires gagnées, la grandiose promesse des victoires futures. On se souciait peu jadis dans les tableaux d'histoire de rendre des vérités documentaires. David ne s'était point inquiété de la pluie froide qui tomba toute cette journée du 14 frimaire an XIII où, comme dit un contemporain, « chacun était submergé par un déluge mortel. » On ne lui avait point commandé de faire vrai, de représenter chaque spectateur avec son parapluie ouvert, les plumets délavés, les habits ruisselants, les bottes couvertes de boue: il avait peint la scène telle que son génie se la représentait, telle que l'histoire devait la voir, telle que la voit la postérité. Mais, à Detaille, on avait imposé un programme dont il ne pouvait s'écarter et pour s'y être astreint, il fit un mauvais tableau.

Au moins il le sentit — et il se l'avoua. — La *Distribution des drapeaux* reçue par les inspecteurs des Beaux-Arts, attendait dans un magasin du Palais de l'Industrie qu'on lui eût fait une place dans l'un des Musées nationaux. Detaille vint revoir son tableau qui ne lui était pas encore payé. Cela étant, il demanda s'il lui appartenait encore. Sur la réponse affirmative, il fit approcher une échelle, y monta, tira de sa poche un rasoir et soigneusement découpa la toile. Des deux tiers du tableau il fit un paquet qu'il jeta

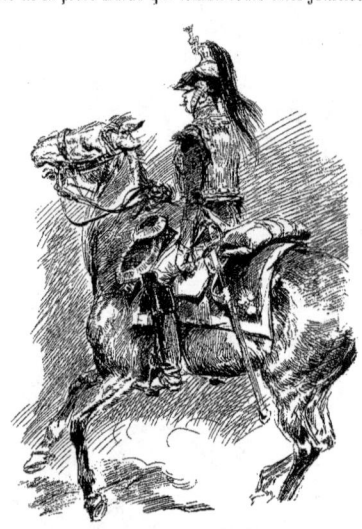

CUIRASSIER (1810).

au feu. Puis il roula deux morceaux qui lui paraissaient bons à conserver, salua poliment les inspecteurs et s'en alla.

Ce sont ces morceaux : un groupe de soldats et de porte-drapeaux, et le groupe des généraux, qui sont pendus dans l'atelier et qui, témoignant de la conscience du peintre, lui rappellent constamment le danger des œuvres de commande et le ridicule des tableaux officiels.

Depuis cette époque, quelque tentantes qu'aient été les propositions, Édouard Detaille n'a peint que ce qu'il a voulu peindre, que ce qu'il a imaginé lui-même, que ce dont il a retrouvé le mouvement et dont, à l'aide de documents précis, il a reconstitué jusqu'au plus infime détail. Entre tous les amateurs de Paris, il est assurément le plus riche en costumes militaires exacts, en armes, en équipements, en harnachements d'ordonnance. Peut-être M. Meissonier possédait-il certaines armes plus belles, certains bibelots plus précieux comme matière ou comme ornementation, mais, justement à cause de ce précieux de la matière, la fantaisie y avait joué son rôle et l'artiste qui les avait ciselés ne s'était point contenté de suivre aveuglément les ordonnances.

Detaille au contraire cherche d'abord les modèles réglementaires. S'il lui vient un doute, il n'hésite point à faire appel à ses collègues de la *Sabretache*, société composée des collectionneurs militaires les plus instruits de Paris et qui s'est donné pour mission de fonder et d'établir un musée de l'armée. Alors les généraux Vanson et de la Girennerie, MM. de Cossé-Brissac, Millot, Castanié, Raffet, Cottereau, Balsan, pour ne parler que des mieux instruits, viennent l'un après l'autre, examinent, discutent, comparent, font appel aux textes, remuent les gravures et finissent par établir une opinion qui peut faire loi. En cas de partage, hier encore, on faisait en dernier ressort appel à Meissonier, le président et le doyen, que son expérience ne laissait jamais en défaut.

Les remises de l'hôtel qu'habite Édouard Detaille sont pleines de caisses étiquetées et numérotées dont le contenu, au moins deux fois dans l'année, est battu, secoué, enduit de produits spéciaux. Là dorment, en attendant qu'il plaise

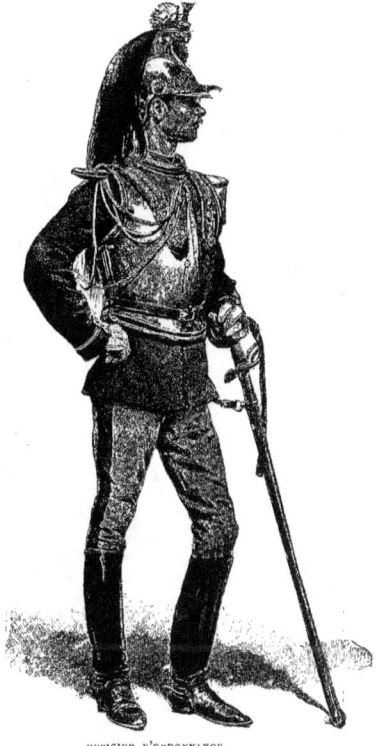

OFFICIER D'ORDONNANCE.

au peintre de les éveiller, toutes les armées de l'Europe et surtout les vieilles armées de la France. Rien ne manque aux uniformes, que les modèles soigneusement choisis, à têtes caractérisées, peuvent endosser sur l'heure, ni les colbacks, ni les dolmans, ni les pelisses, ni les bottes et, pour les armes, Detaille n'a qu'à monter par un escalier intérieur dans sa galerie où les sabres, les fusils, les mousquetons rangés en un ordre qui ferait envie à plus d'un musée, encadrent les grandes vitrines pleines de casques rares, de bonnets introuvables et où en bonne place, s'étale le tapis de selle de Napoléon. Après la galerie c'est l'immense hall où étaient accumulés les bibelots précieux, les meubles d'art, les tableaux de maître et où, peu à peu, jouant des coudes, le soldat se fait la grande place, où sur

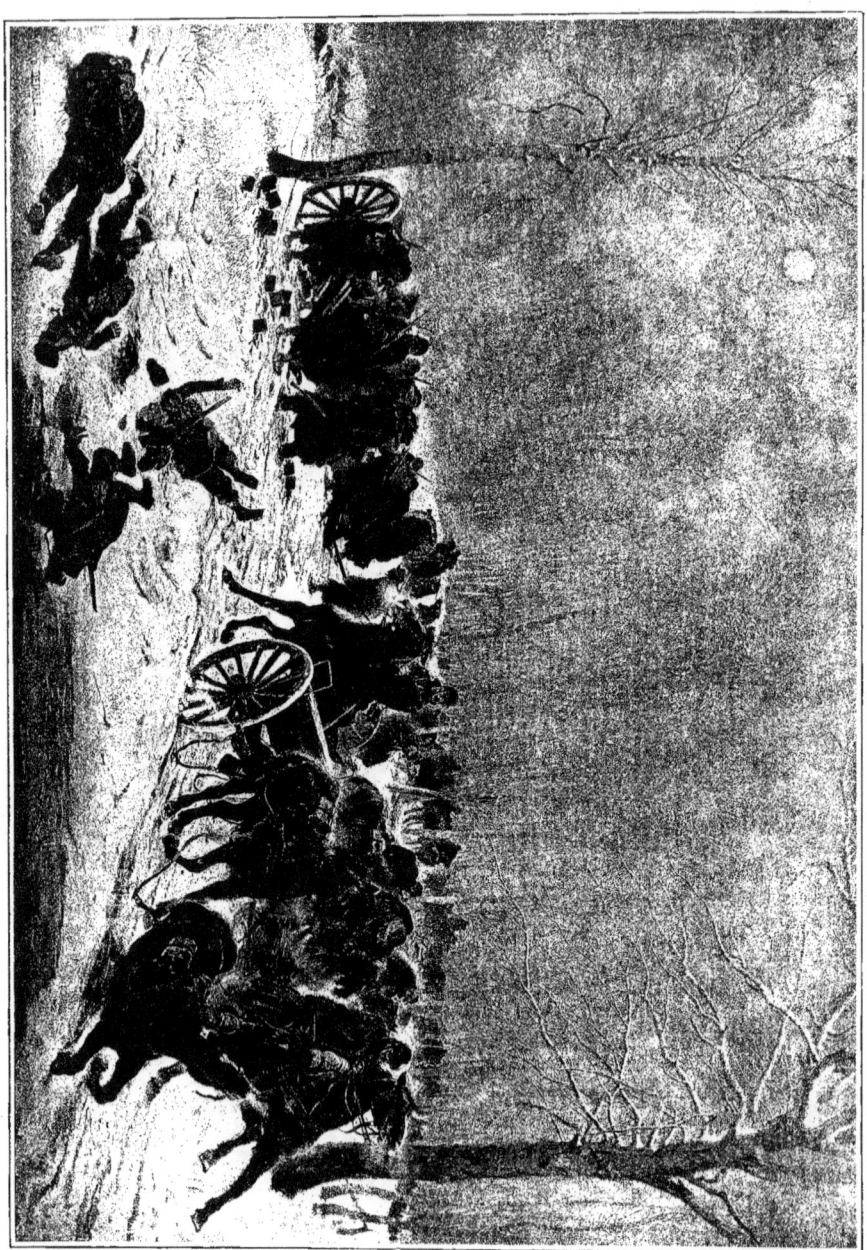

EN RETRAITE

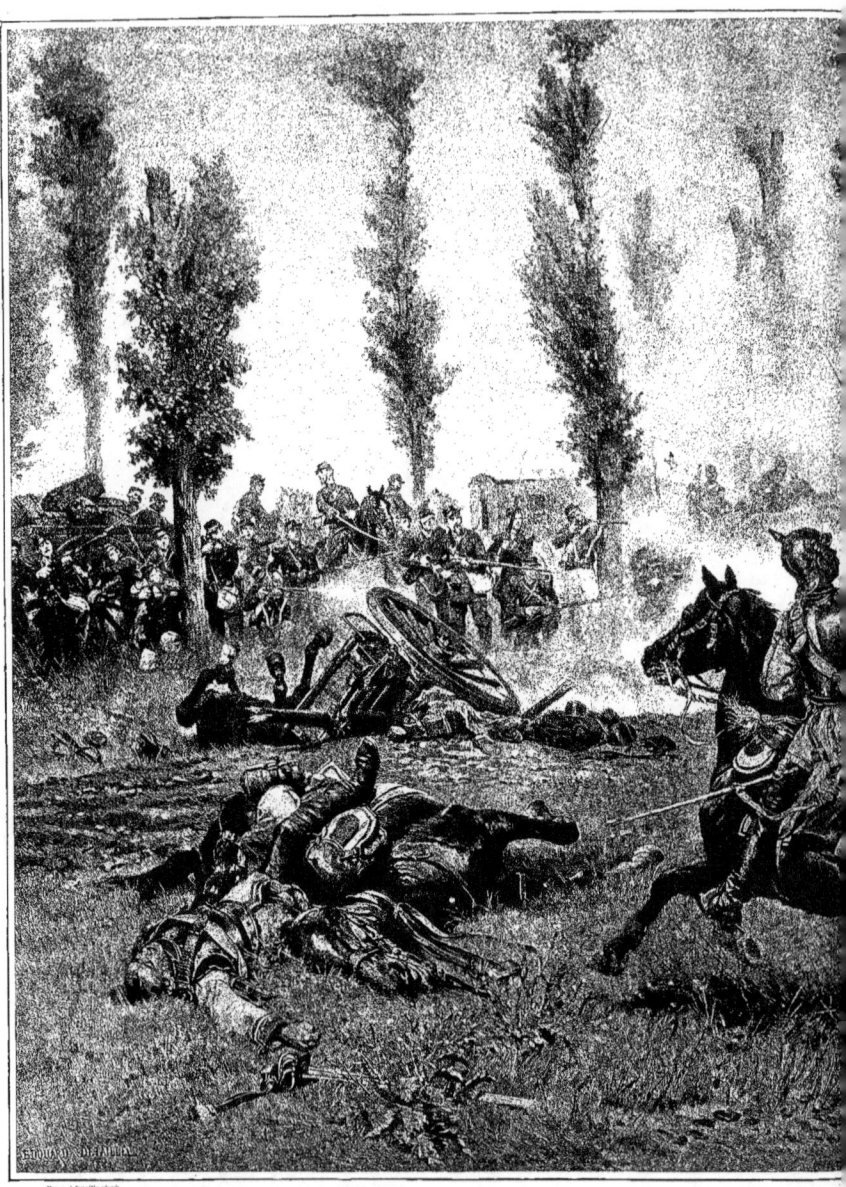

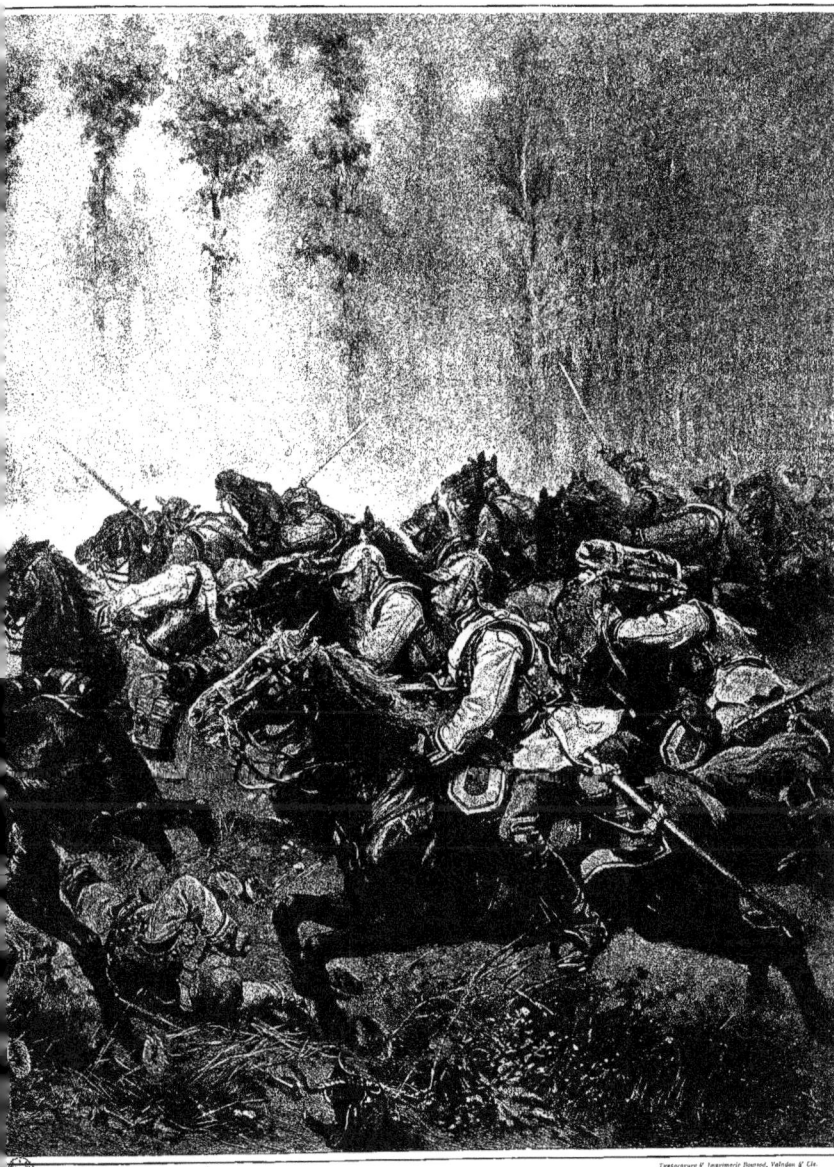

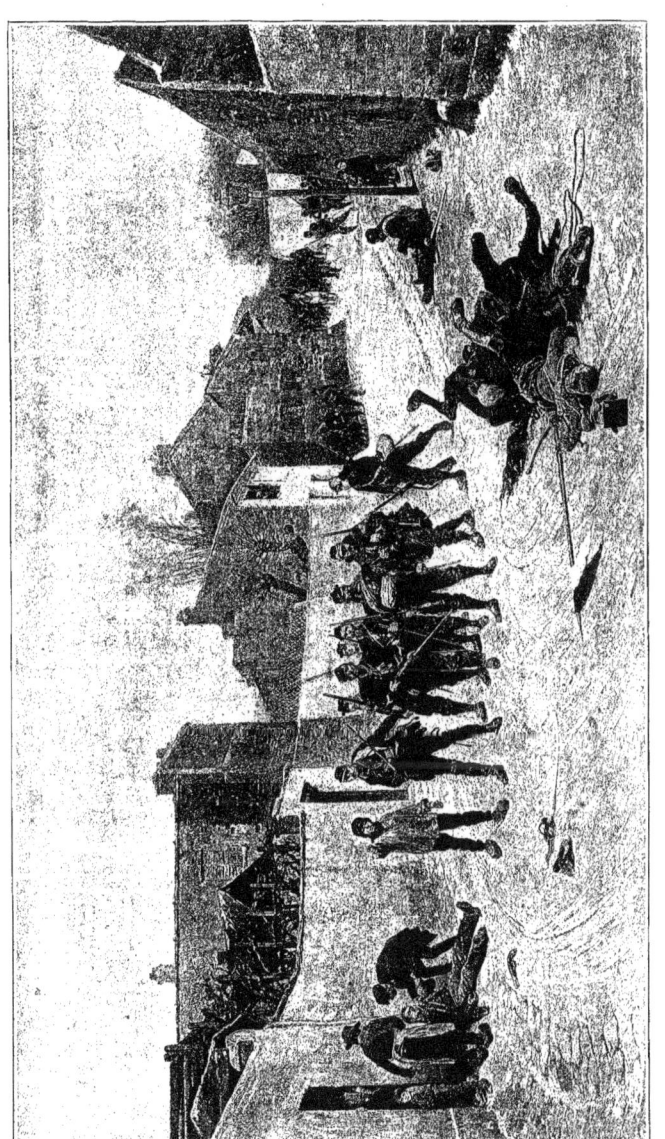

LA RECONNAISSANCE (ARMÉE DE LA LOIRE).

les murs bientôt on ne verra plus que des portraits de soldats, où sauf les bibliothèques pleines déjà à regorger de livres et d'estampes militaires, tout bientôt disparaîtra devant le soldat, génie du lieu.

Et ce sera bien fait, car ce n'est qu'en y pensant sans cesse, en s'en occupant sans relâche et en rêvant sans repos, que Detaille est parvenu à donner à chacun de ses soldats, avec la vie et le mouvement, sa physionomie propre, son air de tête et son allure de corps, ce quelque chose si particulier et si indéfinissable, venant des lois peut-être, de la forme même du gouvernement, de l'habitude de certains uniformes, des campagnes anciennes, et qui, à travers les temps, différencie des hommes de la même nationalité, de la même race, du même village. Qui a connu des soldats de Napoléon ne pouvait s'y tromper, les prendre pour des soldats de Charles X ou de Louis-Philippe. Qui voit des soldats du second Empire ne les confondra point avec des soldats ayant servi depuis 1870. Si le trait s'accuse ainsi chez le soldat retourné à la blouse ou à la redingote civile, combien plus chez le soldat sous l'habit d'uniforme. L'habit, même exactement copié, ne fait point le soldat ; sur le corps, l'habit devait prendre une forme ; ce corps avait des mouvements familiers qu'imposait le long usage d'un certain maniement d'armes ; surtout, il y avait, dans ce corps, un esprit qui réglait ses allures, lui soufflait tour à tour des façons crânes et bravaches ou des manières bourgeoises et pékines. A rendre cela, Detaille excelle : il est le contemporain de tous les soldats qu'il peint, il sait comme ils vivent, comme

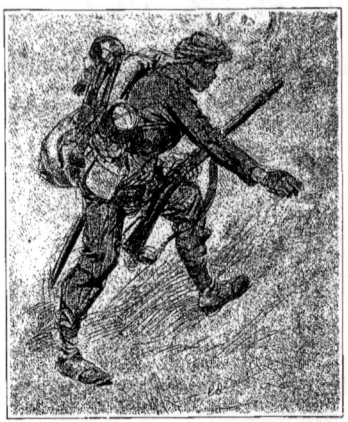

CLAIRON DE MOBILES.

ils parlent, comme ils manœuvrent, comme ils se battent, comme ils cuisinent ; il sait leurs duels et leurs amours, leurs pensées et leurs rêves et il se joue à lui-même le drame ou la comédie qu'ils ont joué cent ans durant sur le théâtre du monde.

Qu'il lui plaise, et il prendra, avec leur uniforme, leur ton, leur démarche, leurs manies de corps, car, aux heures de gaîté, nul comme ce flegmatique n'a le secret des plaisantes inventions. Nul ne sait comme lui secouer le poids du travail, oublier les ennuis de la vie, jeter au nez morose de ses amis l'éclat, toujours à demi retenu pourtant, d'un esprit imprévu, bon enfant, plein d'une alacrité qui jaillit en fusée et, d'un coup, par une phrase, un mot, un geste, presse, des idées qui flottent, tout l'amusement et toute la cocasserie, mettant aux mélancolies et aux tristesses d'alentour l'éperon de sa jeunesse active et forte, de son inaltérable humeur, de sa merveilleuse santé, de ses succès toujours modestes, de son bonheur par la vie. Cela est à la surface, car le dedans de lui, Detaille le garde pour son œuvre et c'est ainsi que traversant depuis tantôt vingt-cinq ans l'existence Parisienne, ne dédaignant nul plaisir mondain, et sachant être à ses heures plus fou que quiconque, il a su malgré les traverses et les rencontres, malgré les plaisirs et les amitiés, ne point perdre de vue une heure, une minute, une seconde, le but qu'il s'était fixé. Il semble bien qu'il l'ait atteint, — mais qui peut dire ?

Vingt-cinq ans, cela ne semble point vrai — et pourtant il y a vingt-cinq ans ou guère moins — que ce nom d'Édouard Detaille parut pour la première fois sur la cimaise du Salon. Déjà on savait que c'était l'enfant prodige, non par les ateliers, car il n'y allait point, ni par l'École des Beaux-Arts, car

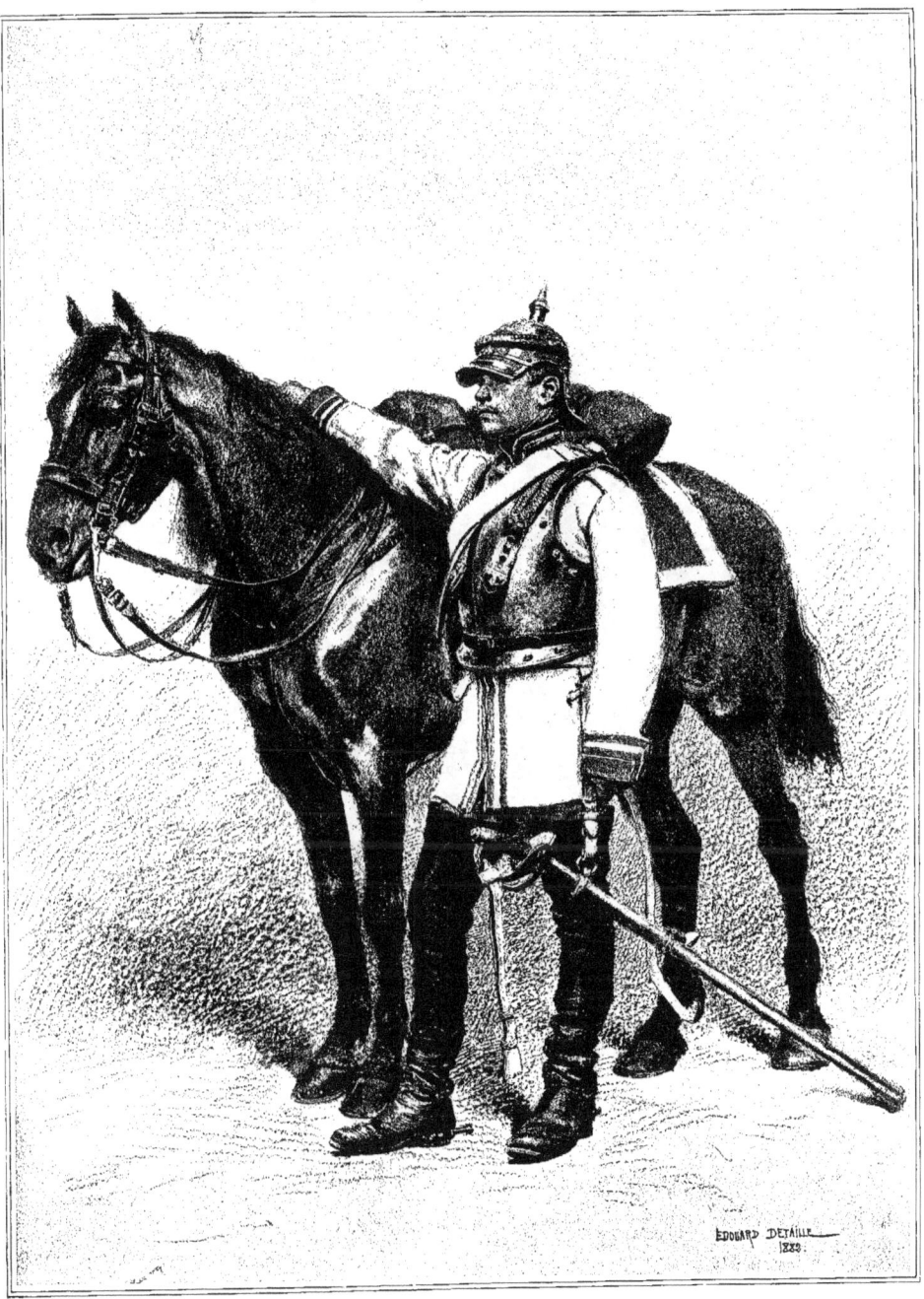

CUIRASSIER ALLEMAND.

il n'en fut jamais, mais par ses camarades du lycée Bonaparte qui s'arrachaient ses dessins. Rien de dangereux comme de tels débuts. Combien d'avortés parmi ces enfants prodiges, combien qui, tentés dès l'extrême jeunesse par la facilité du gain, se sont laissés aller à produire sans avoir étudié et qui, parce qu'on les disait doués, à cause d'une certaine habileté native, n'ont su que continuer toute leur vie leurs improvisations enfantines. Mais, dès la sortie du colllège, Detaille était venu chez Meissonier qui l'avait admis dans son atelier. Le Maître n'enseignait guère par la parole, ne montait point en chaire et ne professait pas à la façon des cuistres; il prêchait d'exemple. Tout le jour il travaillait et il fallait qu'on l'imitât. Rare privilège qu'une telle intimité : trois peintres au plus se peuvent dire les élèves de Meissonier et, entre eux, Detaille émerge. Du premier coup, il était arrivé à une habileté et à un ficelage qu'on ne trouve guère que chez les vieux praticiens. Il y a des études de lui, même des bouts de tableaux, datés de 1866 — Detaille n'avait pas dix-huit ans — qui surprennent par la justesse du mouvement, la précision de la facture et, déjà, la recherche du caractère. Un petit soldat de 1814, entre autres, peint sur un panneau dont le fonds n'est point couvert, est déjà un Detaille et si l'étude n'était datée, on serait tenté de la croire presque de la maturité du peintre.

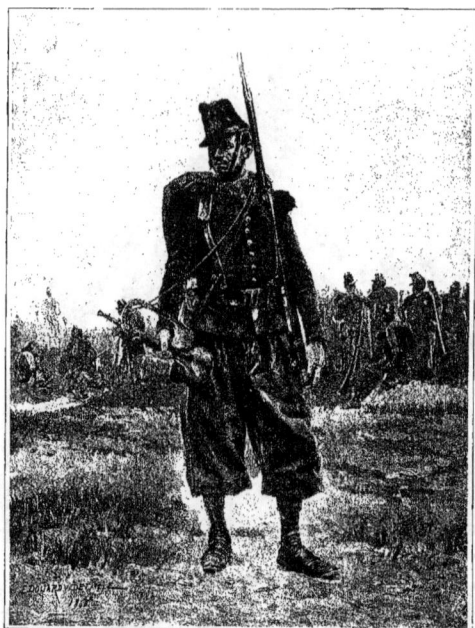

CLAIRON DE CHASSEURS A PIED (1864).

Néanmoins, si agréables que fussent ces premiers essais, Meissonier ne toléra point que son élève fit un envoi au Salon avant qu'un peu de temps et d'étude eût passé sur lui. Encore le tint-il résolument aux natures mortes et le premier tableau qu'il lui laissa exposer, ce fut en 1867, un coin de l'atelier de Poissy.

Ce ne fut en réalité qu'au Salon de 1868 que Detaille fit ses débuts. Un tout petit tableau qui représentait des tambours d'un régiment de ligne, des petits tambours rigoleurs et futés, en culotte garance et en capote bleue, assis sur l'herbe pendant que, là-bas, les camarades qui n'ont pas l'honneur d'être musiciens, s'exercent à porter galamment la clarinette de cinq pieds. C'était simple et vrai, net et clair, ce n'était ni prétentieux, ni héroïque : c'étaient des tambours. La foule vint, regarda, comprit, applaudit : plus, là, de ces gestes à la Mélingue qu'on l'avait habituée à voir et pour lesquels il semble qu'on avait créé une esthétique spéciale, mais un effort sincère et naïf vers la réalité, sans trace de cette odieuse manie de réalisme. Detaille ne se doutait point que, du coup, la fortune lui

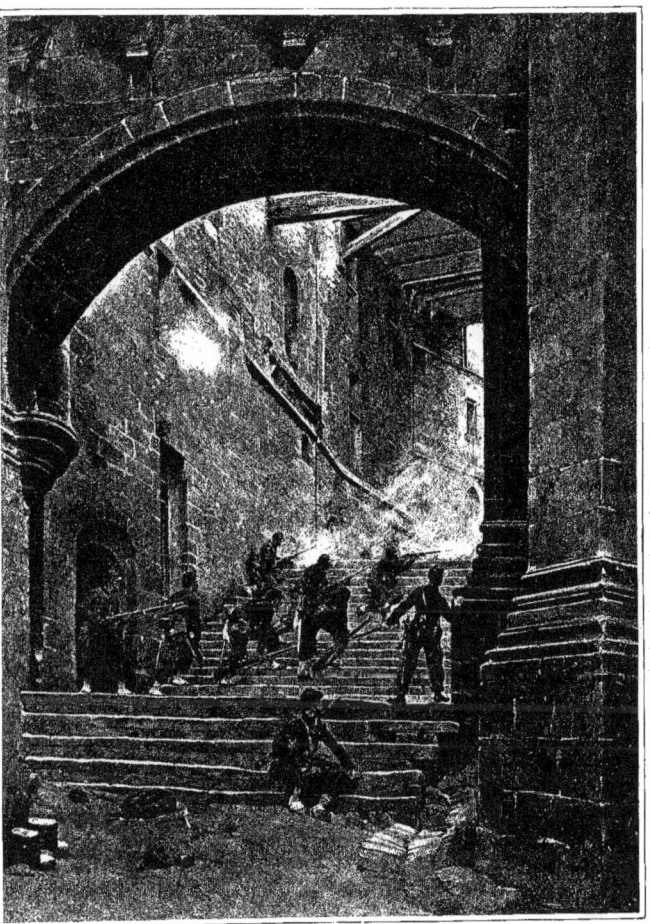

L'ATTAQUE DU CHATEAU.

venait et le succès, car ce tableau, il l'avait vendu 500 francs à son modèle, bien heureux d'en trouver vingt-cinq louis. Ce fut le modèle qui le revendit à la Princesse Mathilde. A chaque Salon, sous l'Empire, c'était elle qui par l'achat de leur premier tableau, tenait à honneur de donner en quelque façon leur baptême d'artistes aux débutants qui marquaient quelque talent.

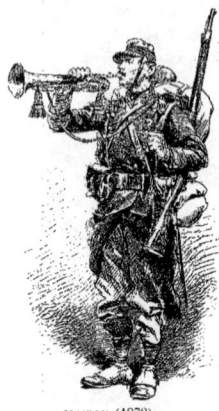

CLAIRON (1878).

Beaucoup ont manqué à leur avenir, mais, dans la galerie de la rue de Berry, cette première toile d'Édouard Detaille tient encore son rang au milieu des chefs-d'œuvre : elle n'y est point seulement une curiosité ou une promesse, elle est l'affirmation déjà indiscutable d'un talent qui n'a fait que grandir mais qui en quelque sorte, dès son éclosion, semblait avoir atteint la maturité. *(Voir page 3.)*

En deux ans, Detaille gagna ses deux médailles et se trouva hors de page. Il avait exposé, en 1869, son *Repos pendant la manœuvre — Camp de Saint-Maur, 1868*, qui, par sa lumière claire et gaie, par l'animation des personnages, par la variété et la justesse des attitudes, par la science du dessin qui, ne laissant rien à l'improvisation, serre constamment la nature, par une habileté d'exécution qui ne donne rien au morceau, mais vise à l'ensemble, reste un des tableaux les plus intéressants et les plus rares. Le Prince impérial avait si vivement désiré ce tableau qu'il fit faire près du peintre une démarche officielle pour l'acquérir, mais déjà la toile enviée avait été acquise par un Américain qui ne voulut jamais entendre à la recéder. *(Voir page 5.)*

Ce tableau si blond, où, dans le lointain d'un paysage très enveloppé, on aperçoit le donjon de Vincennes, s'est trouvé en même temps un tableau d'histoire militaire qu'on ne peut refaire : les soldats qui y sont représentés, ces grenadiers de la Garde qui, douze mois après, devaient s'immortaliser à Rezonville, avaient une allure et une façon d'être qui leur appartenaient si bien que, s'il ne les a point vus, un peintre, même de talent, en s'entourant de tous les documents imaginables, ne parvient à faire d'eux qu'une caricature. Ceux-ci sont les soldats de 1869, ceux que nulle mitraille n'a fait reculer et que nul ennemi n'a trouvés inférieurs à eux-mêmes, soldats qui étaient des hommes dans la pleine force de la vie, qui avaient le sens de leur devoir et la conscience de leur gloire, qui ne se courbaient point comme des conscrits de vingt ans sous le poids du jour, mais en dressaient mieux leur belle taille, grandie encore et comme étoffée par cette coiffure militaire qui était l'insigne des plus braves, cœurs d'élite dans des corps de fer, bons à montrer à la parade comme au feu, dont la seule apparition sur un champ de bataille suffisait à faire hésiter la fortune et à changer les destinées du combat. Tels étaient nos grenadiers et telle Detaille a immortalisé leur physionomie.

Ce tableau marque une date : Que ces jours dussent si tôt finir et que le plein soleil qui est en ce tableau dût si vite trouver son couchant, que jamais plus il ne dût se relever sur ces hommes et les éclairer de sa franche lumière, qui l'eût pensé? Nulle histoire qu'on leur ait consacrée et qui dise comment ils ont su combattre et mourir, mais à défaut de pages écrites, celle-ci, peinte,

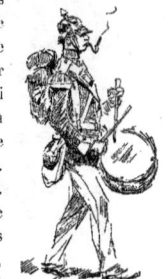

TAMBOUR BAVAROIS.

parle plus haut et mieux et il semble que, même après cent ans écoulés, à la regarder simplement, on aurait la sensation de tout ce qu'ils devaient être et de ce qu'ils furent.

Le tableau que Detaille exposa au Salon de 1870, tout différent du précédent, aspirait à l'histoire,

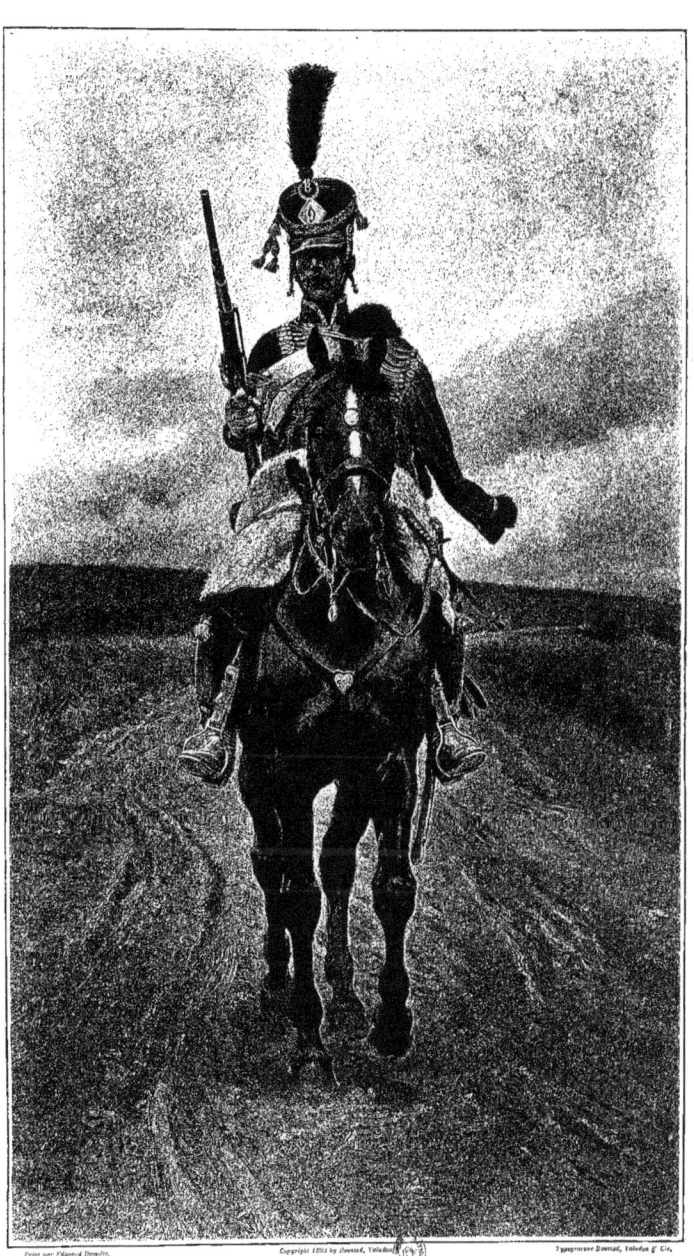

ÉCLAIREUR
9ᵉ Régiment de chasseurs, 1806.

du moins était la représentation imaginée d'un épisode qui pouvait être historique et se rapportait aux dernières campagnes de Napoléon 1er. Dans un chemin tournant qui grimpe au travers de grands arbres, des Gardes-d'honneur, en haut shako rouge, chassent furieusement une bande de cosaques alourdis par le pillage. Les coups pleuvent sourdement sur les touloupes où le sabre ne mord pas; les petits chevaux ukraniens galopent à rendre l'âme sous le butin entassé sur eux; tout dégringole et s'empresse, bêtes et hommes, et dans les colorations puissantes d'un beau jour d'hiver, passe devant les yeux dans le vertige de la course, mais aussi avec une netteté telle que nul détail n'en saurait échapper. Déjà paraissent les qualités qui doivent plus tard éclater d'une façon si particulière dans les tableaux que Detaille consacrera à la grande épopée française. Ses Gardes-d'honneur sont *du temps*. Ils n'en sont pas seulement par les détails merveilleusement sus de leurs uniformes, ils en sont par leur allure et leur port de tête, leur façon de

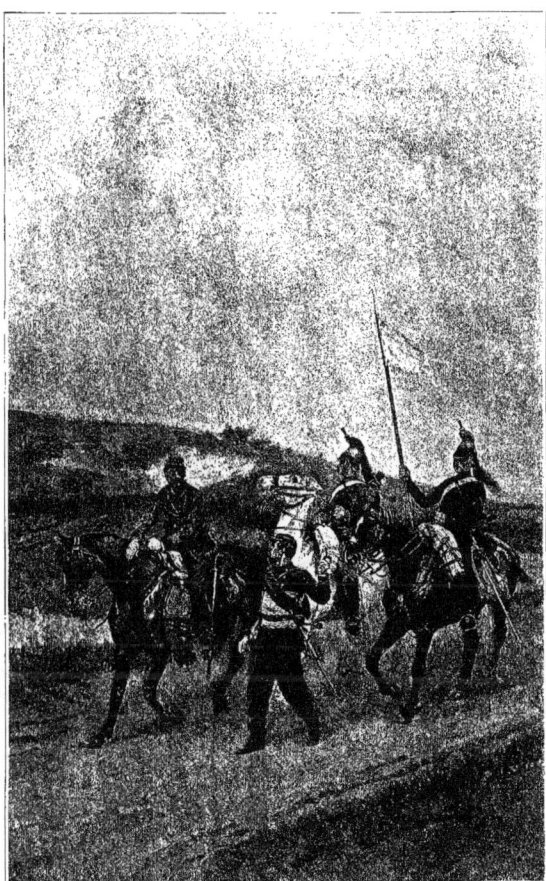

EN PARLEMENTAIRE (SIÈGE DE METZ)

combattre et leur posture en selle. Un contemporain ne les eût point vus autres et ne les eût point représentés différents : ils ont chacun un air de portrait et un revenant du 3e régiment qui ferait l'appel les entendrait répondre à leurs noms. Et les cosaques! comme on sent que le peintre, si

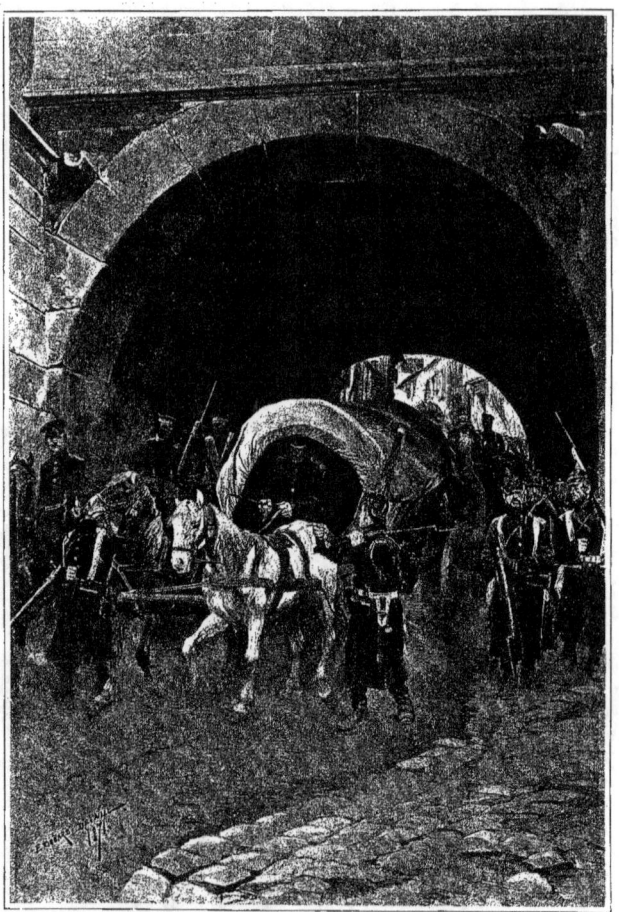
(CONVOI ALLEMAND ROUTE DE PONTOISE).

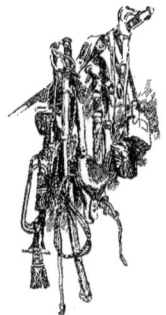 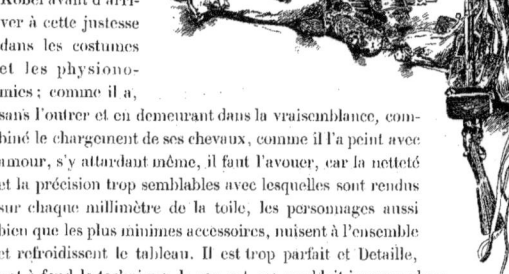

jeune soit-il, a dû regarder les dessins de Sauerwied et de Kobel avant d'arriver à cette justesse dans les costumes et les physionomies; comme il a, sans l'outrer et en demeurant dans la vraisemblance, combiné le chargement de ses chevaux, comme il l'a peint avec amour, s'y attardant même, il faut l'avouer, car la netteté et la précision trop semblables avec lesquelles sont rendus sur chaque millimètre de la toile, les personnages aussi bien que les plus minimes accessoires, nuisent à l'ensemble et refroidissent le tableau. Il est trop parfait et Detaille, qui déjà possédait pourtant à fond la technique de son art, ne semblait ignorer alors que la nécessité des sacrifices. *(Voir page 4.)*

En 1870, au moment où, avec cette *Charge des Gardes d'honneur*, il enlevait sa seconde médaille, Detaille, bien que porté par ses instincts à être un peintre militaire, n'avait point encore déterminé la voie qu'il voulait suivre et certaines influences semblaient pouvoir le détourner des soldats. Dans une suite d'aquarelles et de petits tableaux fort agréables et fort spirituels à coup sûr, mais où l'esprit joue un trop grand rôle, il s'ingéniait à rendre avec une certaine élégance caricaturale qui n'était point très étudiée et qui ne pouvait être prise sur la nature, une série de scènes où figuraient les élégants du temps du Directoire. Généralement un seul personnage, parfois deux, rarement trois, jamais de femme — il est extrêmement rare que Detaille ait placé des femmes dans ses tableaux — cela faisait des petites toiles aimables, qui devenaient vite à la mode, que les amateurs d'*amusant* s'arrachaient et dont la répétition eût vite amené Detaille à une de ces *spécialités* auxquelles nul talent ne résiste et dont les produits confectionnés sur commande deviennent quelque chose d'industriel où l'art n'a rien à voir et où il suffit d'un mannequin, de deux ou trois costumes et d'une pointe égrillarde.

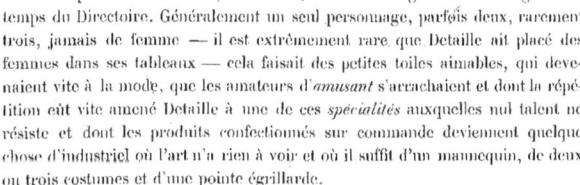

La guerre survint. Avec ses réalités terribles et ses implacables brutalités,

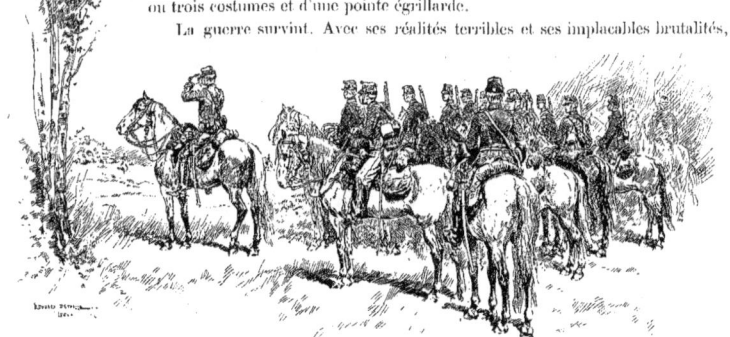

elle rouvrit brusquement devant le jeune peintre deux livres immortels : celui de la Nature et celui de la Patrie. Engagé dans un bataillon de mobiles où il fit son devoir en brave homme, puis attaché à l'état-major du général Appert, Detaille prit sa part en acteur de tous les combats autour de Paris. Il vécut d'abord, dans le 8ᵉ bataillon de la Seine, la vie intime des simples soldats avec les combats isolés, les reconnaissances, les alertes, le travail aux barricades, tout le train-train de la petite guerre. Puis, sur les champs de bataille de la Marne, il vit de près la grande guerre, la mise en action des régiments sous le feu, la marche en avant des lignes de tirailleurs, les retraites sages ou folles, tous ces tableaux qu'il a peints plus tard, tableaux d'une émotion profonde, d'une réalité criante, d'une exactitude implacable, où le geste n'a jamais les intentions dramatiques qui sentent le théâtre, mais où il suit le mouvement que donne la vie; où les attitudes et les physionomies ne cherchent point l'héroïsme, mais y arrivent simplement par le sacrifice fait et la mort méprisée.

Entre le spectacle de la guerre telle qu'on la faisait il y a cent ans et celui de la guerre telle qu'on la ferait aujourd'hui, nulle comparaison. Jadis l'on se voyait et l'on se cherchait. A présent, de loin, de très loin, de si loin que l'adversaire fait à peine une tache à l'horizon, on jette une grêle de balles ou un ouragan d'obus sur les points où l'on soupçonne que l'ennemi peut s'abriter. Il faut du sang-froid, une constante attention, une résolution ferme, des commandements justes, point d'emballement. Pour montrer sa troupe au plein soleil, ramassée, faisant cible devant l'ennemi, il faut, ce semble, des occasions si rares qu'elles ne se présentent guère. Même les charges de cavalerie contre infanterie, où le sabre croiserait la baïonnette, semblent impossibles. Dans aucun épisode, un peu visant au réel, d'une charge ainsi menée, on ne peut trouver une scène de combat. Restent les chocs de cavalerie contre cavalerie, les rencontres de partis et les escarmouches. Ce champ est large encore, mais combien exploité depuis Salvator Rosa, depuis Le Bourguignon et Casanova, et le militaire y est plutôt un prétexte à études de chevaux et de cavaliers, à violences de couleurs qu'à intentions historiques.

Il n'est pas douteux que certains peintres de nos jours ont fait œuvre de maîtrise en traitant de tels tableaux exactement comme les anciens l'eussent fait, en y portant de plus qu'eux cette passion pour le laid que sert, en nos temps, ce qu'on nomme le progrès des sciences. Il est sûr que ces chocs de cavaliers leur ont fourni l'occasion de montrer comme ils excellent à traduire en peinture les mouvements improbables que l'œil, à la vérité, se refuse à percevoir, mais qu'on parvient quelquefois à décomposer par la photographie instantanée. C'est là un travail chimique qui sans doute ne manque point

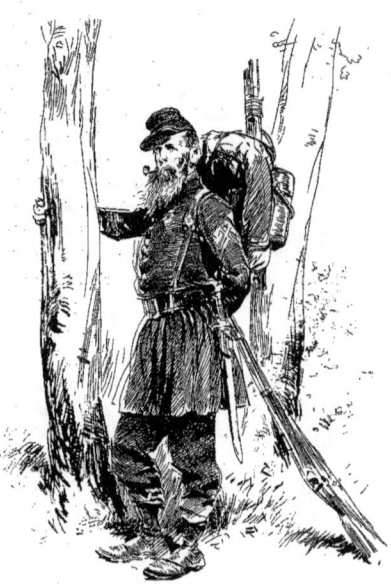

SAPEUR DE CHASSEURS A PIED (1870).

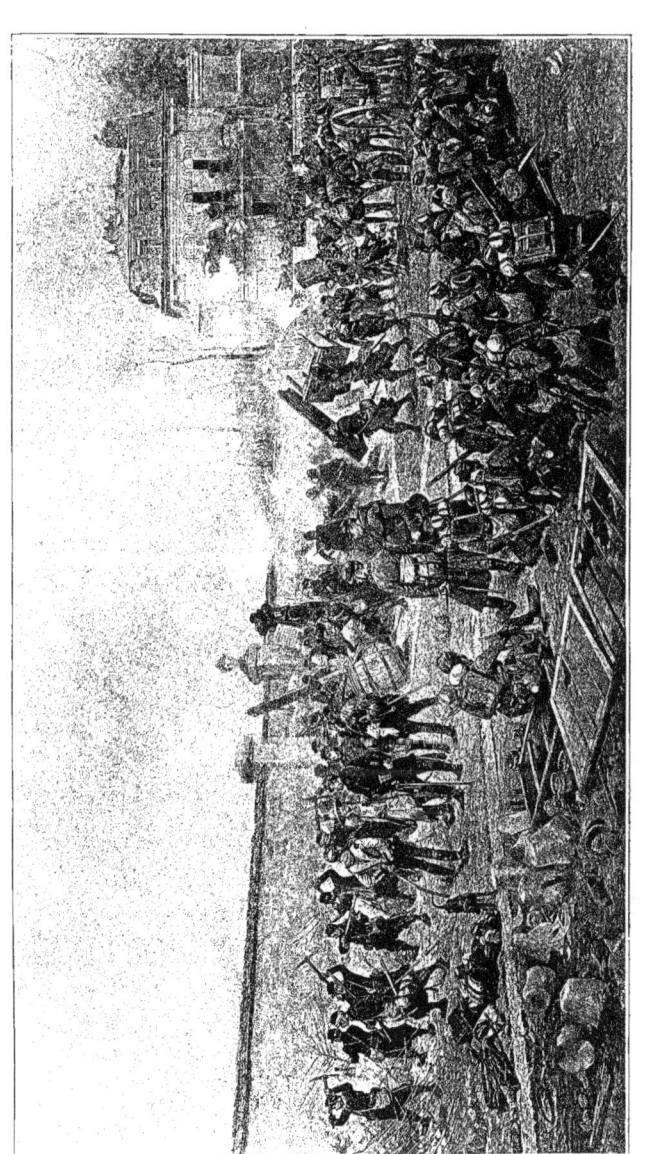

CHAMPIGNY

d'intérêt, mais dont on pourrait tout aussi bien obtenir les éléments dans une course plate, une course de haies ou tout autre sujet sportif. La peinture militaire n'a rien à y gagner et l'histoire n'a rien à y voir.

Sans chercher de tels sujets presque intraduisibles dans leur réalité, inobservables même pour ceux qui y ont été acteurs, imaginables seulement pour le peintre photographe, l'artiste peut en trouver qui lui permettent de montrer en mouvement des hommes et des chevaux en grande masse; où, sans se heurter à des invraisemblances historiques et techniques, il peut lancer bêtes et hommes à pleine course, mettre en action les officiers criant les commandements, symboliser enfin — car tout doit être symbole, et ce qui n'est pas symbole et ne fait pas rêver ne mérite pas d'être peint — la sublimité du soldat moderne, l'idée victorieuse de la matière par la matière même, la pensée dominatrice, pliant à sa discipline les hommes qui portent la mort et la mort elle-même.

A parler franc, pour remplir de telles tâches, combien de génie ne faut-il pas et, la plupart du temps, les grands efforts que des peintres ont tentés de ces côtés n'ont-ils pas abouti à de pitoyables et grotesques résultats? Il n'est pas besoin de réunir cinq à six cents cavaliers courant à pleine bride sur une grande toile, pour donner l'idée d'une charge de cavalerie : un seul cavalier suffit s'il réalise le symbole. Cinq à six cents papillottent aux yeux, ils n'expriment rien que l'ennui profond du peintre qui, on ne sait pourquoi, s'est acharné à couvrir de chevaux une trentaine de mètres carrés et à conjuguer, toujours grâce à des décompositions mécaniques, toutes les attitudes passagères que peut prendre un cheval au galop.

En réalité, c'est encore là du Salvator Rosa, démesuré de proportions, costumé vaguement à la moderne pour flatter le goût du jour, et affublé, à l'occasion, d'un nom de bataille contemporaine qui fait bien sur le livret et détermine l'Etat à acheter le tableau. Si le peintre est tenté par la représentation de la guerre telle que la firent nos ancêtres, qu'il laisse donc de côté les annales contemporaines, qu'il remonte à quatre-vingts ans en arrière, aux époques héroïques où les

CHEVAU-LÉGER BAVAROIS

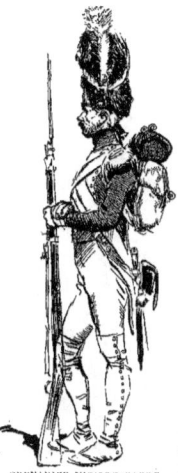

GRENADIER VIEILLE GARDE

fusils portaient à cent pas, où, entre deux décharges des fantassins, un escadron vigoureusement lancé pouvait parcourir son champ et tomber sur eux, alors, il fera œuvre de peintre et d'historien tout ensemble : il ne rendra pas seulement une image, il ne représentera pas seulement un fait, il affirmera qu'il a eu la vision des temps passés, des époques qu'il n'a point vécues et que faisant surgir les morts du tombeau, il a pu pour la seconde fois leur donner la vie.

Tant qu'il s'obstine à représenter des contemporains accomplissant des faits d'armes qu'ils n'ont matériellement pu accomplir, il commet un anachronisme qui a de bien autres conséquences qu'une faute de dessin, car il répand dans la nation une opinion fausse. S'il est parvenu à vendre son tableau à l'État, à le faire exposer dans les galeries historiques où les visiteurs doivent supposer qu'ils trouvent la vérité officielle, il présente, comme un enseignement, comme une glorification, comme une apothéose, ce qui militairement est une ineptie et serait un crime. Il amène aux lèvres d'un étranger ce mot qu'on n'a pu entendre sans rougir : « Ah ! c'était ainsi ! mais celui qui a commandé ce mouvement ne pouvait être que le dernier des imbéciles ou le dernier des traîtres ! » On ne saurait demander au peintre d'être toujours rigoureusement documentaire, mais encore, au moins sur les périodes contemporaines, lorsqu'il s'agit non pas de tableaux du genre historique, mais du genre politique, peut-on lui demander de ne point trop ouvertement contrarier la vérité, car les conséquences peuvent être graves, outre que toujours et nécessairement, les œuvres seront médiocres, sinon pires.

Comment se fait-il que, en examinant d'une façon toute académique les deux formes sous lesquelles les artistes contemporains peuvent comprendre la peinture militaire, on ait ici, sans le vouloir et sans le chercher, presque fourni la synthèse de la carrière suivie par Édouard Detaille, de 1871 à 1893 ? C'est que, en vérité, à son esprit comme à tout esprit amoureux de la logique et capable de raisonner, s'imposait l'obligation de ne point commettre ces flagrants anachronismes qui détruisent non seulement toute sincérité dans un tableau, mais y

LES BAVAROIS A FROESCHWILLER

suppriment tout intérêt. Il devait comprendre et il a compris que la répétition continuelle des faits se rapportant à l'histoire de la guerre franco-allemande ne pouvait plus, même au point de vue de la peinture, en laissant de côté toutes autres impressions, fournir que des sujets déjà cent fois exploités. De ces épisodes auxquels il s'était d'abord consacré, qu'il avait vus, qu'il avait rendus avec une vérité et une justesse incomparables, il s'est élevé aux épisodes qu'il a imaginés et où il lui a été permis à la fois de dépenser toute sa verve de nature et d'employer toute la science qu'il avait

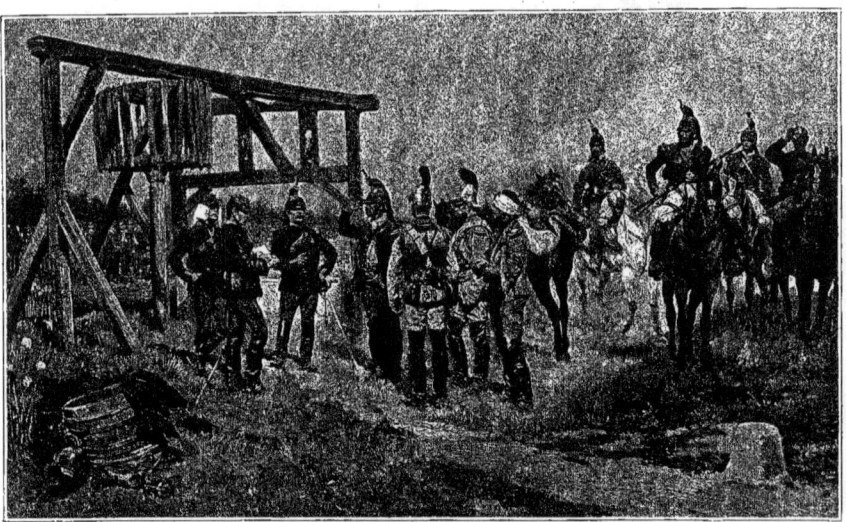

RETOUR D'UNE RECONNAISSANCE

acquise, sans donner d'entorse à la vérité, en servant au contraire l'histoire nationale et en lui donnant le plus brillant et le plus authentique commentaire.

Il faut donc pour rendre compte de sa carrière reprendre depuis cette période et examiner, non chacun des tableaux que le peintre a produits, mais ceux qui donnent le mieux idée de sa manière et en marquent l'ascension graduelle.

Il y a, de l'époque de la Guerre, exécutés d'après nature en quelque sorte, tout au moins sous une impression si vive et si directe du spectacle — car le peintre n'aurait pu rendre la réalité plus authentiquement s'il avait transporté son chevalet sur le champ de bataille, — deux dessins et un tableau que peu de gens ont vus et qui n'ont été reproduits que dans *Les Lettres et les Arts,* la Revue dont tout autre que celui qui écrit ces lignes pourrait célébrer la magnificence, mais où il est au moins permis de dire que se trouvent, au point de vue graphique, des trésors véritables.

Le tableau, *la Barricade de Villejuif,* que Detaille a offert à sa mère, montre, dans le cadre juste où ils s'agitaient le 18 septembre 1870, chacun de ceux qui, en ces quelques jours-là, ont été les compagnons de l'artiste. Sous un ciel clair et lumineux de septembre, ce ciel léger qui semblait convier à des parties de campagne, les mobiles du 8ᵉ bataillon de la Seine entassent de la terre le long d'une barricade de pavés qui coupe la Route Nationale. Vivement et gaiement, avec une turbulence un peu enfantine, avec la joie de déployer du mouvement, de se sentir ou plutôt de se

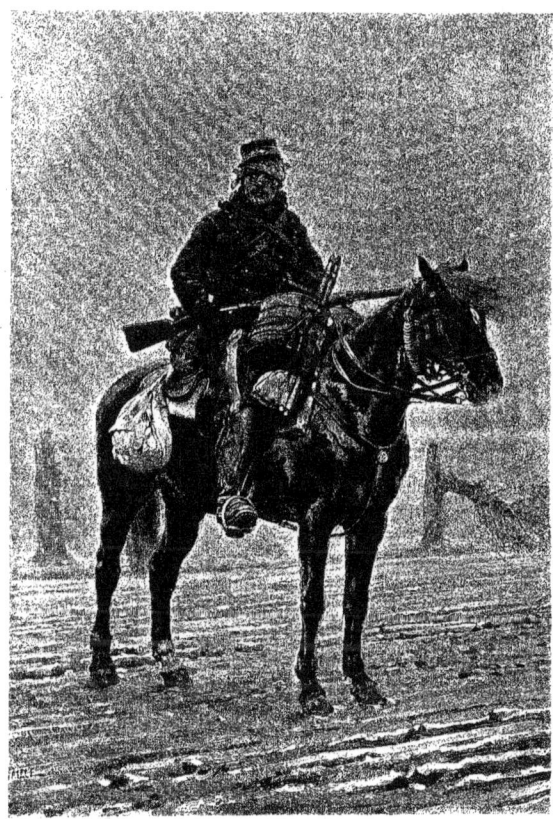

EN VEDETTE (1871).

croire utiles, ils besognent, les uns poussant les brouettes, les autres étalant à larges pelletées la terre grasse emportée d'un jardin maraîcher d'à côté. Au haut de la barricade, un canon est en batterie, un seul. Un général, des quantités d'officiers d'état-major, regardent tirer ce canon, dont les obus doivent, paraît-il, empêcher les Prussiens de se concentrer. Quelle besogne pour un canon tout seul! Et pourtant il a suffi qu'il arrivât de Paris, ce canon tant attendu, tant imploré, pour que, avec lui, les mobiles se crussent sûrs de leur victoire. Hier, nul ne leur eût fait remuer un doigt pour établir des retranchements : aujourd'hui ils creuseraient jusqu'aux enfers pour porter de la terre au bas de ces quelques pavés. La besogne de terrassiers ne les effraye pas plus que la besogne de soldats, quoique en vérité ils soient aussi neufs pour l'une que pour l'autre. A eux seuls — un bataillon — ils doivent garder la redoute du Moulin-Saquet, le village entier de Villejuif qui est le centre de l'ouvrage, et se relier aux Hautes-Bruyères; mais, qui donc pense qu'on puisse en être chassé, à présent qu'il y a un canon? En vérité, peut-être eût-on pu se souvenir davantage que ces enfants-là étaient les petits-neveux des conscrits de Witepsk et qu'en donnant confiance aux enfants de Paris, ces prétendus sceptiques, on les mène au bout du monde et par des chemins qui n'ont pas besoin d'être toujours commodes. Ils avaient

OFFICIER DE CHASSEURS (1829)

alors trouvé un chef comme il leur en fallait un : quelle âme! quel feu! quelle brave et bonne nature! Ancien chef de bataillon du génie, s'il avait, au début, été quelque peu dérouté par les allures médiocrement militaires de ces soldats improvisés, comme il avait vite compris, avec son tact d'homme du monde, quel parti on pouvait tirer de ces têtes folles et de ces cœurs généreux! Il les eût conduits où il eût voulu, mais certains, non des simples mobiles, mais de ceux qu'on avait faits officiers, craignaient peut-être qu'il ne les conduisît trop loin, et avec ce triste décret sur les élections, ils se trouvèrent les maîtres.

Ce tableau, c'est une page arrachée aux mémoires de Detaille, une page où il n'y a ni remplissage ni déclamation, où tout est pris de nature comme les portraits du commandant de Mirandol et des deux lieutenants de la 1re du 8e : de La Mare et Walewski, celui-ci à ce point fanatique que de secrétaire d'ambassade qu'il était, il s'est, après la guerre, fait soldat pour de bon et que, à présent, capitaine d'infanterie après vingt-trois bonnes années de service et avec la croix gagnée pendant le siège, il attend encore son quatrième galon.

A côté de ce tableau, si plein d'humour et de vivacité,

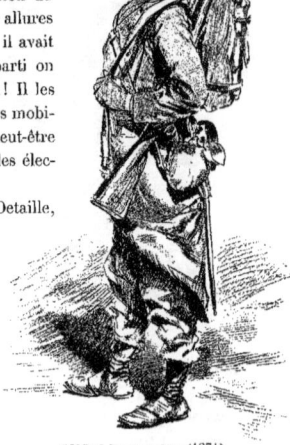

SOLDAT DE LA LIGNE (1871)

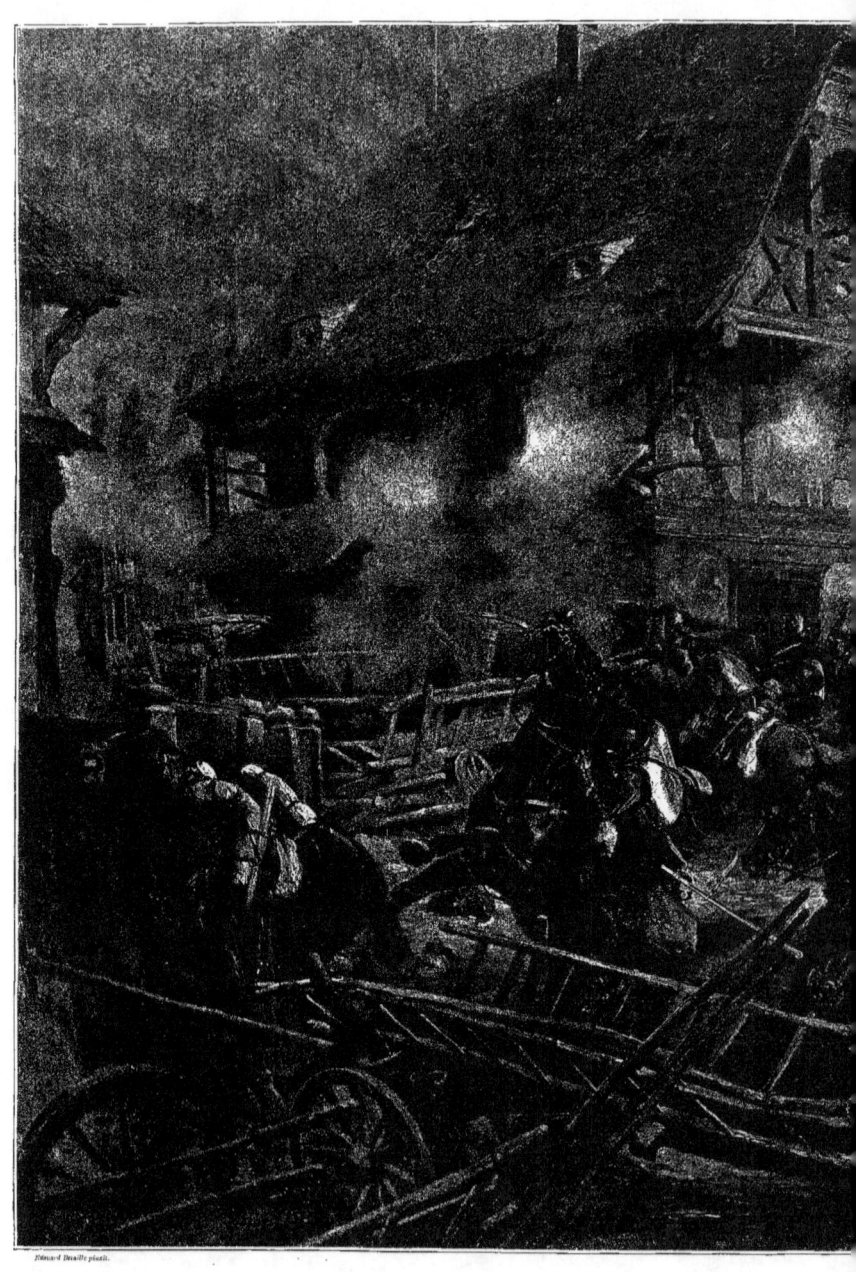

CHARGE DU 9ᵉ CUIRASSIERS DANS LE

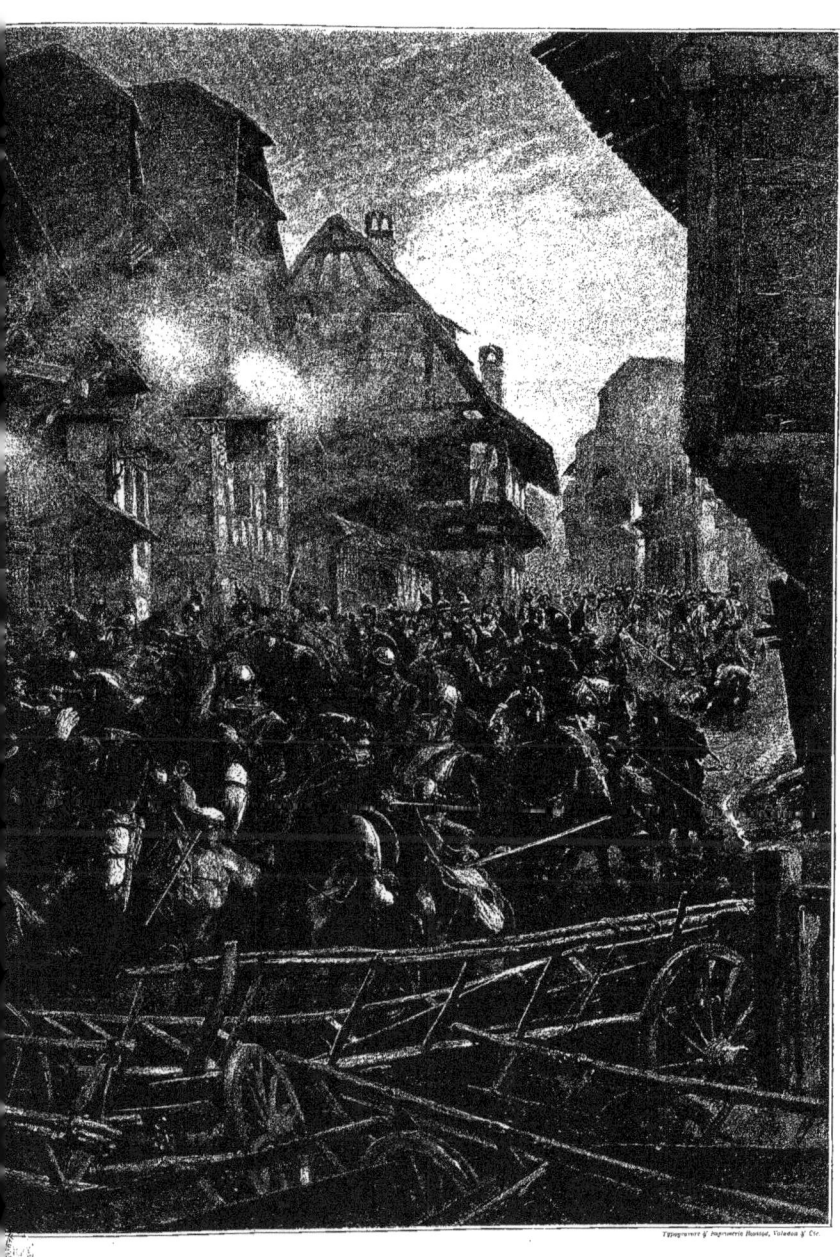

ORSBRONN (REISCHOFFEN, 6 AOUT 1870).

SALUT AUX BLESSÉS

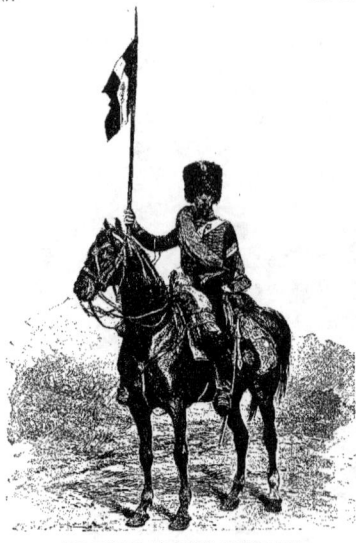

SOUS-OFFICIER DE GUIDES PORTE-FANION

où la mort n'a point encore fait sa tragique apparition, les deux grands dessins montrent au contraire la guerre la plus terrible, la plus sanglante, la plus carnassière d'hommes. L'un représente un coin du champ de bataille de Champigny. Le combat dure encore et, dans la nuit déjà commençante, les tirailleurs français avancent en ligne, le fusil prêt. Les soldats, par ce terrible vent d'hiver, ont mis leur mouchoir en mentonnière par-dessus le képi. Deux officiers, fusil à l'épaule eux aussi, marchent à quelques pas en avant de leur troupe. Soudain, au revers d'un fossé, auprès d'un bouquet d'arbres dépouillés qui strient le ciel de leurs branches noires, ils se trouvent en face de *Un coup de mitrailleuse*. Prise par le flanc par une décharge d'un canon à balles, une compagnie bavaroise, qui était embusquée là, gît à présent tout entière, foudroyée sur place. Les hommes ont été saisis par la mort dans le mouvement qu'ils avaient pris pour combattre. Sur eux, le cheval éventré de leur commandant s'est écroulé, mettant une tache grise sur ces corps sombres : tout est mort. La terre est, par places, blanche de la neige tombée et comme recuite par le froid. Dans le silence qui se fait, dans la mélancolie du soir qui s'abaisse, dans la lassitude du combat qui finit, l'impression est plus poignante : et la ligne des tirailleurs français, brusquement arrêtée, regarde.

Dans l'autre dessin, dont il avait fait hommage à son général, le général Appert, Detaille avait montré le champ de bataille de Champigny tel qu'il l'avait vu, le combat fini. Sur le ciel se profilent de longs peupliers dont plusieurs étêtés par les obus. Derrière l'horizon, très étendu, qu'animent seules les silhouettes de quelques chevaux blessés, se traînant sur trois pattes, on sent, on comprend que l'ennemi attend. Deux officiers généraux ont poussé un peu en avant pour reconnaître le terrain : à l'extrême-gauche, dans un chemin creux qui tourne et disparaît vers une autre partie du champ de bataille, un long défilé de brancardiers, de frères de la Doctrine chrétienne, déployant des drapeaux blancs sur lesquels est une croix rouge. Plus près, massé dans un pli de terrain, tout un régiment d'infanterie de ligne sac au dos et, au premier plan, occupant presque en entier par leur déploiement réglementaire la largeur du tableau, les artilleurs. D'abord, les avant-trains et

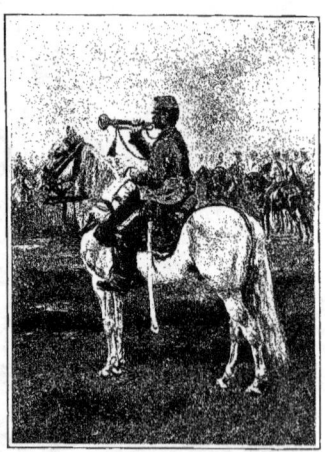

TROMPETTE DE HUSSARDS

les caissons détachés, puis, sur la terre toute constellée des enveloppes blanches des paquets de cartouches chassepot, toute hérissée de ces boîtes à forme spéciale qui contenaient les charges des mitrailleuses, loin en avant, trois canons à balles en position de tir, attendant avec leurs servants que le combat recommence.

Auprès de cette aquarelle offerte en 1870 au général Appert, il convient de placer cet admirable portrait du général lui-même, exécuté de souvenir près de trente ans plus tard et offert par l'ami des bons et des mauvais jours à la veuve de son ancien chef. Le général Appert était d'âme à comprendre ce que valait Detaille et, quelque distance que dût mettre la discipline militaire entre le chef d'état-major de la deuxième armée et le simple garde mobile détaché à l'état-major, une liaison s'était vite formée, faite d'une part de confiance et d'admiration, d'autre part de respect et de reconnaissance, entre l'artiste et le soldat. Le général Appert a bien prouvé, dans les missions diverses qu'il a su si brillamment remplir, à quel point son esprit était compréhensif et respectueux de l'initiative individuelle lorsqu'elle s'affirmait, en dehors du métier des armes, par quelque talent ou quelque volonté de produire. Il n'était point de ceux qui s'imaginent que, avec les étoiles tombées sur leurs épaulettes, leur a été dévolue la science infuse et il n'eût point laissé, partout où il a passé, des traces lumineuses s'il s'était ingénié, étant chef d'état-major de l'armée de Paris, à enlever à Detaille ses pinceaux, étant ambassadeur à Saint-Pétersbourg, à enlever à M. le vicomte de Vogüé sa plume. Mais le long stage qu'avait fait le général Appert auprès des deux hommes de guerre les plus renommés qu'a eus le second Empire, Saint-Arnaud et Pélissier, son séjour à Londres où il avait été un attaché militaire de premier ordre, lui avaient appris que quelque chose peut compter en dehors des strictes formules de la Théorie et que ce n'est pas chose si simple de rédiger une dépêche diplomatique, d'écrire un livre ou de peindre un tableau. Le général Appert a dû à cette conscience qu'il avait de la valeur des hommes qui l'entouraient, non seulement de rendre lui-même à son pays des services distingués en des matières sur lesquelles il n'était peut-être point assez préparé pour pouvoir se passer facilement de collaborateurs, mais de pousser à leur plein développement des jeunes hommes dont il eût pu entraver la carrière, arrêter l'expansion ou décourager le talent. En un temps comme celui que traverse la France, l'exemple est bon à citer. *(Voir page 53)*.

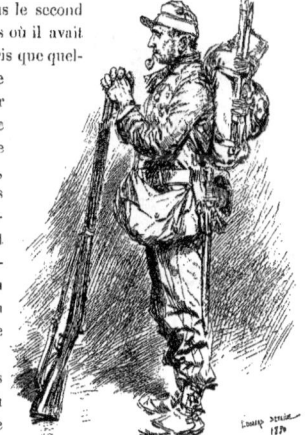

MOBILISÉ DE PROVINCE (1871)

Il n'est pas douteux que c'est en partie aux facilités qu'il a trouvées près du général Appert que Detaille a dû de pouvoir enfoncer dans ses yeux tous les spectacles de la guerre moderne, et que cette préparation a été loin d'être inutile au développement de son esprit : que de crayonnages dispersés alors que Detaille regretterait, n'était son implacable mémoire. Sitôt qu'un personnage curieux ou étrange apparaissait, vite Detaille empruntait à son voisin de rang un morceau de papier, au caporal son carnet d'appel, et soigneusement, sans que rien le troublât, comme s'il eût été en son atelier et devant le modèle, il prenait, d'après ce passant, un croquis définitif où se trouvaient le pittoresque du costume, le caractère particulier du corps et jusqu'à la physionomie : un portrait instantané. C'est là ce qui lui a permis, dans l'espace de dix années, sans jamais se répéter, sans jamais donner aux êtres une tournure qui ne fût point exactement celle de l'arme à laquelle ils appartenaient, de produire cette suite de tableaux épisodiques dont beaucoup sont gravés ici, dont un plus grand nombre demeurent inédits.

Et c'est le même travail pour les Allemands : Après l'armistice, dans les rudes jours de la Commune, hors de Paris, pas un soldat de l'armée victorieuse n'a passé devant Detaille qu'il n'ait immédiatement noté sur son calepin ou enregistré en son esprit jusqu'au moindre détail d'uniforme, les traits distinctifs de la face, les façons d'habitude, les allures de corps, un traînement de jambe particulier, une coquetterie extra-réglementaire, la silhouette des êtres en toutes les fonctions de leur vie et le dedans de ces mêmes êtres tel qu'il peut se traduire sur leurs visages. Ainsi est-il parvenu à emmagasiner, aussi bien des Français que des Allemands, toute une casernée qui sort de ses cartons ou de sa tête au moindre appel et qui lui donne le mouvement et le caractère des êtres, dont d'après le modèle il serre ensuite le dessin et recherche la couleur.

Veut-on un exemple de la façon dont Detaille a su prendre des croquis, non plus dessinés ceux-ci, mais écrits. Je retrouve des notes vieilles d'il y a vingt-trois ans, qu'il m'avait remises en vue d'un travail projeté sur la guerre de 1870. Au risque de paraître indiscret, je les donne telles qu'il les a jetées, au courant de la plume, sans une rature, sans une reprise de mots, nettes comme ses dessins et

INFANTERIE DE LIGNE (1875)

comme eux prises sur la nature. C'est ce qu'il a vu de la bataille de Champigny. L'état-major du général Appert avait quitté le quartier général de la Porte Maillot pour aller s'établir au fort de Nogent où Detaille reçut, le 2 décembre, l'ordre de le rejoindre. Voici ces pages inédites :

« L'avenue qui conduit de la place du Trône aux fortifications est pleine de monde et de gardes

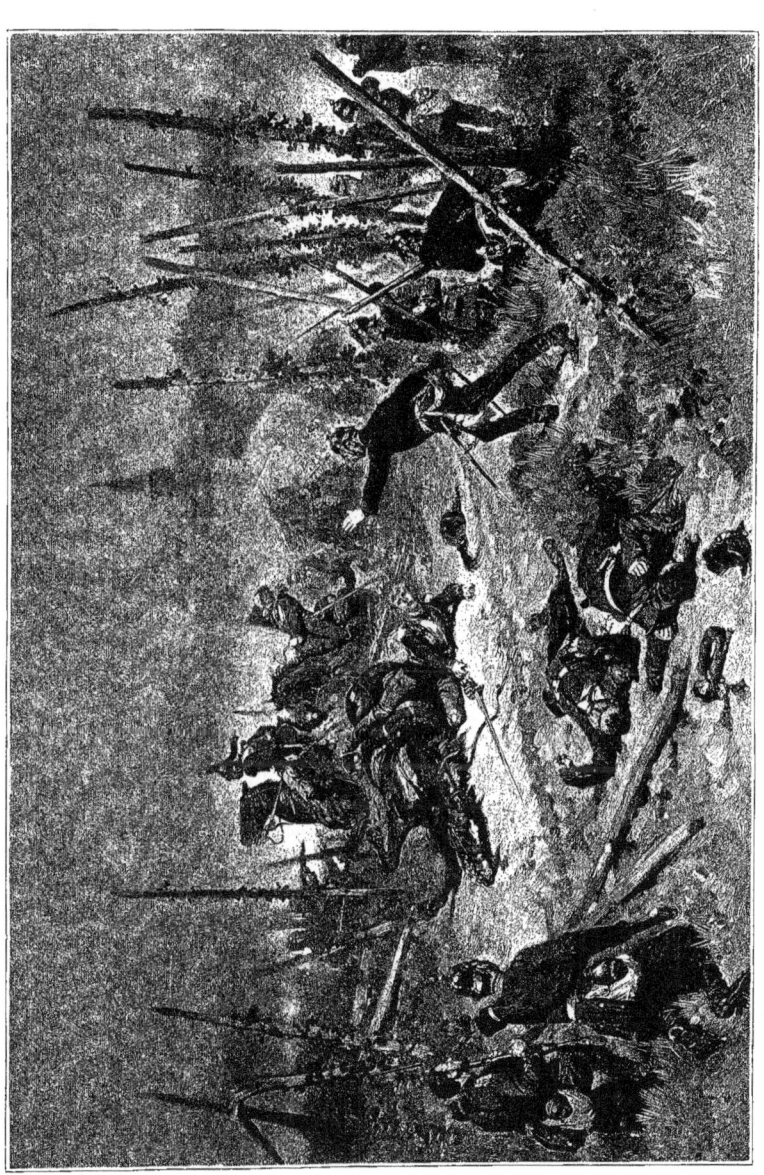

LE SOUS-LIEUTENANT DE VILLERS A MORSBRONN (1870).

nationaux avec des képis et des sacoches de toile cirée à liserés rouges ; on cherche à voir dans les voitures des blessés avec la même curiosité qu'on chercherait à voir des phénomènes dans des voitures de saltimbanques qui passeraient. On cause dans les groupes : « Ça va ! « les nouvelles sont bonnes, nous avançons. La « trouée est peut-être faite en ce moment. » Il fait un beau temps froid et sec ; le bruit de la canonnade, qui est terrible, arrive si distinctement que l'on dirait qu'on se bat dans Vincennes. A la porte, on passe difficilement ; un gendarme arrive, le pantalon un peu déchiré : « Ce sera une bonne journée ! » crie-t-il à la foule.

« En dehors des fortifications, on ne voit plus personne : la grande rue de Vincennes est déserte. De temps en temps, un mulet et des voitures de blessés. Le long d'un mur, un spahis blessé qui se chauffe au grand soleil dans son grand burnous rouge. Toujours la même file de blessés, interminable : des pieds nus qui se balancent au mouvement de la voiture ou du cacolet, les uns entièrement rouges avec des petits échappés blancs — ce sont les os que la blessure a mis à nu — d'autres avec un trou qui laisse échapper une goutte de sang à chaque pas du cheval ; des mains ensanglantées et raidies qui passent à travers les rideaux des petites voitures militaires ; des têtes enveloppées de linges rouges ; de pauvres diables assis sur les cacolets l'œil mort, la lèvre pendante ; ils ne pensent plus à rien : le froid et la douleur les ont hébétés ; en général, pas de cris ni de plaintes.

« On traverse le Bois de Vincennes. Les éclaireurs Franchetti, chargés de la police, font

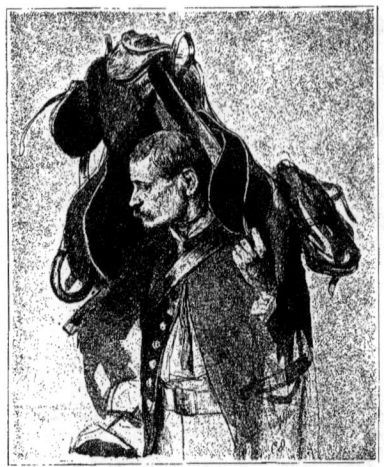

ÉTUDE

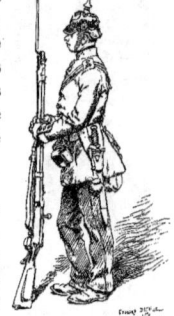

prendre la file aux blessés. Un capitaine et un lieutenant d'infanterie, chacun avec une balle dans le ventre, passent assis sur le même mulet ; ils sont suivis de presque toute la compagnie blessée et également sur des mulets : des Saxons qui ont fait semblant de se rendre prisonniers les ont fusillés à bout portant. Le capitaine dirige encore ses hommes et donne des ordres, malgré l'étouffement qui le prend à chaque instant.

« Dans les rues de Nogent, des prêtres et des enfants de chœur avec leurs petits capuchons. Un grand Saxon qui fume sa pipe est emmené par deux petits lignards. Il a plutôt l'air de conduire les deux lignards. Les obus du fort de Nogent passent en sifflant au-dessus des têtes ; les pièces

GARDE IMPÉRIALE (1857)

FUSILIER PRUSSIEN (1870)

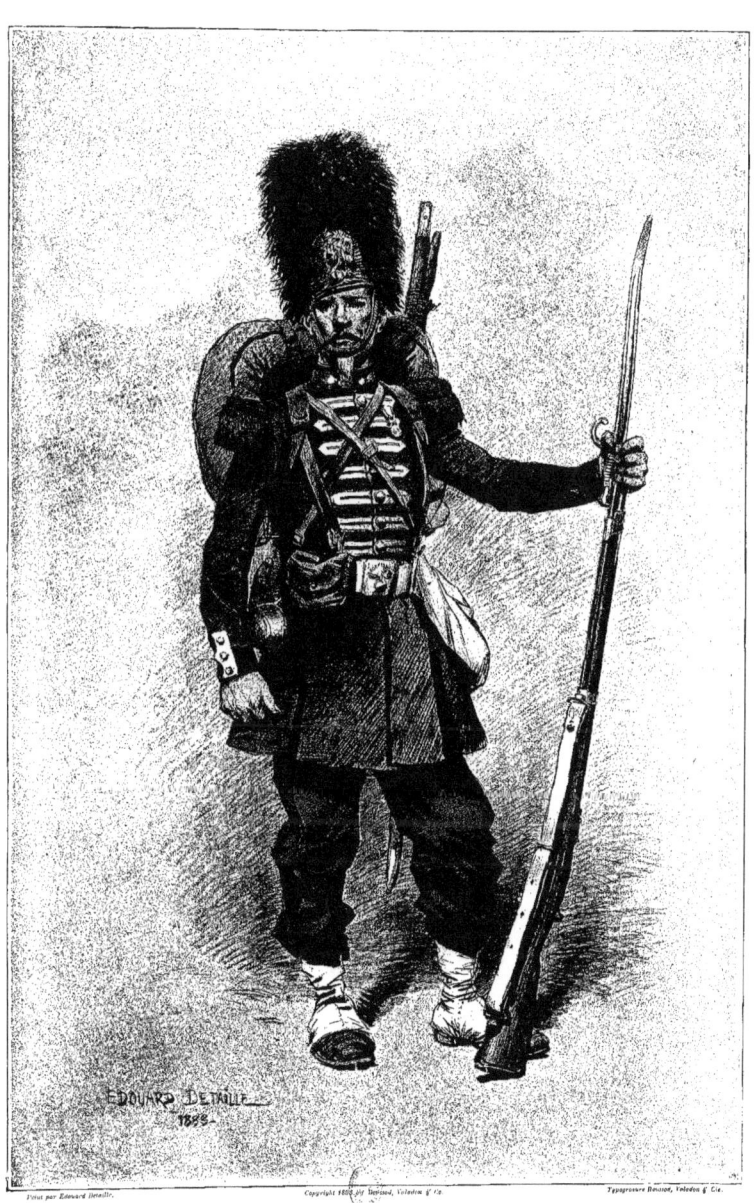

GRENADIER DE LA GARDE IMPÉRIALE

établies dans les jardins surprennent désagréablement à chaque pas. Beaucoup trop de soldats sans cartouches qui se sont réfugiés là : beaucoup de soldats blessés légèrement au doigt et conduits par deux camarades. Un troisième porte le fusil du blessé. On est en face de la Marne et, de l'autre côté, sur le plateau, la bataille : des nuages blancs en l'air et à terre, c'est la première chose que l'on voit. Les troupes sont couchées et semblent faire partie du paysage; on ne voit une certaine excitation que lorsque les obus éclatent. De temps en temps, un nuage blanc s'arrondit comme une boule dans les branches d'un arbre qui tombe lentement brisé par le milieu.

« En bas de Nogent, pour arriver à la Marne, une longue avenue avec quelques maisons ; derrière chaque maison, deux ou trois voitures d'ambulance. Le docteur Ricord (avec son képi

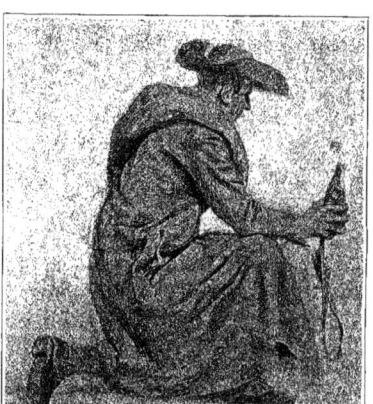

FRÈRE DE LA DOCTRINE CHRÉTIENNE A CHAMPIGNY

galonné), fait ranger des fiacres le long d'un mur ; quelques obus prussiens traversent la Marne. On arrive au pont de bateaux en face Bry-sur-Marne : quelques soldats du génie, une file de mulets chargés de blessés entièrement rouges de sang et roides. Une compagnie de soldats saxons, officiers et tambours, grande capote noire, petite casquette à visière, conduits par des mobiles et des lignards, chargés de casques, traversent le pont et gagnent Nogent. Au bout du pont, des marins dans une tranchée : un prêtre qui cause avec un officier de marine et cherche un jeune enseigne de vaisseau qui vient d'être tué à l'instant même à cette même place.

« On laisse à gauche le village de Bry tout démantibulé et rempli de soldats accroupis derrière chaque pan de mur. On saute dans la tranchée. Sur les bords et à l'intérieur, de larges mares de sang que la terre gelée n'a pas encore bu ; dans la tranchée, des soldats de ligne qui grelottent. Le fossé monte le long du coteau : sur le plateau, dans une voiture d'ambulance, le commandant Franchetti qui vient d'avoir la cuisse fracturée par un éclat d'obus. Devant la voiture, un jeune artilleur qui n'a plus de pieds : deux frères de la Doctrine chrétienne viennent de l'apporter. La voiture dans laquelle est le commandant Franchetti est entourée par un groupe de généraux qui arrivent de tous côtés au galop, escortés par des gendarmes. Le général Ducrot, le général Trochu, le général Appert, le général Clément Thomas : le pauvre artilleur a disparu sous les pieds des chevaux des officiers d'état-major. Il fait un soleil couchant superbe. Les états-majors se

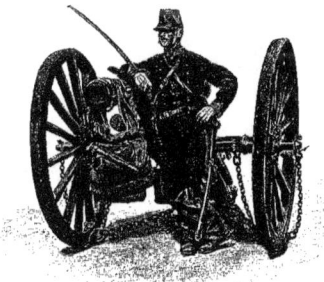

LE CANON DE 90 MILLIMÈTRES

forment en groupe : au milieu, le général Trochu dans sa pelisse de hussard. Il étend la main : « On n'a pas assez tiré sur Cœuilly ; il faudra canonner plus vivement. » Le général Ducrot, dans sa

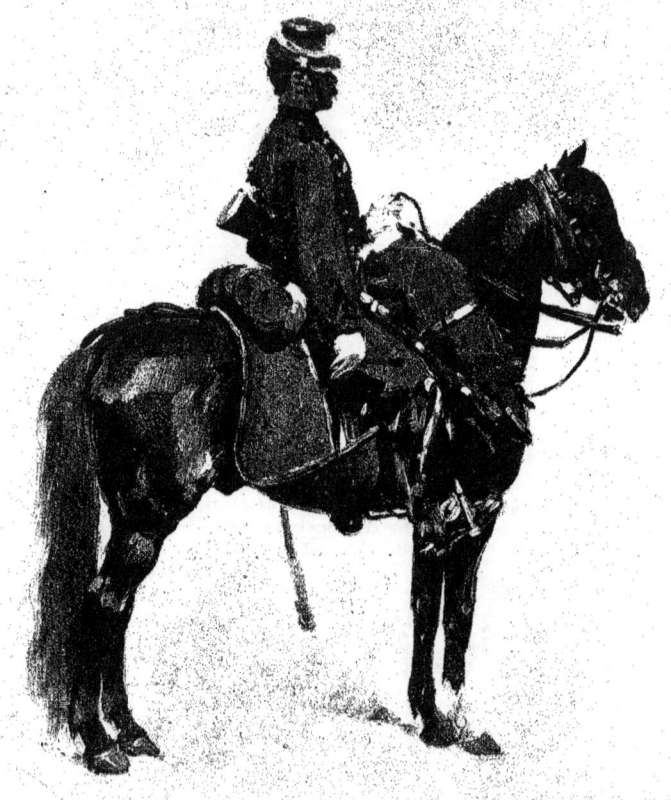

CHASSEUR A CHEVAL (1888).

grande capote bleue, a l'air de mauvaise humeur. Les frères de la Doctrine chrétienne, armés de leurs brancards, avec leurs bidons et leurs couvertures roulées, se mettent en marche. Leurs drapeaux blancs à croix rouge, déployés, leur donnent l'air d'ermites partant pour la croisade. Le feu a cessé

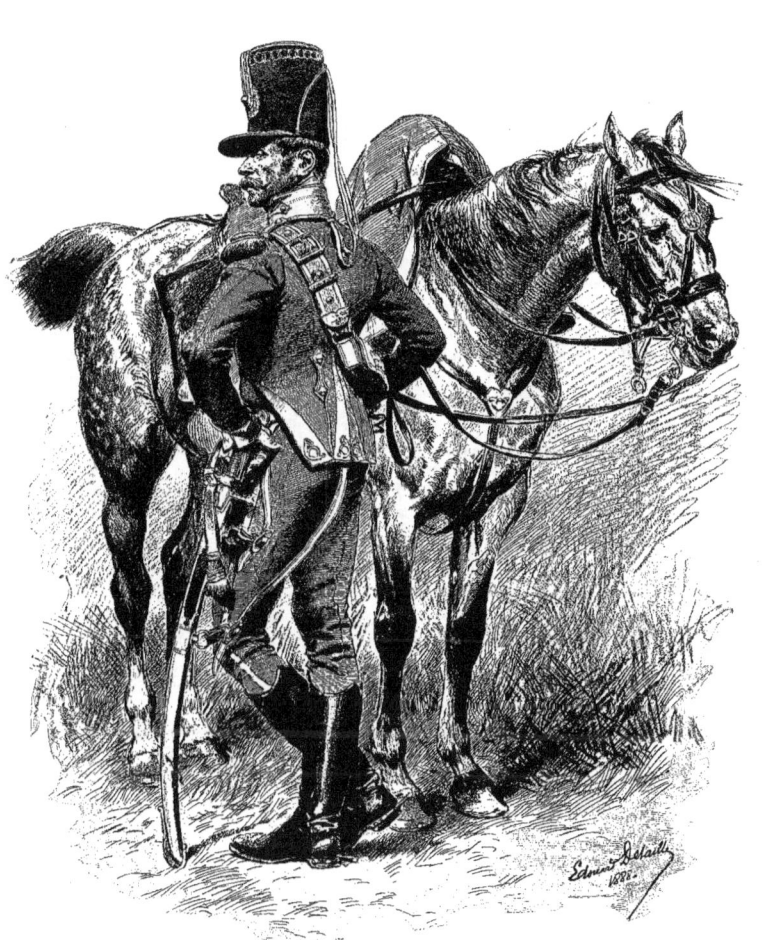

CHASSEUR A CHEVAL. (1812).

petit à petit et va en s'éteignant toujours vers la gauche. Les troupes sont accroupies derrière le moindre pli de terrain, les têtes enveloppées de mouchoirs. Beaucoup de soldats grelottent et sont pris par la fièvre. On fait du feu dans les rangs avec des fusils brisés et des bouts d'échalas. A chaque pas, un cadavre : un lignard dont il ne reste plus que quelques os de la tête, on dirait un ouvrage en ivoire merveilleusement sculpté ; un autre est resté les bras en l'air et semble tenir en joue son fusil qui a été jeté au loin. Les Saxons, avec leurs grandes capotes, leurs faces pâles et leurs barbes couleur de terre semblent faire partie du terrain sur lequel ils sont couchés par tas. Un médecin, avec une casquette d'ambulance, en ramène un coiffé d'un petit shako avec un panache en crin noir. Il est légèrement blessé à la main. Il pleure et pousse des sanglots bruyants comme un enfant.

« Tous les chemins creux sont pleins de troupes ; l'artillerie seule est à découvert ; les chevaux d'attelage ouverts en deux par les obus, comme à l'abattoir ou à la boucherie. Quelques-uns sont littéralement déchiquetés. Là où des mitrailleuses ont été mises en batterie, on voit des monceaux de cartouches bleues et des boîtes carrées percées de trous.

« Ces coups de feu sont tirés par les Prussiens du parc de Villiers sur des Frères ramassant les blessés entre les deux lignes, parce qu'un chirurgien, avec son képi, était au milieu d'eux. Un mouvement se produit dans les rangs des tirailleurs : « Allons, vous autres, attention ! Hé ! hé ! »

« Une femme, avec un officier de Garde nationale, court dans tous les sens. Comment cette femme est-elle arrivée là ?

« Au pied d'un pommier, tout déchiqueté par les balles, deux conducteurs de mulets commencent à faire du feu et à installer une petite cuisine ; ils sont dans un petit champ qui est tout couvert de cadavres, les jambes ou les bras en l'air, la moitié du corps soulevée et raidie ; d'autres roulés sur eux-mêmes comme des clowns désossés. A terre, beaucoup de gamelles et de soupes renversées... »

Ces notes, jetées au hasard des souvenirs et dont chacune fait un tableau complet, sont plus instructives que toutes les appréciations sur la façon dont le peintre a su emmagasiner des documents pour ses œuvres futures. Rien ne lui échappe des détails d'uniforme, mais rien non plus de la portée générale et philosophique des choses ; il ne s'y attarde point, pressé qu'il est de retourner à sa toile, mais tout tient en un paragraphe ; un écrivain de métier n'arriverait à des tons si justes, à un dessin si serré, que par un labeur de style et par des procédés imités : lui, ce peintre, il ne cherche point, il ne raffine point ; il dit simplement ce qu'il a vu, mais il voit si bien que sa phrase se pose avec un aplomb merveilleux, sans une seule fois qu'un seul mot détonne ou doive être changé de place. En vérité, l'écrivain, s'il voulait s'en donner la peine, serait à la hauteur du peintre.

On conçoit que, ainsi armé, Édouard Detaille ait pu suffire sans effort à une production qui eût épuisé tout autre artiste. A partir de 1871, pour faire l'énumération seule des tableaux que la guerre franco-allemande lui a inspirés, il faudrait des pages et des pages. Le public en a vu quelques-uns, mais beaucoup s'en sont allés en Amérique. Dans les musées de province, à peine si l'on trouve le nom de Detaille. Il semble bien qu'une seule ville a eu la pensée d'aller demander directement au jeune maître un tableau : c'est Dunkerque qui, en 1872, a conquis pour la somme de 1,200 francs cette toile de 36 centimètres sur 45 : *Colonne d'infanterie allant tenter un coup de main*. L'exemple paraît unique. Heureusement, depuis lors, les musées de Paris se sont rattrapés. Heureusement aussi les amateurs français ont été mieux inspirés que les commissions municipales et, avec le mouvement qui porte les collectionneurs à assurer, par des legs à des établissements publics, la pérennité de leurs collections, il est permis d'espérer que l'œuvre de Detaille ne sera pas représentée seulement au Luxembourg par de grandes toiles telles que le *Rêve* et la *Reddition d'Huningue*.

De ces années de pleine floraison, vient le *Retour d'une reconnaissance (voir page 27)*, qui met si bien en présence le type des dragons français et celui des cuirassiers bavarois; puis *Le sous-lieutenant de Villers à Morsbronn (voir page 37)* qui montre ce tout jeune officier, sorti de l'Ecole militaire depuis quelques jours à peine, blessé et fait prisonnier dans les houblonières de Reichshoffen, enfin,

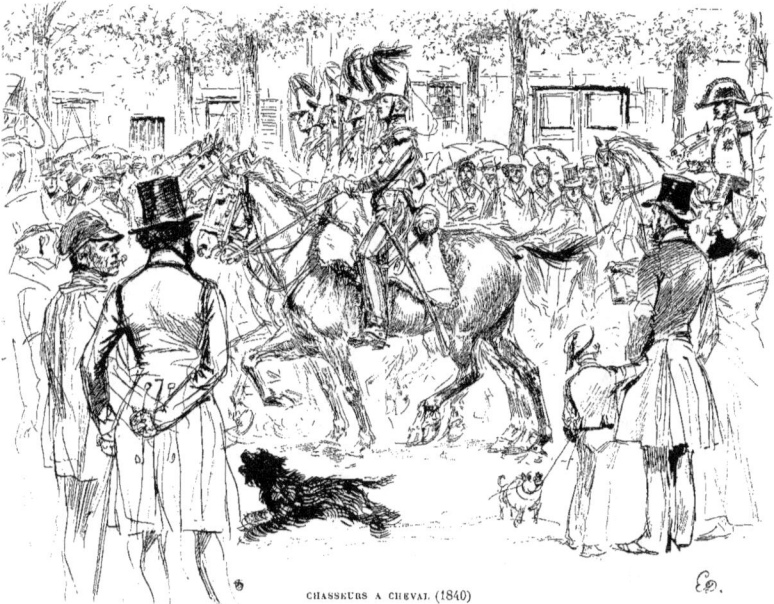

CHASSEURS A CHEVAL. (1840)

le *Convoi allemand (Route de Pontoise) (voir page 20)* qui est comme la première idée de *Nos vainqueurs*.

C'est là un thème que le peintre développa avec une rare puissance et son tableau, *Nos vainqueurs*, qui déplut au gouvernement de M. Thiers et qui fut proscrit du Salon de 1872 et de l'Exposition universelle de 1878, demeure une des œuvres les plus courageuses de ce temps, une œuvre qui marque la valeur intellectuelle et morale de son auteur. Le réalisme du fait représenté souligne une idée à la fois très juste et très neuve, qu'il a fallu un courage particulier pour oser développer et qui résume par avance tout l'esprit de la campagne anti-Sémite.

Sur une route qui contourne Paris, et d'où on le voit tout entier, un convoi est en marche. Ce sont des charrettes comtoises, de ces chars faits de rondins non équarris et de planches brutes; des chevaux les traînent, maigres et efflanqués, fourrés de leur poil d'hiver, et, à leur cuisse, se lit encore leur matricule. On les a pris, le combat fini, sur quelque champ de bataille. Autour des voitures que mènent des juifs aux longues papillotes, coiffés à la diable de chapeaux gris ou de bonnets, engoncés dans des pelisses râpées, des soldats prussiens, en petite tenue, s'empressent, la

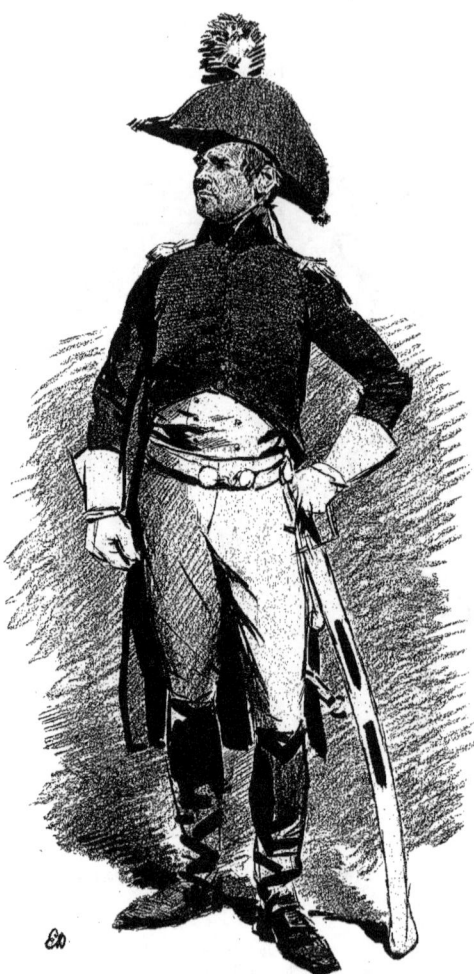

ADJOINT AUX ADJUDANTS-GÉNÉRAUX (1798)

capote gonflée, et, aux juifs qui marchandent, montrent des tableaux et des pendules : le pillage, dont regorgent déjà, sous leurs bâches de toile, ces voitures lourdes. Tout allant, les autres font leur commerce et, marchant avec eux pour les protéger et les défendre, casque en tête, avec autour de l'aigle la fière devise : *Mit Gott für Koenig und Vaterland,* les soldats d'escorte vont fusil à l'épaule...

A côté de ce tableau qui affirmait, pour la première fois, cette audacieuse vérité et, avec une indépendance généreuse, symbolisait, en ces juifs d'en bas qui flairent les morts, dépouillent les cadavres et achèvent les blessés, toute la juiverie cosmopolite ruée sur la France à la suite des Allemands, ne faudrait-il pas placer ce merveilleux éventail où, en toutes les poses les plus volantes de Mercures aux talonnières ailées chaussées sur leurs énormes bottes, des soldats allemands de tous les uniformes connus, glissent et passent portant le plus joli choix de pendules qui se soit jamais rencontré. Ce n'est plus ici comme dans *Nos Vainqueurs,* une composition d'une haute portée philosophique ; c'est une épigramme légère, bien faite pour s'inscrire sur un éventail, mais acérée en même temps et brillante comme ces poignards qu'y cachent parfois les Espagnoles. Ce côté d'humour, que Detaille possède à si haut point, il ne le prodigue point en public et le recueil de ses œuvres badines est vraiment bien court : quel esprit pourtant dans ces quelques programmes dessinés pour le *Cercle de l'Union artistique,* dans certains dessins crayonnés sur le coin d'une table et même dans ce

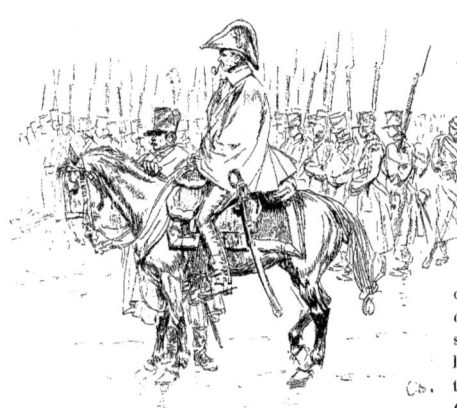

INFANTERIE DE LIGNE (1813)

premier livre qu'il ait illustré : *Les bonnes idées de Mademoiselle Rose!* Heureux les iconophiles qui rencontreront les fumés des bois gravés par Pannemaker pour cet album ! Rien n'est curieux comme de voir là Detaille observant les petites filles. En vérité, il y eût aussi bien réussi qu'aux soldats, mais la femme ne joue malheureusement dans son œuvre qu'un rôle bien médiocre : mieux que peintre au monde, il eût pourtant surpris tous les secrets et rendu tous les accents de l'élégance moderne : témoin cette charmante esquisse des *Courses de Longchamps*, qu'on vit longtemps chez J.-G. Vibert ; témoin cette franche et galante aquarelle de Jeanne Granier dans le costume du *Petit Duc* ; témoin quelques autres très rares tableaux dont pas un n'est entré dans le commerce et qui tous ont été donnés en présent par le peintre, mais si c'est là une veine curieuse de son talent, il a si peu voulu la développer que, à peine les mieux instruits peuvent-ils, comme on fait ici, citer quelques exemples.

De fait, cela ne compte point, car on l'ignore, et Detaille reste un masculin parmi les peintres : et il reste un peintre militaire bien qu'il ait donné du civil, en tous les temps, une silhouette qui est la plus ressemblante et la plus vivante qu'on puisse rencontrer. Mais toujours le pékin qu'il nous présente est aux prises avec les soldats : il est leur repoussoir, si l'on peut dire, car c'est vraiment aux uniformes, aux façons militaires, qui, dans leur raideur, ont l'aplomb de la discipline, que Detaille se plaît. Point de pékins en l'*Attaque du Château (voir page 17)* qui, dans un décor pris au Mont-Saint-Michel, où Detaille avait été faire une tournée avec Berne-Bellecour, montre des chasseurs à pied faisant allègrement le coup

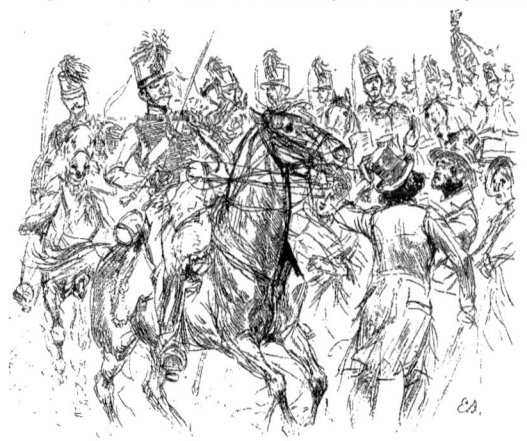

HUSSARDS (1853)

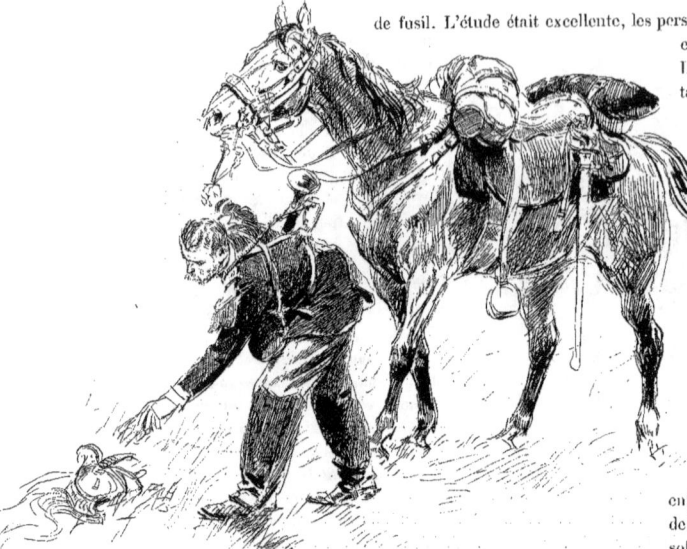

TROMPETTE DE DRAGONS (1878)

de fusil. L'étude était excellente, les personnages dont elle est animée en font un tableau charmant. Des pékins par contre dans un tableau, *La Reconnaissance* (*voir page 13*) encore supérieur par l'arrangement des personnages, la multiplicité des incidents, l'agrément des figures, l'animation des groupes ; il est difficile de donner mieux la sensation de l'entrée simultanée, dans un village, des petites colonnes chargées de le cerner ; l'effarement des habitants, l'importance des donneurs de conseils, la curiosité imprudente des enfants, l'aplomb des éclaireurs de la pointe d'avant-garde, vieux soldats pour la plupart, tout est indiqué légèrement, sans soulignements inutiles, comme un Parisien seul peut faire. C'est une nouvelle contée avec cette grâce mousseuse qui n'est point d'ailleurs et que cherche vainement qui n'est pas de Paris.

En retraite (*voir page 8*) qui fut exposé au Salon de 1873, marque une note toute différente. C'est comme la synthèse de l'épopée de l'artilleur. Dans ce bois aux hautes futaies que battent les obus ennemis, sous la tempête de fer qui abat les branches et courbe les têtes, l'officier commandant cette section de mitrailleuses demeure debout et calme, durant que ses hommes essayent par un effort suprême de protéger la retraite de l'armée. Mais un obus éclate sous les chevaux d'avant-train qui se cabrent, blessés à mort, et roulent sur la terre neigeuse. Encore un tour à la manivelle et il faudra — Dieu sait comment ! — ratteler les pièces et partir. Detaille avait bien connu ceux qui ainsi, officiers et canonniers de la 17ᵉ batterie du 11ᵉ d'artillerie, à Champigny, « se sont sacrifiés héroïquement, comme le dit l'ordre général de l'armée, et sont tombés glorieusement en soutenant l'attaque des positions ennemies. » Sur quarante-huit com-

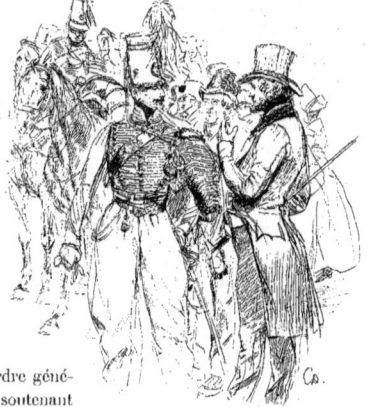

HUSSARD (1843)

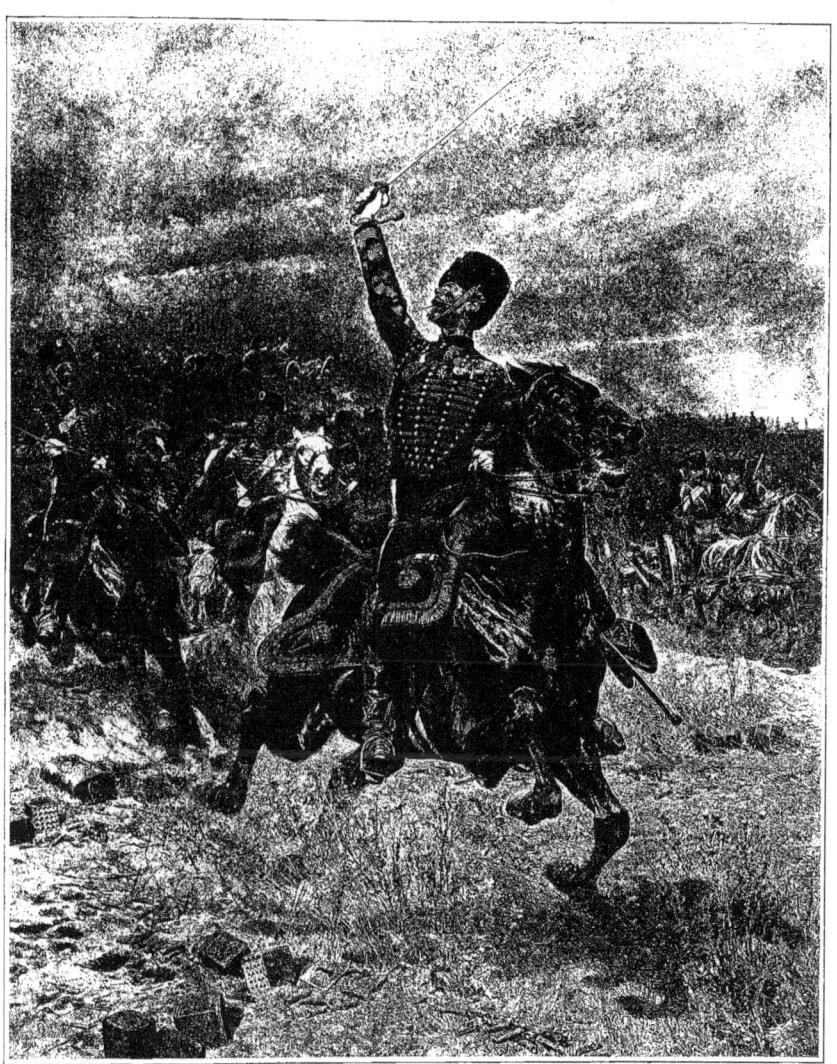

EN BATTERIE!

(Artillerie de la Garde impériale, 1870).

battants, la batterie perdit deux officiers, le capitaine Trémoulet et le lieutenant Philippe Chevalier et vingt-trois hommes de troupe. Et pas un instant, ni en combattant ni en mourant, ces soldats n'affectèrent des postures pathétiques. L'un d'eux, Philippe Chevalier, dont l'âme était au niveau

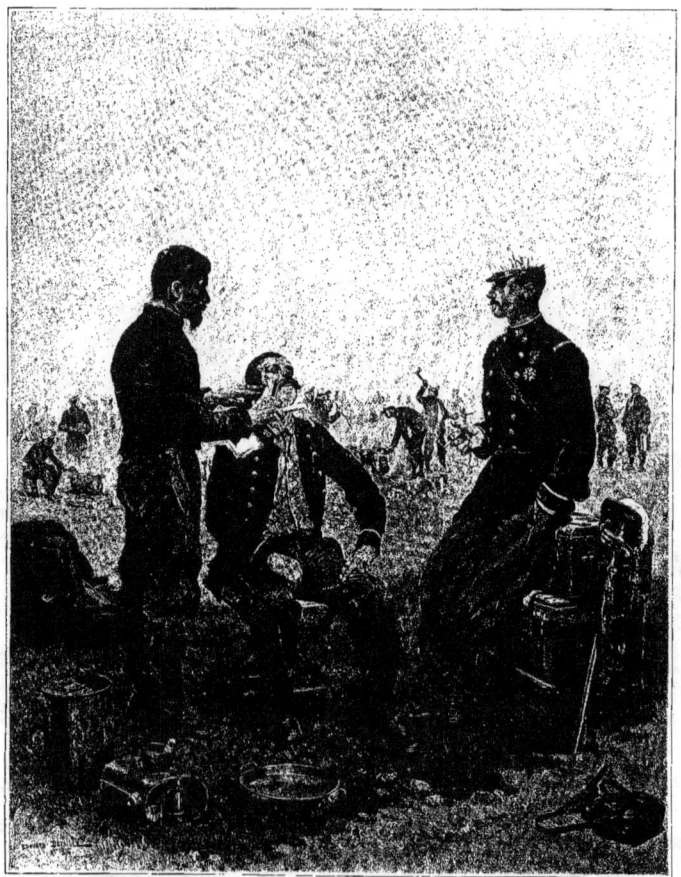

LA BARBE AU CAMP (1876)

des plus hautes, disait volontiers que tout geste qui n'est point d'ordonnance marque l'absence de sang-froid et trouble les inférieurs, et il sut mettre son axiome en pratique quand, sans une plainte, une balle dans le ventre, il râla deux jours.

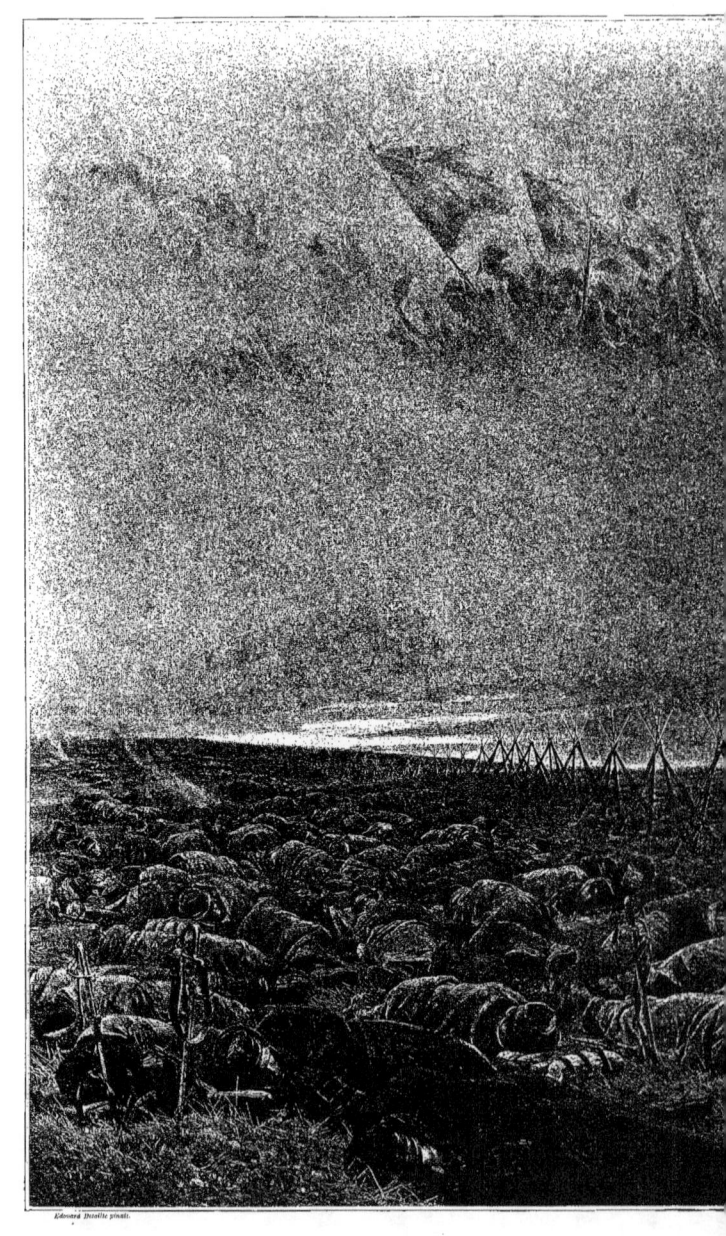

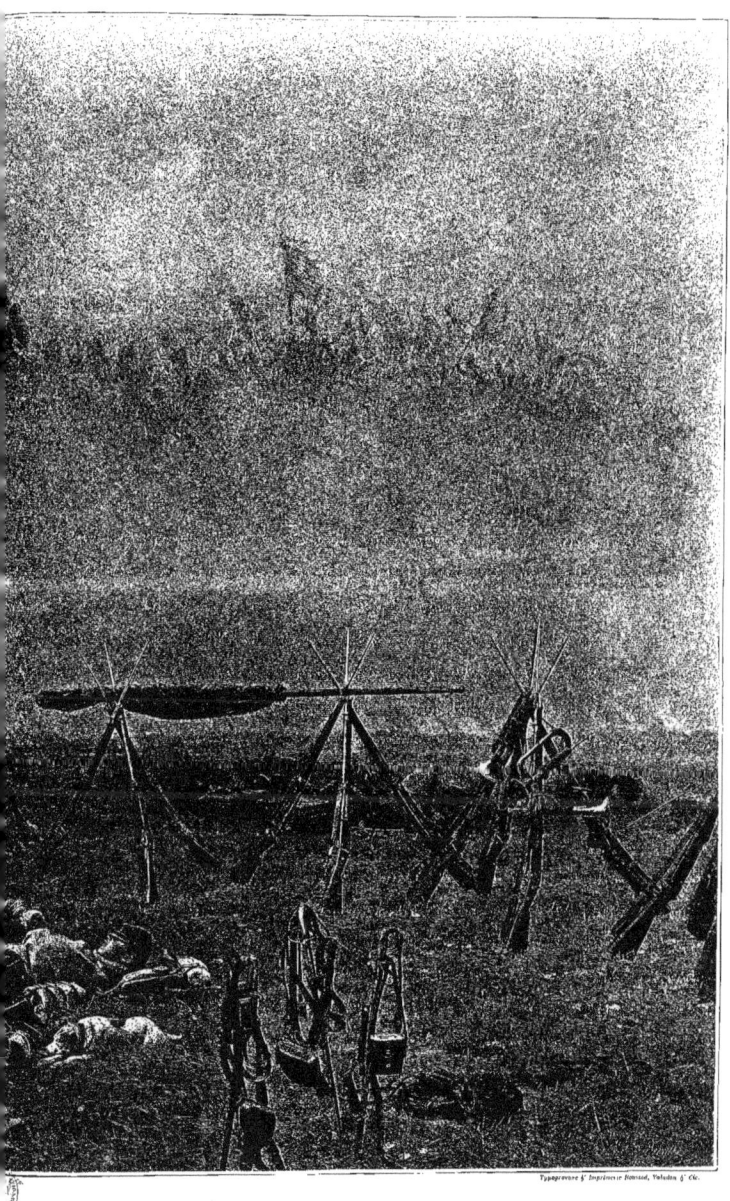

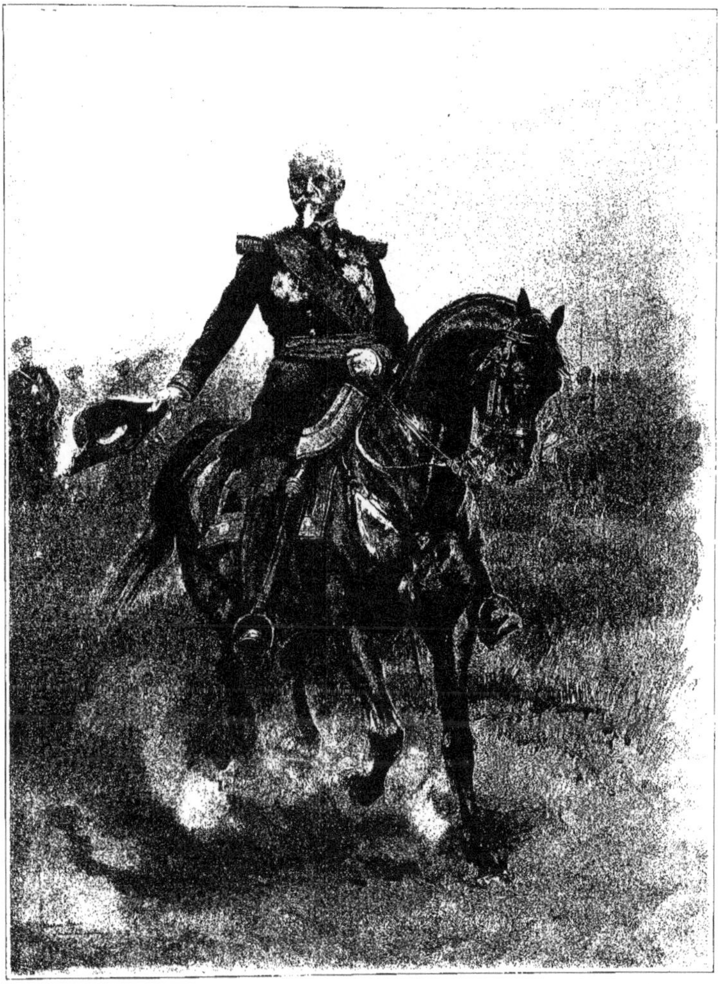

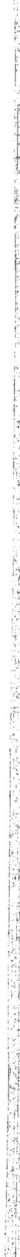

LE GÉNÉRAL APPERT

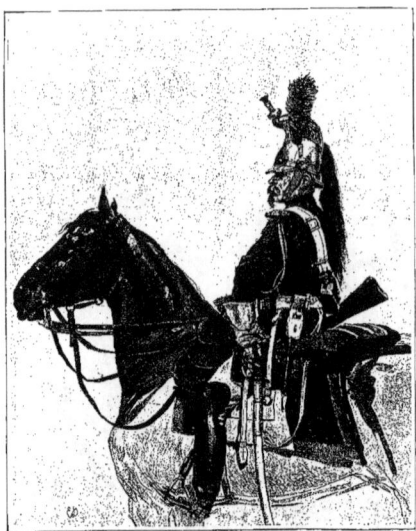

GARDE MUNICIPAL DE PARIS (1868)

Champigny (voir page 23) ce drame dont Detaille a successivement rendu toutes les scènes, a merveilleusement inspiré l'artiste. Il a su, en même temps que le grandiose, montrer le terre à terre : les maisons bourgeoises envahies par la troupe, les jardins maraîchers emplis de soldats, les meubles vulgaires utilisés en barricades : cette guerre dévastatrice, où il faut faire arme de tout, tombant sur la quiétude de rentiers paisibles qui se tenaient installés pour la vie en leur demeure suburbaine et dont ce coup de vent balaie ensemble tous les souvenirs et toutes les espérances, tout le passé et tout l'avenir, les faisant semblables aux routiers suspects qui courent les chemins portant leur fortune dans un mouchoir au bout d'un bâton.

Pourtant à Champigny et dans les combats autour de Paris, le peintre ne pouvait trouver ces grandes charges de cavalerie, ces mêlées d'hommes où, sans sortir de la vérité, il est loisible de déployer toute la furie du mouvement. Nul geste là ne devient trop violent, nul cri n'est trop vibrant, les chevaux comme les hommes ont un égal besoin d'affolement, d'exagération physique pour aller vers cette invisible mort. A ces fantassins qui guettent la charge pour rompre l'élan et en briser le flot, le sang-froid convient et l'immobilité terrible, mais aux cavaliers il faut du bruit, comme une griserie de hurrahs! Ainsi, ces cuirassiers allemands qui s'élancent à l'*Attaque d'un Convoi* de blessés français *(voir pages 10 et 11)*. Ainsi, ces cuirassiers français du 9ᵉ régiment à Morsbronn *(voir pages 30 et 31)*.

Ce fut là le tableau de Detaille au Salon de 1874 : un épisode de l'héroïque et grandiose folie de Reichshoffen. Folie, peut-on dire, car, on le sait bien, ceux qui ont chargé là ne pensaient point à la victoire. Ils avaient vu le combat se dérouler et, à chaque heure, les renforts arriver aux autres et l'horizon se noircir d'ennemis, mais, quand tout semblait perdu, on leur avait dit : Allez ! et ils étaient partis. Les cuirassiers épiques avaient lancé leurs chevaux du même train qu'à la Moskowa et à Waterloo, car si, dans leur histoire, les succès sont inégaux, l'âme est pareille. Où va le 9ᵉ? Il ne sait. On lui a dit d'aller, il est parti avec des hurlements de guerre et de victoire. Une rue s'est présentée. Il a galopé dans cette rue. Au bout de la rue, cette rue de chalets étranges et charmants, dont l'étude attirante a sans doute trop tôt déterminé la composition du tableau, une barricade infranchissable se dresse ; les volets des maisons s'entr'ouvrent et, de tous côtés, grêle la mort. Les officiers, dominant le bruit, commandent halte et demi-tour et les trompettes sonnent l'ordre des officiers.

On a reproché ce tableau à Detaille ; on a dit que c'était perpétuer le souvenir d'une folie ; on a dit qu'il était inutile de montrer ainsi nos officiers se ruant sur un obstacle qu'ils devraient

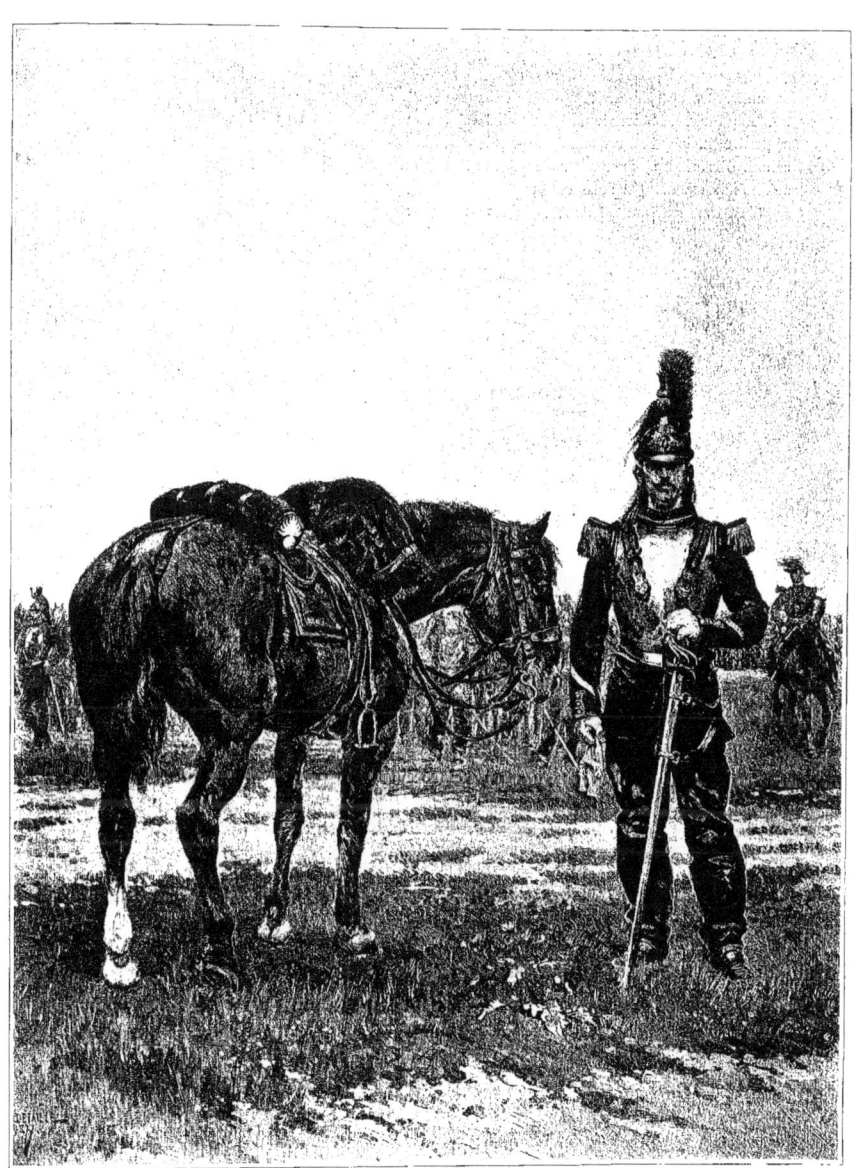

CUIRASSIER — MARÉCHAL DES LOGIS (1869)

connaître. On doit s'éclairer, ajoutaient les malins. Une charge qui s'éclaire ! Une charge, c'est un boulet qui troue, boulet vivant qui va où on l'envoie, fût-ce contre un mur ; boulet qui lui aussi peut se perdre, mais qui ne raisonne pas plus sur sa destinée que la masse de plomb dont on bourre un canon. C'est affaire à qui l'envoie de juger si la mission qui lui est donnée peut être remplie, mais non aux hommes de discuter l'ordre reçu.

C'est tout cela qui est dans ce tableau : il y a cette volonté calme d'aller jusqu'au bout, cette

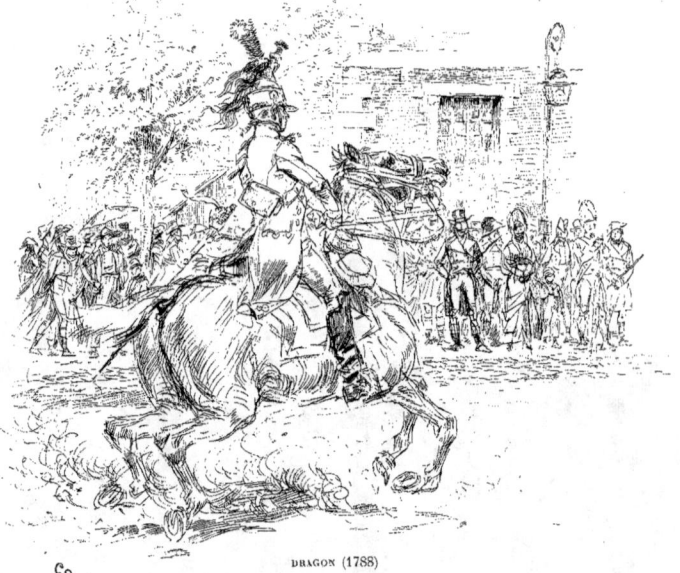

DRAGON (1788)

décision de ne pas reculer. Ici la mort n'a point voulu d'eux, ils iront ailleurs la chercher, puisqu'on leur a dit de le faire — et ils y sont allés !

Bien que longtemps encore, par intervalles, Detaille ait dû suivre cette veine de tableaux représentant des épisodes de la Guerre, lui aussi pourtant sentait passer sur son front ce souffle de renouveau qui, après quelques années, en présence de l'effort accompli et des résultats déjà obtenus, rendait aux moins vaniteux l'espoir de mieux réussir *la prochaine fois*. Au Salon de 1875, *le Régiment qui passe* apporta aux soldats de la nouvelle armée le salut plein d'espoir du peintre patriote : ce n'est plus déjà l'armée de Frœschwiller et de Metz, l'armée que Detaille a peinte au camp de Saint-Maur, c'est une armée neuve que regardent avec une inquiétude mêlée d'orgueil les vieux soldats, les bourgeois, les femmes, au-devant de laquelle, réglant leur pas sur ses tambours, les enfants, tous les enfants, soldats de demain, marchent en volontaires ; et, sur le boulevard plus large, en cette place où bat le cœur de Paris, dans la brume d'un jour d'hiver, tenant toute la largeur de la chaussée, le régiment passe... Point de cris, point de bravos, point de bras levés ; on regarde, on se souvient, on compare et l'on espère.

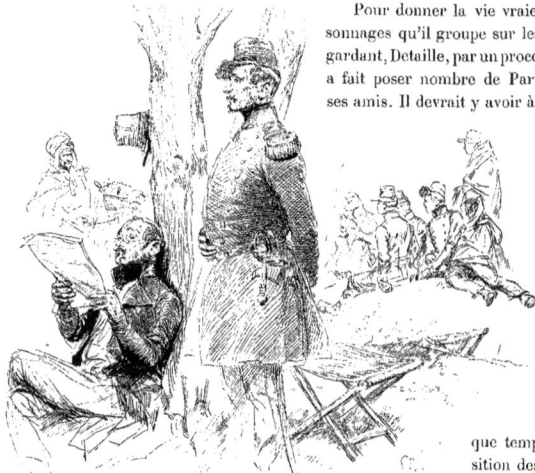

ARMÉE D'AFRIQUE (1839)

Pour donner la vie vraie, la vie moderne aux personnages qu'il groupe sur les trottoirs, attendant et regardant, Detaille, par un procédé qui lui est assez familier, a fait poser nombre de Parisiens et de Parisiennes de ses amis. Il devrait y avoir à cette composition une clef, une clef qui réveillerait bien des souvenirs et évoquerait, dès à présent, bien des ombres. Que ne donnerait-on pour avoir tous les noms de ces personnages merveilleusement dessinés et peints qui, dans *Le Sacre* de David, occupent les arrière-fonds des tribunes? Hélas ! ne sait-on avec quelle rapidité se perdent les souvenirs? Il y a quelque temps, au moment de l'Exposition des œuvres de son illustre et regretté père, Eugène Meissonier, M. Charles Meissonier était obligé à de terribles efforts de mémoire pour retrouver les noms des officiers de l'état-major de Napoléon III dans le tableau de *Solférino*. Pourtant, il avait vu chacun d'eux venir poser chez son père et non pour un croquis, mais pour ces portraits achevés, absolument définitifs, dont on a pu admirer plusieurs. Il avait non seulement vu les modèles, mais il avait causé, dîné, conservé des relations avec eux, et pourtant, lui qui porte à tout ce qui est œuvre de son père un religieux et tendre respect, qui a enregistré dans son souvenir non seulement chaque tableau, mais presque chaque croquis de celui auquel il a consacré comme fils, plus encore peut-être comme élève, une admiration passionnée, il ne se rappelait plus, et, se frappant le front, tordant sa cigarette, il citait des anecdotes, des mots, toute une série de faits, mais le nom échappait toujours.

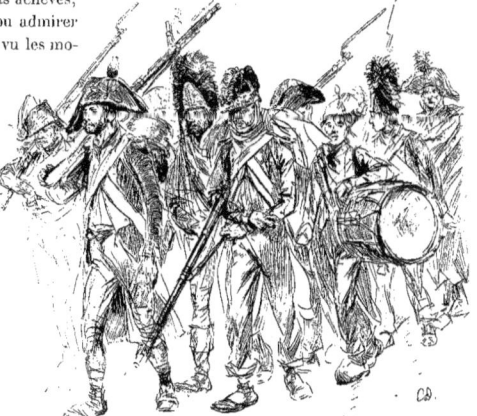

ARMÉES DE LA RÉPUBLIQUE (1794)

N'en sera-t-il pas de même

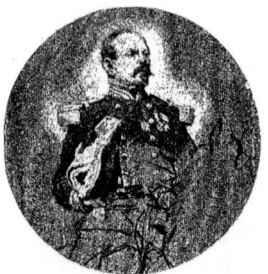

GÉNÉRAL DE DIVISION (1876)

non pas seulement pour ce tableau du *Régiment qui passe,* où les personnages représentés ne sont guère que des Parisiens du boulevard, mais pour ces divers tableaux des grandes manœuvres, pour cet admirable morceau, si heureusement conservé par Detaille, le groupe des généraux dans la *Distribution des drapeaux.* Là, sont les portraits les plus frappants des chefs de l'armée; mais de ces chefs combien déjà ont disparu dans la mort, combien plus dans l'oubli! Une vingtaine de noms à retenir parmi lesquels il en est un illustre, quelques-uns glorieux, d'autres connus à des titres divers, d'autres parfaitement honorables, mais seulement honorables et d'ailleurs à peine cités dans les dictionnaires des contemporains qui semblent les plus complets, sait-on que c'est là une leçon que les plus savants ne seraient point fiers d'avoir à réciter de mémoire? Et combien plus pour le *Régiment qui passe,* où ce sont des boulevardiers, des peintres, des gens de lettres qu'il faudrait nommer. Anonymes, ils donnent bien en vérité à ce coin de Paris la physionomie qui convient, mais comme il serait amusant plus tard de pouvoir dire : les hommes étaient bien ainsi à Paris en 1875, car voici qui étaient les personnages que vous voyez, voici quel était leur métier ou leur profession et la place qu'ils tenaient dans la société. Mais c'est affaire à la fâcheuse *race des commentateurs* de s'occuper de ces niaiseries. Ah! Detaille leur donnera du mal aux commentateurs, car nul plus que lui n'a été de son temps, nul ne s'est plus intéressé aux spectacles de la vie ambiante, nul n'en a plus mis dans ses tableaux, nul n'a su mieux disposer les silhouettes caractéristiques qui font dire à quiconque : « C'était bien cela, voici un tel et un tel. » Et quand même ce n'est point exact, c'est vrai, car nul des personnages n'est d'invention, chacun est criant de vérité, on l'a rencontré, on le connaît, on le coudoie chaque jour et c'est une des raisons du succès de Detaille près de la foule des contemporains qu'ils se trouvent en ses tableaux comme chez eux et que la vie qu'ils y voient c'est leur vie.

Aussi quels bravos a obtenus toute cette suite d'épisodes des grandes manœuvres où l'on assiste à la répétition générale de la guerre, mais où, comme au théâtre, la répétition générale ne permet point de préjuger la première représentation. Comme ils sont jolis et frais et pimpants, agréables et drôles, justement pris sur le fait, et d'une allure vivante, ces tableaux qui montrent

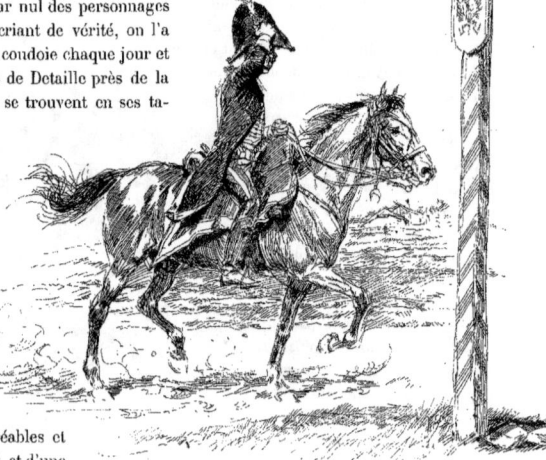

OFFICIER D'ORDONNANCE (1812)

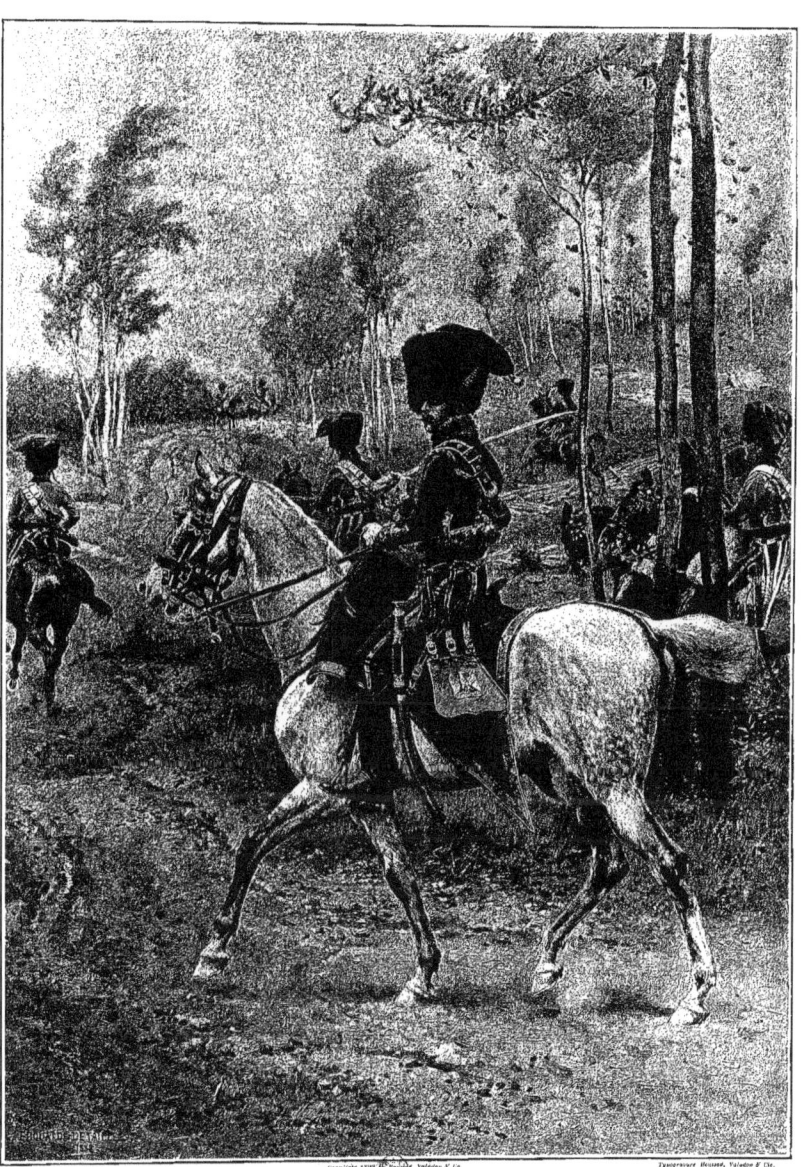

OFFICIER DE HUSSARDS

5ᵉ *Régiment (compagnie d'élite) 1806.*

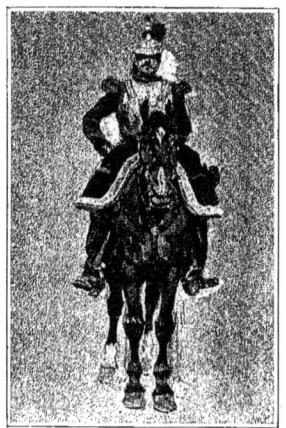

CUIRASSIER (1878)

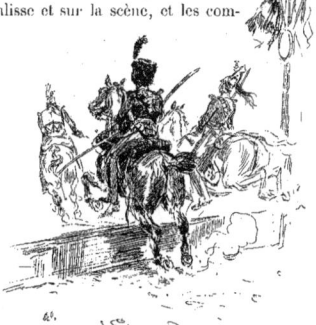

CARROUSEL A SAUMUR (1854)

le soldat dans son déshabillé et dans sa grande tenue, l'acteur dans la coulisse et sur la scène, et les comparses, invités et curieux, châtelains et paysans, les attachés militaires, les généraux à la retraite, tout ce qu'attire ces jours-là le canon tirant à poudre.

Ce qui est à noter dans ces tableaux, outre les qualités de dessin et de peinture qu'il ne faut plus redire, car on lasserait, c'est la gaieté qui est en eux, la bonne humeur franche de cette foule mélangée de troupiers et de civils, la fusion accomplie entre les deux éléments jadis si séparés, presque hostiles l'un à l'autre. Un commun effort, une espérance pareille, le sentiment qu'on aura demain à faire ce que les autres font aujourd'hui. Les vieux suivent comme les jeunes, en s'épongeant le front, car il s'agit de se rendre compte et, pour la stratégie, M. Prudhomme est passé maître, ayant durant le Siège fait aligner des queues devant les boucheries. Que Detaille ait porté là cette pointe d'ironie froide qui est en lui, cela n'est pas à discuter : au reste, pour le juger tel qu'il était alors, qu'on le regarde tel qu'il s'est représenté en ce temps-là (1876) dans ce tableautin si amusant et si spirituel : la *Barbe au camp (voir page 48)*. Ce n'est pas lui à coup sûr l'officier moustachu qui est aux mains du frater. Mais le joli petit lieutenant de chasseurs à pied, qui, la croix sur la poitrine, le sac en bandoulière, est assis sur ses cantines, c'est bien lui et c'est bien la désinvolture qu'il avait alors et l'agrément sérieux de sa physionomie qui demeure impassible même lorsque son esprit se plaît aux plus vives gaietés de parole.

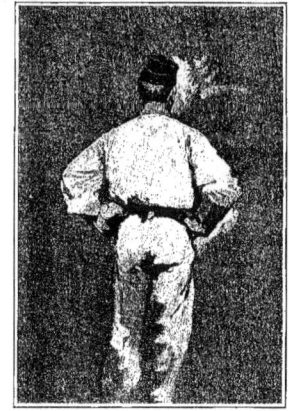

ÉTUDE

Dans cette suite des tableaux inspirés par les grandes manœuvres, la partie qui peut-être est une des plus intéressantes au point de vue de la facilité d'assimilation du peintre, c'est celle qui touche les attachés militaires étrangers. L'artiste avait, de ses voyages dont restent de si précieux témoignages sur l'armée anglaise, l'armée russe et même l'armée autrichienne, rapporté une appréciation si exacte des hommes et des choses, que sous son pinceau les êtres prenaient comme d'eux-mêmes la tournure qu'ils doivent avoir en leurs uniformes nationaux et que, désormais, de quelque pays que vînt un soldat, fût-ce du Japon ou de Serbie, il était impossible en ses tableaux de le méconnaître au milieu de tous les officiers de l'Europe. Se souvient-on de ce Parc de Londres lavé à demi par le brouillard où, entre les petits garçons, déjà gentlemen accomplis et portant avec un sérieux comique leur chapeau haut de forme sur leur tête enfantine, passent ces musiques étranges des Gardes ? Et cette Tour de Londres que démontre à un public de provinciaux un cicerone costumé à la Henri II, pendant qu'au fond de la cour, de grands gars robustes apprennent à faire l'exercice du fusil de l'air dont ils apprendraient à cirer des bottes ? Et ces merveilleuses aquarelles des Pipers écossais, où revivent les cornemusiers d'antan, ceux qui, à Waterloo, dans le tonnerre déchaîné des canons, dans le roulement des coups de fusil, au centre du carré décimé, continuaient leur douce sonnerie, aigre et mélancolique, évoquant à l'esprit des mourants les montagnes couvertes de bruyères et les grands lacs bleus, et aux vivants rappelant la gloire d'autrefois et l'honneur des victoires anciennes ?

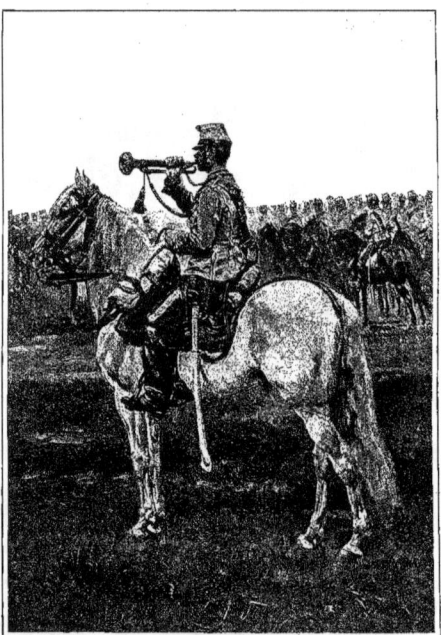

TROMPETTE DE CHASSEURS (1873)

Et ses Russes ! Quelle merveille que cet album : *les Grandes manœuvres de l'armée russe*, où se trouvent peints au vif et pris sur le fait tous les soldats appartenant à tous les corps, réguliers ou irréguliers, de cette immense armée, l'armée d'un Empire sur qui le soleil ne se couche point. Cela n'était point si simple de faire des Russes et bien des peintres français y ont échoué. Ne parlons que de ceux-ci, car certains Allemands y ont excellé.

On ne connaît guère de représentations contemporaines des premiers faits de guerre qui ont mis les Russes et les Français en présence. D'ailleurs, ni comme uniforme, ni comme tenue, les Russes de la Guerre de Sept ans ne différaient des Allemands. De la seconde rencontre, à Zurich et au Gothard, nul peintre encore qui ait tenté de montrer les combats épiques, sur le plus incroyable des terrains. Est-ce à cause de cela ? peut-être. Parce que, peint, ce qui réellement a été accompli, et par des hommes, paraîtrait par trop invraisemblable ! Voit-on ces combats du Pont-du-Diable, ces traversées des ravins sur un sapin abattu, ces massacres par des hommes tout nus brusquement sortis d'un fleuve comme des dieux marins et, dans les neiges, sur les pics glacés, les soldats de Souvaroff faisant tête aux soldats de Masséna ? Ce serait beau pourtant, mais qui l'osera ? De la troisième rencontre, 1805, 1806, 1807, bien plus de témoignages et pour n'en citer

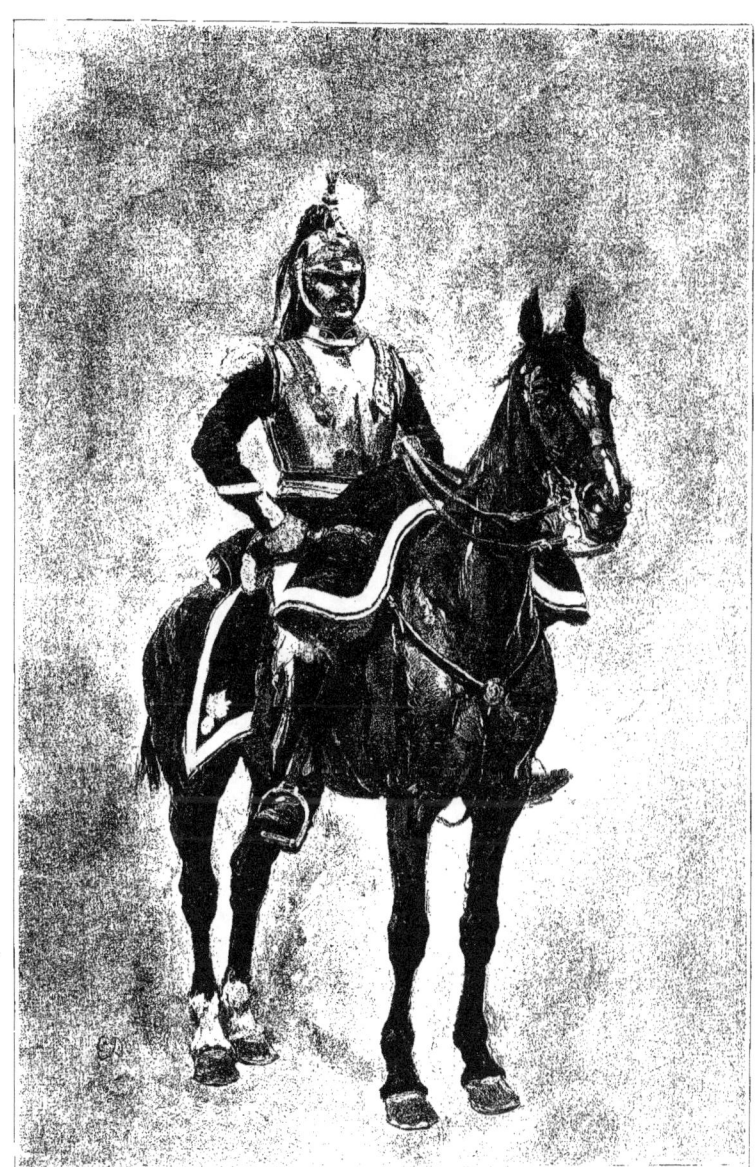

CUIRASSIER (1873)

que deux, *la Bataille d'Austerlitz*, de Gérard et *le Champ de bataille d'Eylau*, de Gros. Mais quoi, des blessés, des morts, cela n'est point l'armée, et il faut, laissant de côté 1812, arriver aux scènes de l'invasion et aux caricatures si vives et pourtant si justes de Carle Vernet. Après, tout un temps vide qu'éclairent seulement, sur l'armée de l'Empereur Nicolas, certains tableaux de Horace Vernet, bien peu connus, et les lithographies très documentaires du général Pajol. Après, la Crimée : Mais les peintres qui s'en sont occupés, sur commande, n'ont guère vu qu'un seul soldat russe. Et encore l'ont-ils vu? Et après, plus rien, mais rien, absolument. Il faut, pour se rendre compte de l'état de misère où l'on est en France sur cette question, avoir eu un besoin réel de renseignements précis. Sans doute, on a des photographies d'après des tableaux de Vereschaguine et de Dmitrieff, mais, depuis lors, l'armée russe a encore une fois changé de tenue et l'on peut même dire qu'elle a changé d'âme. Ce n'est plus à présent une armée marchant au pas de l'instructeur prussien, costumée et corsetée à l'allemande, exagérant les modes et la raideur militaire des gens d'à-côté,

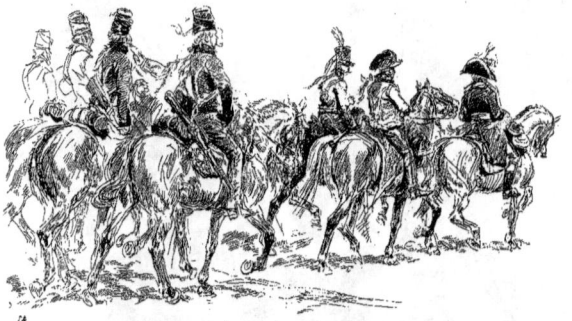

ÉTAT-MAJOR D'UN GÉNÉRAL DE LA RÉPUBLIQUE

et prenant, contre argent comptant, leur prétendue science tactique; ce n'est plus une armée qu'on a passée à la filière pour que chaque homme, en sortant du moule, fût transformé, de Russe qu'il était, en quelque chose que les Allemands pussent considérer comme une contrefaçon d'eux-mêmes ; c'est une armée nationale qui a repris, avec le costume traditionnel, les façons qui seyent au tempérament de la race slave, une armée où rien ne révèle plus l'élément étranger qui l'a si longtemps dirigée et sortie de sa voie et qui, si elle porte des uniformes moins brillants que jadis, est en revanche bien mieux préparée à de longues campagnes par sa tenue commode et pratique, par l'entraînement continuel qu'elle reçoit.

Devenu l'hôte de l'Empereur de Russie durant les grandes manœuvres du camp de Krasnoë-Sélo, Detaille n'avait pu manquer d'être frappé par les aspects si pittoresques que présentent les campements, par cette familiarité et cette gaieté des soldats, par leurs chants et leurs danses, et tout ce côté d'exubérance qui se rencontre en eux, au milieu de leurs mélancolies et de leurs tristesses natives, et c'est ce qu'il a si merveilleusement rendu dans une série de tableaux qu'il ne tiendrait qu'à lui d'augmenter et qui a sa place marquée dans la galerie particulière de l'Empereur. Mais, ce ne sont là que des scènes pouvant fournir d'agréables sujets pour des toiles de chevalet et, dès le temps où, à Chatou, dans une salle de spectacle transformée en atelier, il peignait *Nos vainqueurs*, Detaille se sentait mordu par l'idée des grands tableaux avec des personnages grands comme nature.

Dans cette immense pièce, où il faisait cet hiver-là un froid sibérien, on avait, pour couper les courants d'air, procuré à Detaille un paravent dont chaque feuille avait au moins trois mètres de haut. Ces feuilles, toutes blanches, ennuyaient son œil : cette toile vierge tentait son pinceau. A grandes taches, un beau jour, il jeta sur l'une d'elles un Prussien pendu, de grandeur naturelle et, à ce premier essai, il ne se tint point. Il voulut tenter un portrait équestre, un portrait rare, celui du maréchal Canrobert, le héros d'Afrique et de Crimée, d'Italie et de Metz. La toile arriva et, tout en peignant *Nos vainqueurs*, Detaille ne la quittait point de l'œil. Il la mesurait en pensée, s'ingéniait aux moyens, se proposait des problèmes. Blanche, elle restait pourtant, avec quelques lignes légères d'un crayon net. Un beau matin, elle disparut, cette toile-rêve, mais Detaille n'avait point renoncé à faire grand et lorsqu'on vint lui parler d'exécuter en collaboration avec son ami, Alphonse de Neuville, les deux immenses panoramas de Champigny et de Rezonville, il accepta d'emblée.

Sont-ce bien — ou plutôt étaient-ce bien, car ils sont dépecés — des panoramas, ou n'étaient-ce pas plutôt des tableaux de cent mètres de façade, ces admirables compositions qui ont fourni chacune une trentaine de tableaux du premier ordre, de si excellents tableaux que tous les musées — entre autres, celui

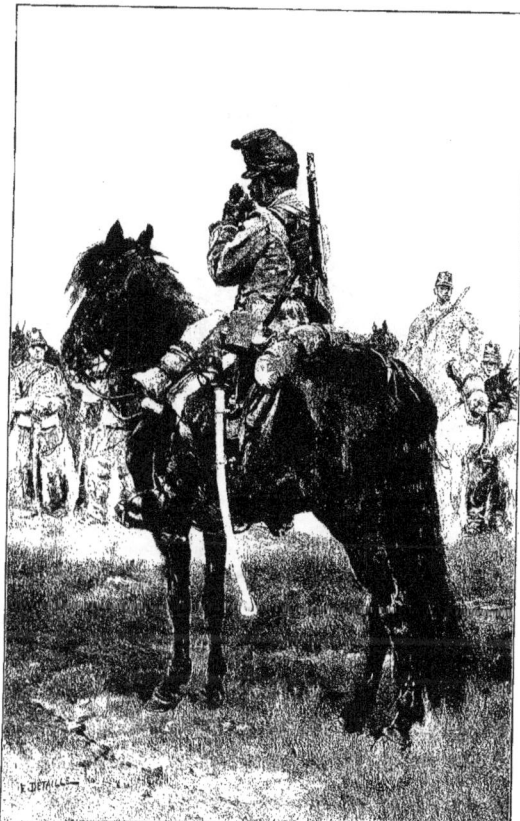

CHASSEUR A CHEVAL (1875)

de Versailles — se sont rués pour en emporter un lambeau? Très supérieurs comme peinture, comme disposition, comme agrément aux panoramas du colonel Langlois, ils ne donnaient aucunement pourtant l'impression que le panorama doit produire et qui résulte des combinaisons optiques et mathématiques que nul peintre de ce temps-ci ne s'est donné la peine d'étudier. Jamais il n'y a eu

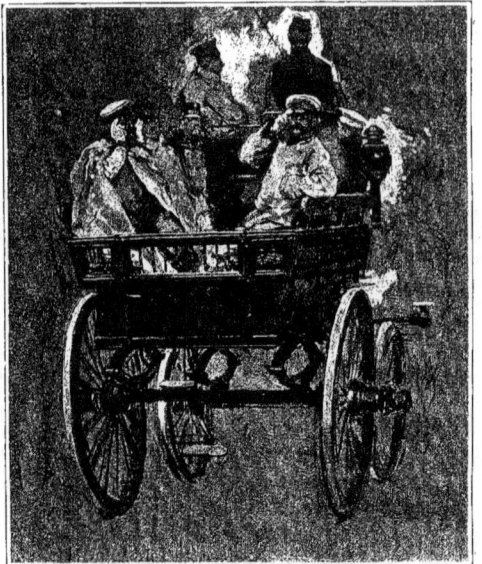

LE BREACK DES OFFICIERS ÉTRANGERS (1876).

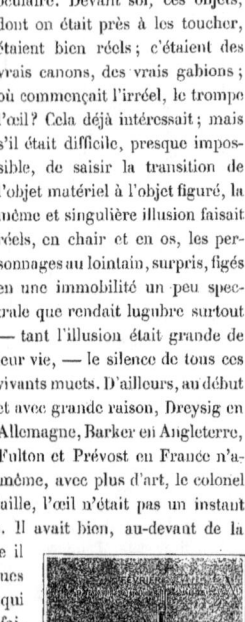

GRENADIER DE LA GARDE (1870).

GRENADIER DE LA GARDE (1870).

plus de panoramas qu'à présent; est-ce pour cela qu'il n'y en a plus un seul? Avec les panoramas d'autrefois, on avait un spectacle, une surprise des sens, un amusement oculaire. Devant soi, ces objets, dont on était près à les toucher, étaient bien réels; c'étaient des vrais canons, des vrais gabions; où commençait l'irréel, le trompe l'œil? Cela déjà intéressait; mais s'il était difficile, presque impossible, de saisir la transition de l'objet matériel à l'objet figuré, la même et singulière illusion faisait réels, en chair et en os, les personnages au lointain, surpris, figés en une immobilité un peu spectrale que rendait lugubre surtout — tant l'illusion était grande de leur vie, — le silence de tous ces vivants muets. D'ailleurs, au début et avec grande raison, Dreysig en Allemagne, Barker en Angleterre, Fulton et Prévost en France n'abusaient point, n'usaient même presque pas des personnages. De même, avec plus d'art, le colonel Langlois. Dans les panoramas de Detaille, l'œil n'était pas un instant trompé et nul doute n'était possible. Il avait bien, au-devant de la toile, remué de la terre, sur laquelle il avait çà et là disposé quelques casques et quelques fusils, mais ces débris, qui n'étaient ni continués ni justifiés, faisaient mieux sentir encore qu'on était en face d'une œuvre d'art et non d'une réalité.

Ces réserves faites, rien à critiquer dans les tableaux qui affirment d'une façon définitive la théorie du peintre : si, en quelque partie, Neuville a sacrifié à sa fougue native et voulu montrer des corps-à-corps, Detaille s'est tenu strictement à représenter le spectacle que, à une heure donnée, il aurait pu voir sur le champ de bataille de Champigny ou sur celui de Rézonville. Des paquets

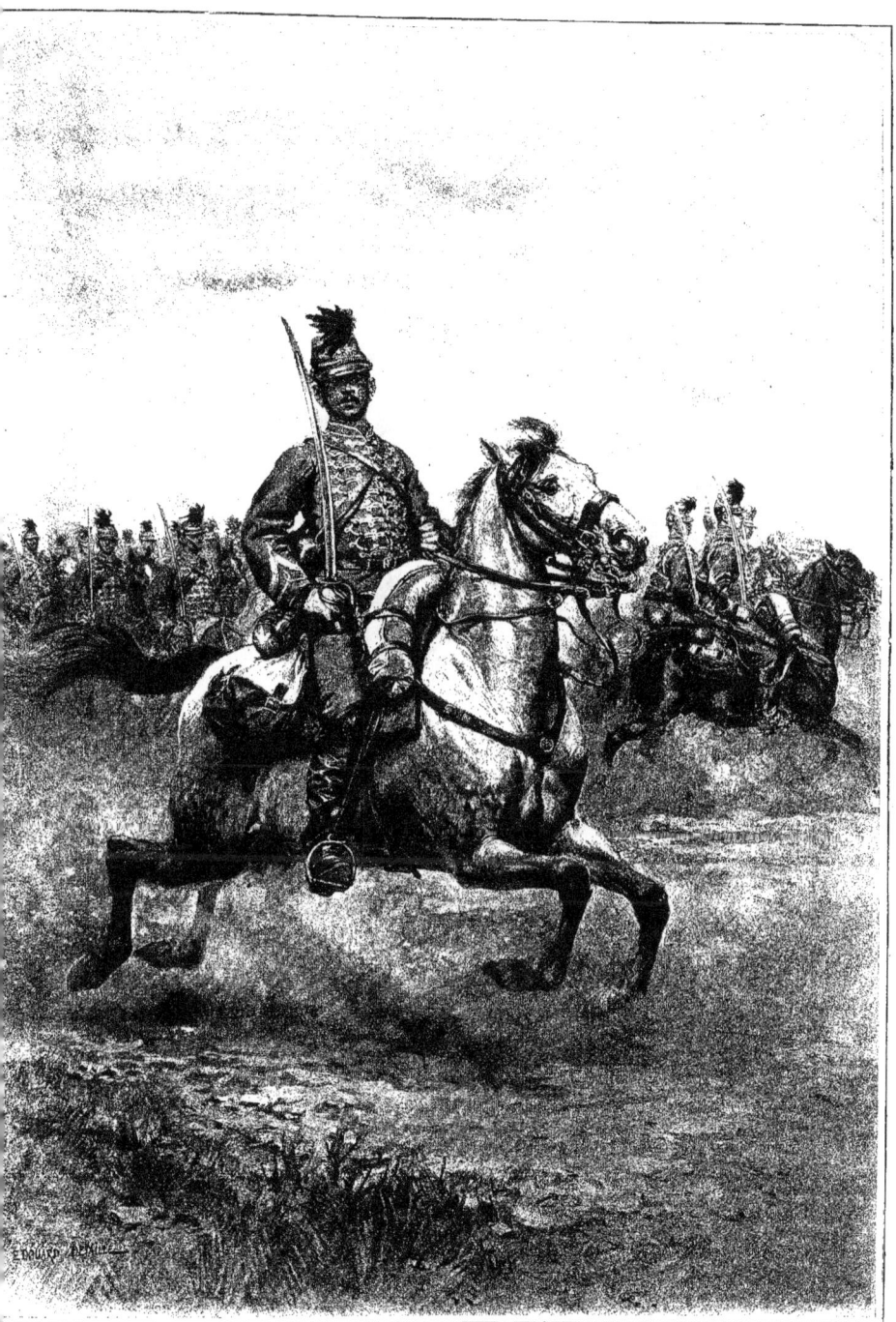

CHASSEUR A CHEVAL — GRANDES MANŒUVRES (1876)

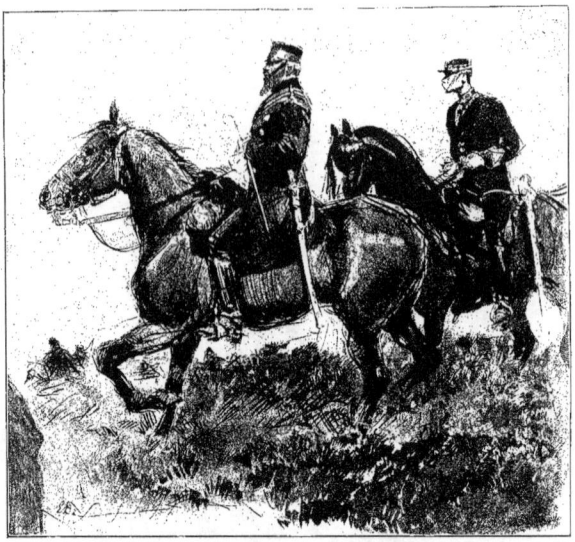

OFFICIERS ANGLAIS (1876)

d'hommes blessés quittant le combat, des troupes masquées par des murs ou des maisons attendant le moment de l'action, des généraux parcourant avec leur escorte le terrain occupé par leur corps d'armée, des brigades en réserve ou se préparant à charger, des canons en batterie : quoi encore? Des régiments en marche rejoignant leur position. Car, qu'on le remarque, le peintre de sujets militaires contemporains est tenu à une exactitude rigoureuse sous peine d'encourir les critiques et les objurgations de tous les témoins du fait qu'il a représenté, de tous ceux qui avaient un frère, un cousin, un ami, un camarade présent à la bataille. Il n'a même pas le droit, comme on s'y plaisait jadis, de synthétiser le combat, de lancer en même temps sur deux points de sa toile, les charges qui en réalité ont été successives. Il faut qu'il soit précis à la seconde et que, comme dans ces aquarelles de Siméon Fort, qui sont au Musée de Versailles, il donne de son tableau l'heure et la minute.

A cela, Detaille, avec cette conscience méticuleuse qu'il porte à tout ce qu'il fait, a excellé. Il a longuement et patiemment relevé les aspects du champ de bataille, il a étudié toutes les relations ; il a consulté les témoins les plus compétents. A chacun, il a posé cette question nette : Où étiez-vous, que faisiez-vous à telle heure? et, ainsi, il a composé son tableau en cherchant d'abord qu'il fût vrai, quitte à ce qu'il fût moins pittoresque. C'est de cette façon qu'il est parvenu à donner de la guerre moderne une idée qui n'est point seulement une formule picturale, mais qui est aussi une formule historique et philosophique.

Quand on a fait des tableaux d'une centaine de

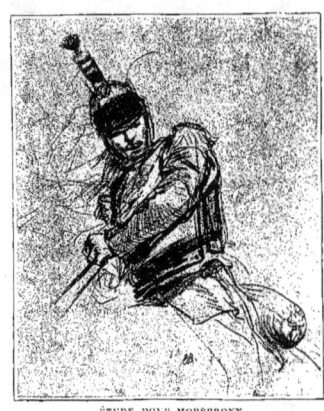

ÉTUDE POUR MORSBRONN

mètres de long, un tableau dans les dix à douze mètres est un jeu d'enfants ; mais quoi? il n'y aura plus là l'échafaudage où le spectateur est monté, l'éclairage particulier, les conditions spéciales de vision? Tant mieux! les tableaux de Detaille n'ont rien à gagner à l'éclairage en diorama et aux mystérieux passages à travers les corridors obscurs. Le charlatanisme n'est point de mise avec lui. Il l'a bien su prouver avec *le Rêve*, cet admirable tableau qui, dès qu'il a paru, a soulevé en France un patriotique enthousiasme, qui a fait battre tous les cœurs à l'unisson de celui du peintre et qui, mieux que tous les discours et tous les poèmes, symbolise en un clin d'œil, avec une éloquence que nul orateur n'atteindra, avec une poésie que la rime ne saurait rencontrer, avec une justesse que le mot écrit ne donnera jamais, les aspirations, les souvenirs, les devoirs, les résolutions de l'armée.

Cela pourtant est très simple. Sur une plaine très vaste, à perte de vue, des soldats en tenue de campagne dorment près des faisceaux formés. Sur deux de ces faisceaux, qui

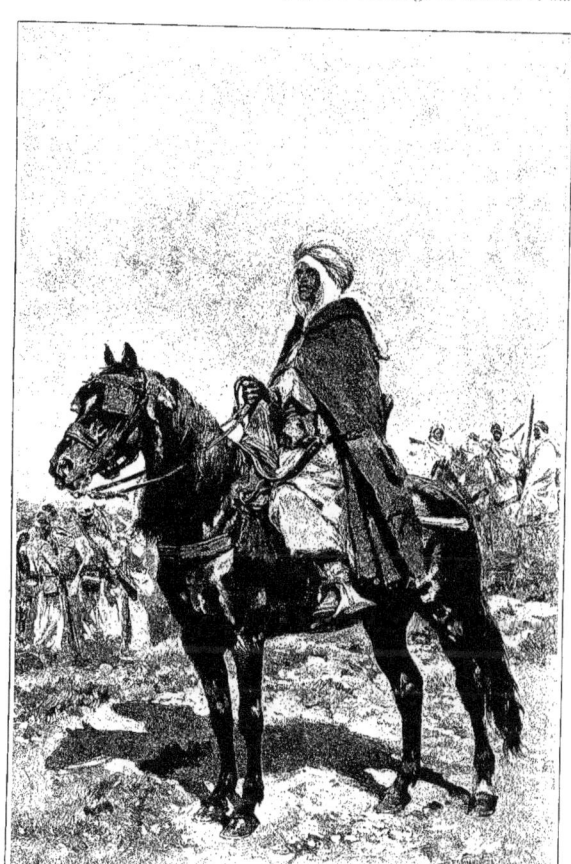

CAVALIER DES GOUMS — CAMPAGNE DE TUNISIE

forment chevalet, est posé le drapeau du régiment, dans sa gaine de toile cirée noire. L'étape a été longue et, fatigués, dans toutes les attitudes que commande le sommeil, ces soldats dorment.

L'armée s'est rejointe, toute une armée, comme l'attestent ces lignes, à l'horizon, de baïonnettes brillantes. Dans le ciel, comme un prélude au crépuscule prochain, une lueur apparaît projetée de

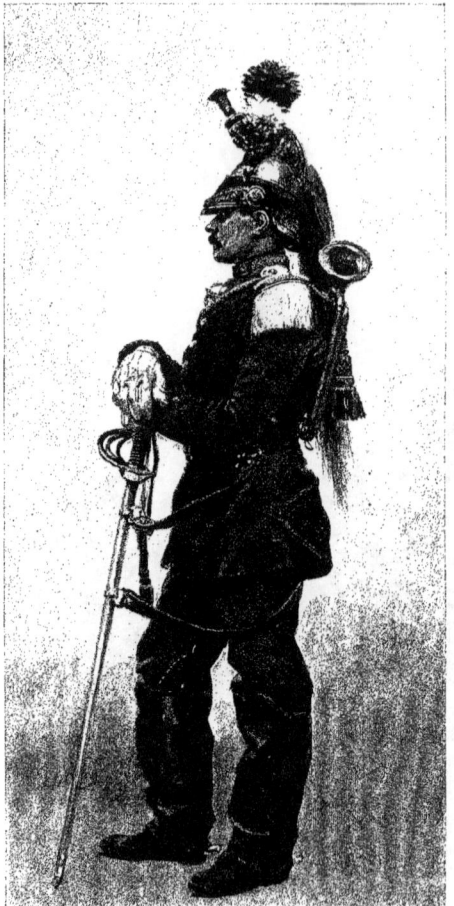

TROMPETTE DE DRAGONS (1870)

l'orient encore obscurci et chargé de nuages. C'est un passage de lumière sur les nuées et, sur cette lumière, portant les vieux drapeaux, loques glorieuses de la France d'autrefois, les soldats de tous les temps, ceux de Fontenoy et de Jemmapes, ceux d'Austerlitz et de Montmirail, ceux d'Alger et de l'Isly, ceux de l'Alma et de Solférino, courent au pas de charge montrant la route à ce drapeau non déployé encore et qui va recevoir son baptême *(voir pages 50-51)*.

Après *le Rêve*, est venu ce tableau exposé au Salon de 1890, ce colonel d'artillerie de la Garde qu'on peut comparer sans crainte aux œuvres les plus célèbres du passé et qui l'emporte sur elles par la fermeté, l'exactitude, la valeur des fonds, une composition d'une justesse savante et qui n'enlève rien à la fougue avec laquelle tous les morceaux sont enlevés *(voir page 47)*.

Ce tableau vient encore à l'appui de la théorie qui doit être chère à Detaille. Pour mettre en action une masse d'hommes et de chevaux dans un épisode moderne qui ne fût point une charge de cavalerie, Detaille a pris des artilleurs et l'attitude qu'il a donnée à leur chef est non celle du combat, mais celle du commandement. Il a su condenser dans la représentation très vive, très mouvementée d'une mise en batterie, tout ce qui aux heures du combat passe de l'âme du chef dans le cœur des soldats et ce bras levé, ce bras qui d'un geste commande aux lourds canons emplissant l'horizon et qui leur va faire cracher la mort, c'est le symbole le plus éloquent de la guerre moderne.

En même temps, ce tableau, par les uniformes que Detaille a choisis, marque une date dans

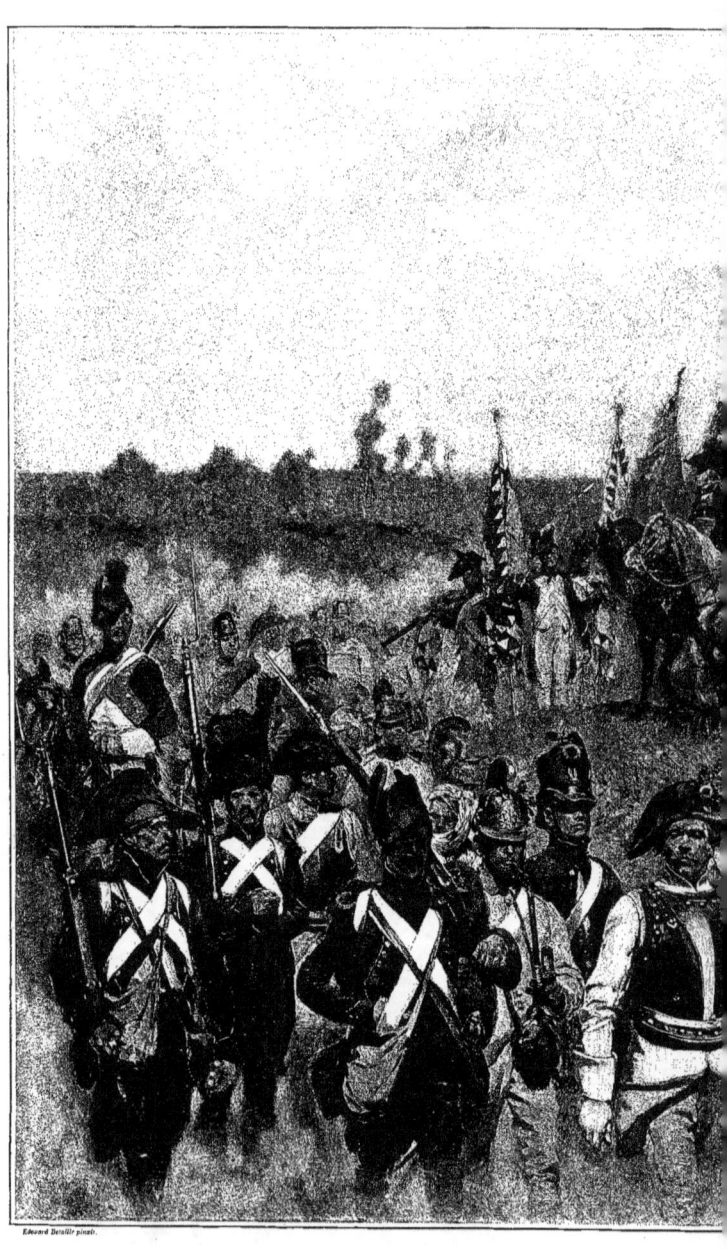
Edouard Detaille pinxit.

BONA

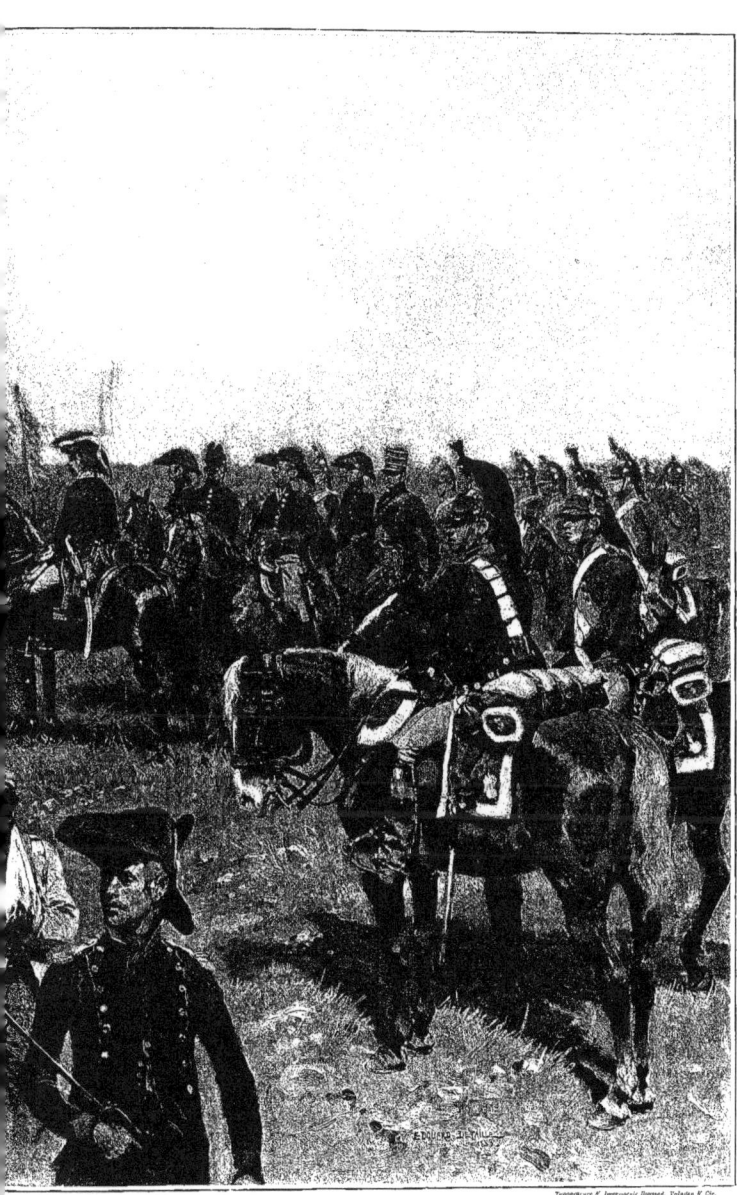

l'histoire de la guerre. Ce n'est pas pour rien qu'il a pris pour modèle cet admirable régiment de l'artillerie de la Garde qui mieux que tous autres, en sa grande tenue, évoquait la plus admirable formule qu'on ait trouvée pour le costume des soldats. Sans doute, dans l'habillement de la Garde impériale du second Empire, bien des fautes singulières ont été commises et nos neveux s'étonneront comme nous en sommes étonnés nous-mêmes, que Napoléon III, rétablissant la glorieuse tradition de la Garde, n'ait pas, au moins pour les couleurs et les formes générales des uniformes,

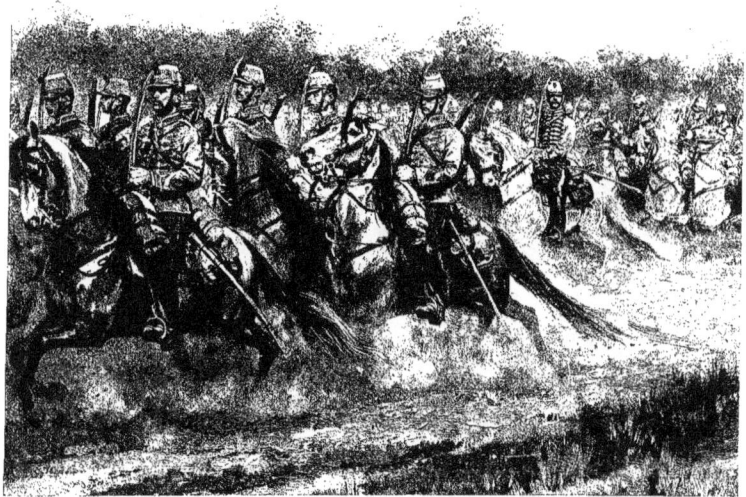

DÉFILÉ DE CHASSEURS (1876)

cherché à rappeler les ancêtres illustres des corps qu'il recréait. Quoi! les chasseurs à pied de la Garde nouvelle sont vêtus à la façon des chasseurs d'Orléans et non comme étaient les admirables chasseurs à pied de la Vieille Garde, presque semblables aux grenadiers! On crée des zouaves et l'on passe sous silence les marins dont pourtant la tradition, comme soldats de terre, était bien digne d'être rétablie. Si l'on voulait des turbans, pourquoi ne pas renouveler les mamelucks dont les états de services ont assez marqué pour qu'on s'en souvienne? Et les grenadiers à cheval, qu'ont-ils donc fait pour être oubliés? Il est vrai qu'on a établi des cent-gardes, qui sont des gardes du corps démocratisés, alors que Napoléon Ier n'en a jamais formé; que l'on a quatre régiments de voltigeurs et deux régiments de cuirassiers quand il n'y en avait pas dans la Vieille Garde; que l'on a conservé le régiment des guides à côté du régiment de chasseurs à cheval, sans se douter que l'un faisait double emploi avec l'autre et qu'il eût été conforme à la tradition d'avoir simplement, comme à la formation de 1813, deux régiments de chasseurs. A regarder certains détails d'uniformes, à reprendre certaines particularités d'organisation, on serait parfois tenté de penser que ceux qui ont réglementé l'établissement de la Garde impériale du second Empire ont été bien plus guidés par les souvenirs de la Restauration que par ceux de Napoléon Ier. Cela, au fond, n'aurait rien d'étonnant, lorsqu'on se prend à se souvenir que l'un de ceux auxquels furent attribuées les plus hautes situations militaires, qui deux fois fut ministre de la guerre, qui obtint le gouvernement général de l'Algérie, qui reçut le bâton de maréchal de France des mains de Napoléon III, M. Randon, était celui-là même qui seul, de tous les officiers de l'armée française, au Pont de la Mure, le 7 mars 1815, commanda le feu sur Napoléon 1er !

L'artillerie de la Garde ne retrouva pas plus que les autres corps le glorieux uniforme qu'avaient

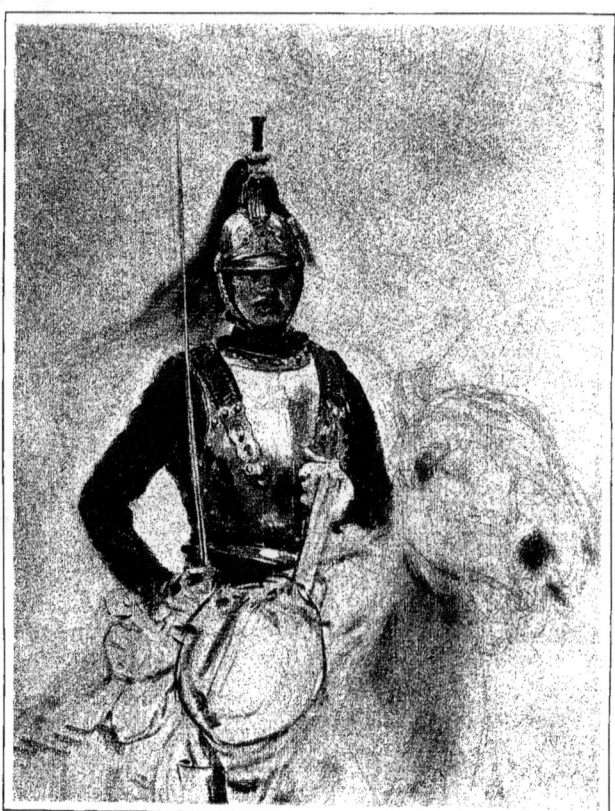

CUIRASSIER DE LA GARDE (1870)

illustré les Drouot, les Lariboisière, les Couin, les Doguereau, les Boulart, les Marin, les Dulauloy, les Lallemand, mais pourtant celui qu'on lui imposa se rapprochait un peu plus de l'ancienne tenue, grâce à ce fait que la manie du changement n'a point encore osé s'attaquer aux toutes puissantes influences de ce qu'on appelait jadis *le corps royal*. On avait comme à dessein étriqué le bonnet à poil ; on avait surchargé d'or la grande tenue des officiers, mais au moins l'ensemble était si merveilleusement beau que l'on pardonnait presque que la nouvelle tenue ne fût point identique à l'ancienne. Plus beau peut-être en sa simplicité sévère que l'uniforme de parade, combiné à souhait pour faire valoir la beauté masculine en ce qu'elle a de plus mâle, dégageant la sveltesse de la taille et gardant assez des coupes anciennes pour y faire au moins songer, l'uniforme plus simple de combat évoque à soi seul un temps déjà lointain et que la génération actuelle n'a point connu, une armée dont il semble qu'on dédaigne volontairement les grandes actions et les admirables vertus et qui, si l'on n'y prend garde, n'aura jamais d'historien. Detaille, dans son *Repos au camp de Saint-Maur* et dans son admirable *Rezonville*, avait merveilleusement peint les grenadiers. On sait quelques aquarelles où il a d'une façon charmante raconté les voltigeurs, mais rien n'égale cet admirable canonnier qui, à soi seul, dit tout, enferme tout et explique tout.

Ce tableau sera à la place qu'il lui faut à l'École des enfants de troupe fondée à La Boissière par le commandant Hériot. Il y enseignera la discipline qui est la vertu des armées, il y honorera le souvenir de ceux qui sont morts en braves pour la défense de la Patrie, il y ordonnera par l'exemple, la valeur intrépide et calme qui rend profitables à la Nation les extrêmes sacrifices.

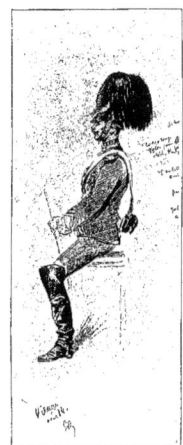

OFFICIER AUTRICHIEN

Pour expliquer la genèse des derniers tableaux que le peintre a produits, il faut remonter un peu plus haut dans sa carrière. Il avait pu être tenté par la pensée de peindre les armées étrangères actuelles après avoir peint l'armée française et l'armée allemande. Mais, malgré les excursions qu'il a faites sur ce terrain si nouveau et où Horace Vernet seul l'avait précédé, Detaille était trop profondément imbu de patriotisme pour que ces études, quelque agréables et vraies qu'elles soient, décidassent de la voie qu'il semble devoir suivre désormais et où l'attendent non point seulement la faveur populaire, mais l'enthousiasme des artistes et le salut reconnaissant d'une nation qui se souvient enfin que ses pères furent des victorieux et qui, relevant le front, veut voir de ses yeux comment étaient faits ceux dont elle descend et dont elle se réclame. A la fin, la France a compris que nulle épopée ne vaudra pour elle son histoire. Lorsque, dans cette histoire, en un seul siècle, elle trouve, faisant cortège au plus grand général de tous les temps, des héros en telle masse que, pour inscrire seulement les noms des chefs, la place manque sur les arcs de triomphe colossaux, elle peut se confier en son génie et en sa force et regarder sans crainte un avenir dont est garant son passé. Mieux que tous les orateurs, Detaille a contribué à ce grand et généreux mouvement par l'illustration de l'*Armée française*.

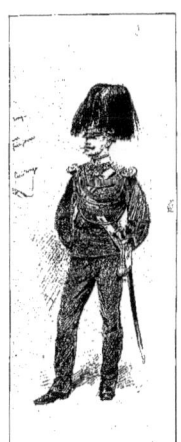

OFFICIER AUTRICHIEN

Depuis longtemps, il était hanté par la pensée qu'on avait assez vu les défaites et qu'il était grand temps de tourner la face vers les victoires. Deux fois, dans son *Bonaparte en Égypte* et son *Bonaparte en Italie*, il avait voulu remonter le courant et imposer le spectacle des triomphes anciens. Le *Bonaparte en Égypte* manquait peut-être un peu de sincérité historique. Si le peintre avait fait un vif effort pour grouper autour de la figure du héros la plupart de ceux qui avaient été ses compagnons dans la grande aventure, s'il avait reconstitué avec un art extrême les uniformes de la glorieuse armée d'Egypte, il était difficile de dire en quel lieu, après quel fait d'armes il plaçait la scène qu'il représentait. Sans doute, la ligne de collines qu'on aperçoit à l'horizon est le Mokhatan, mais ce n'est point là le terrain de la bataille des Pyramides : ce n'est point davantage celui de la bataille d'Aboukir. Le paysage ne sent point la nature et les personnages orientaux sont un peu de convention. Le talent dépensé, nul ne saurait le discuter, mais la conviction manque un peu et le peintre n'est pas encore dans « l'Esprit de la Chose ». Il s'y était déjà mis davantage dans ce *Bonaparte en Italie (voir pages 70-71)*, qui était un excellent et rare tableau, avec, au premier plan, le défilé des prisonniers autrichiens, plus loin l'escorte de dragons, l'état-major et, se détachant sur le fond jaune des drapeaux pris, la silhouette admirablement étudiée de Bonaparte; mais si, alors, on avait rendu pleine justice au mérite de la peinture, on n'avait point, comme il fallait, compris ce que le peintre avait voulu dire. L'heure, paraît-il, n'était pas venue ; l'*Armée Française* l'a avancée.

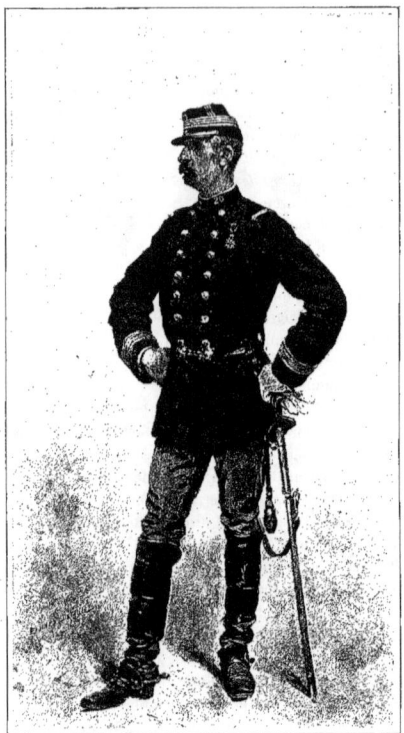

COMMANDANT D'INFANTERIE (1870)

Là, dans trois cents aquarelles, tableaux, dessins, Detaille a présenté le soldat français depuis cent ans — de 1789 à 1889 — tel que ses contemporains l'ont vu, sur tous les champs de bataille qu'il a parcourus, dans toutes les casernes qu'il a habitées, au milieu de tous les bourgeois qu'il a fréquentés ; il a montré non pas un type de soldat de chaque période, mais quiconque, à chaque époque, a appartenu à l'armée et revêtu dans cette armée un uniforme, fantassin ou cavalier, artilleur ou gendarme, ingénieur ou chirurgien, intendant ou général : c'est de l'histoire peinte, de l'histoire où il n'y a pas une erreur à relever, point une bévue à signaler, de l'histoire où il n'y a point seulement une science incomparable, une précision sans pareille, une abondance documentaire qui fait rêver, mais où il y a en même temps une connaissance morale de l'homme physique qui place Detaille très haut parmi les penseurs.

L'entreprise était sans précédents : si l'on prend les ouvrages publiés antérieurement sur un sujet analogue, on rencontre à coup sûr le livre estimable de MM. de Marbot et Dunoyer de Noirmont, qui prétend donner les costumes militaires français de 1439 à 1789 ; mais, si la restitution est pour

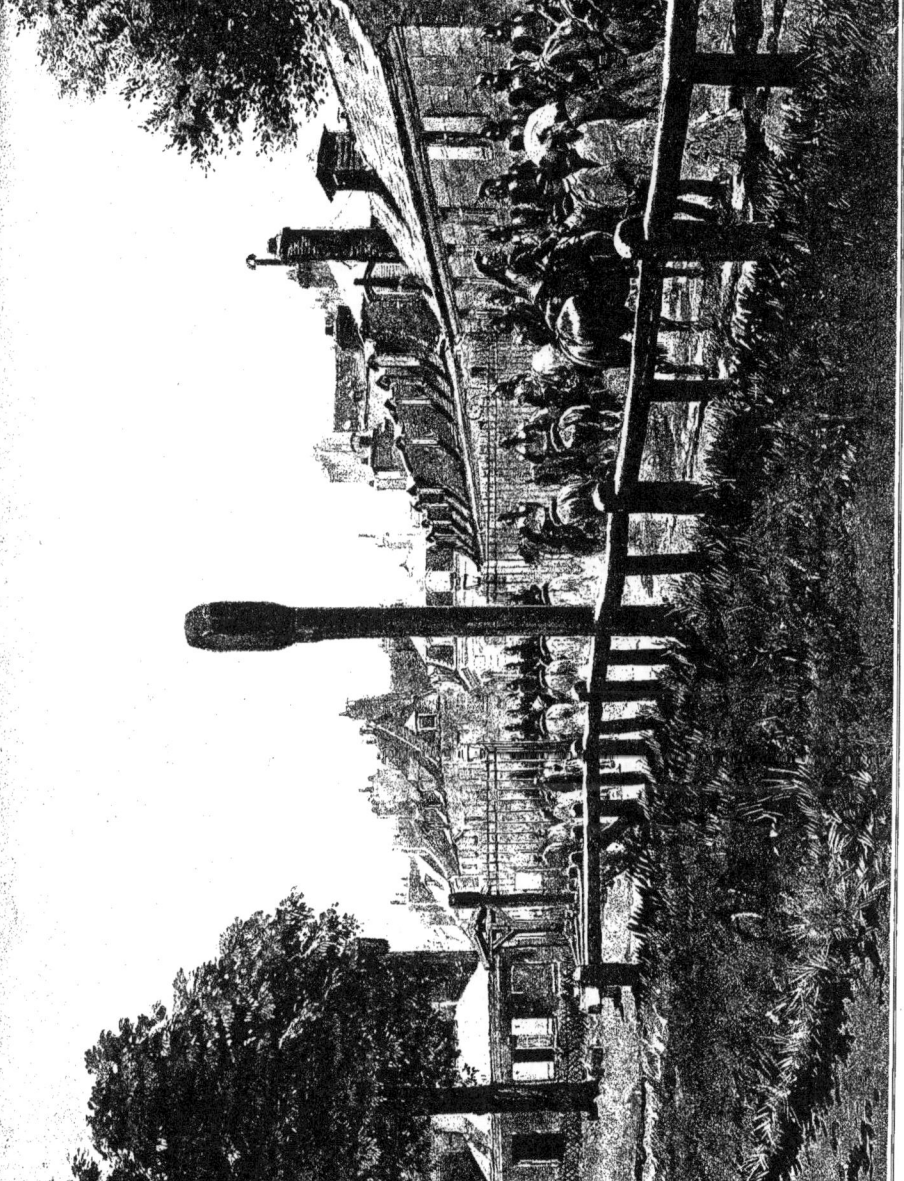

DÉPART POUR LES GRANDES MANŒUVRES (1876)

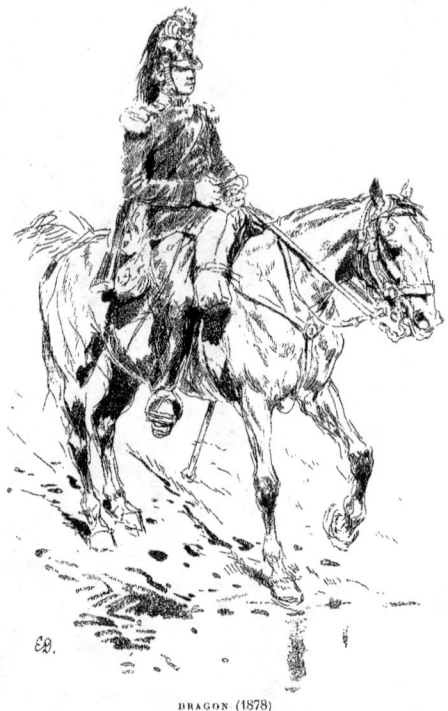

DRAGON (1878)

l'ordinaire assez exacte, au moins en ce qui touche la période moderne, le côté artistique fait entièrement défaut. Les documents, absents pour les premiers siècles, ont été remplacés par des imaginations qui sont à peu près identiques à celles de cette grotesque Galerie des Costumes de guerre au Musée d'Artillerie de Paris, et, quant aux procédés de reproduction, il vaut mieux n'en pas parler : cela est inférieur à une bonne image d'Épinal et semble de ces lithographies dont les marchands de dragées de jadis couvraient les boîtes de baptême. Plus naïves encore et moins étudiées sont les gravures destinées à accompagner l'*Histoire de l'infanterie* du général Suzane. Enfin, si les planches d'Aubry, dans les deux volumes du général Ambert, ont quelque mérite, s'il faut regretter que Raffet n'ait point poursuivi la série qu'il avait brillamment commencée avec Léon Coigniet et qui s'arrête brusquement à la dix-huitième planche, s'il faut mentionner les collections d'uniformes de Charlet, de Pugnet, de Victor-Adam, de Bellangé, d'Armand-Dumaresq et de Janet-Lange et donner un souvenir à l'ouvrage de M. de Moltzheim sur l'artillerie, on n'en est pas moins obligé de constater que le seul ouvrage à peu près complet qu'on eût sur l'armée de 1791 à 1824, était celui de Lami et des Vernet. Encore c'étaient là des uniformes, des costumes, des types isolés, ce n'était point l'armée même.

Tout autre était le projet de Detaille : abandonnant résolument l'armée d'avant 1789, sur laquelle les informations sont le plus souvent trop flottantes pour qu'il soit possible de leur donner un corps graphique, réservant à l'armée actuelle les grandes planches hors texte en couleurs où, alternativement, il présentait les types principaux des divers corps et les épisodes de la vie de garnison et de la vie d'instruction, il consacrait tous les dessins dans le texte à montrer en une suite de scènes caractéristiques de leurs plus glorieux faits d'armes, les soldats de l'armée française depuis cent ans. De l'habileté de ces dessins, de leur agrément artistique, de leur composition, toujours variée et toujours amusante sans recherche d'esprit inutile, de la précision étrange avec laquelle Detaille a su donner, à chacun de ces soldats de chaque époque, le type, l'allure, les habitudes de corps qu'ils avaient réellement, on pourrait disserter pendant des pages, mais ce n'en est point là surtout le côté à signaler. De cette suite de dessins-chefs-d'œuvre, se dégage une incomparable histoire qu'on ne peut regarder sans orgueil : ce sont les Français qui ont fait cela, qui ont été cela, et de

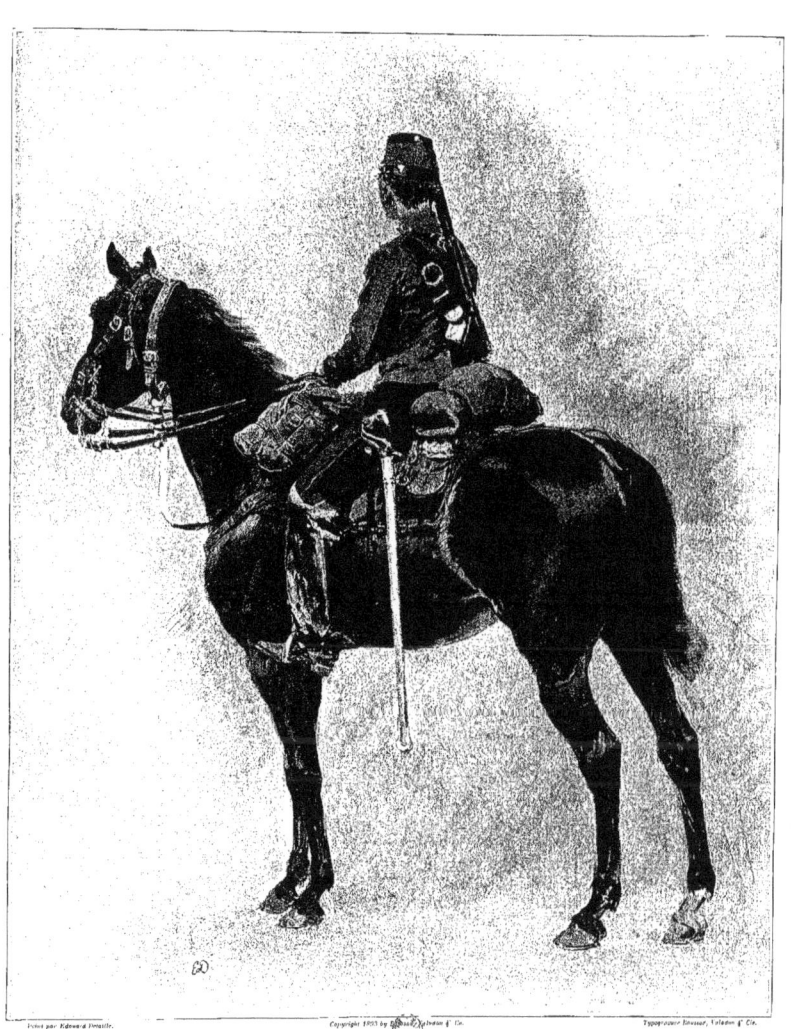

CHASSEUR A CHEVAL.

Valmy à Tuyen-Quan, depuis le jour radieux où Kellermann, son chapeau à la pointe du sabre, entonna la *Marseillaise* sous les volées de boulets prussiens, c'est à travers le monde une telle succession d'actions héroïques, d'audaces incomparables, de triomphes sans pareils, que, dans cette merveilleuse épopée, les récits douloureux de l'Année terrible n'apparaissent plus que ce qu'ils sont en réalité : un passager obscurcissement — non de l'honneur, car il fut sauf — mais de la fortune.

Nul comme Detaille n'a développé ces idées qu'il importait d'enter sur la génération nouvelle. Les écrire n'eût servi de rien, on eût crié au parti-pris; mais si, prenant comme il a fait, chacun des corps dont est composée l'armée depuis cent ans, correctement, froidement, avec une précision mathématique, on les montre en leurs actes et leur vie ; si, préoccupé uniquement, semble-t-il, de restituer leur uniforme, on restitue du même coup, et par des images qui s'imposent à toutes les mémoires, les scènes principales de leur existence collective sur les théâtres divers où ils les ont jouées, il se trouve qu'on n'a point fait là un de ces travaux de patience destinés aux amateurs de boutons de guêtres, mais une œuvre suggestive et puissante qui, par son homogénéité et sa variété tout ensemble, par son art exquis et son indiscutable authenticité, séduit à la fois les ignares et les savants, s'impose à tous les yeux, hante tous les cerveaux, s'enfonce dans tous les esprits et contraint les plus rebelles à tirer des conclusions identiques.

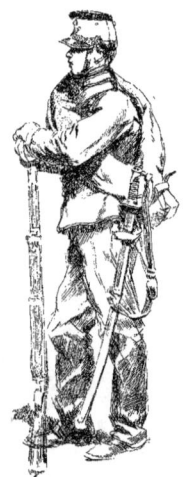

CHASSEUR

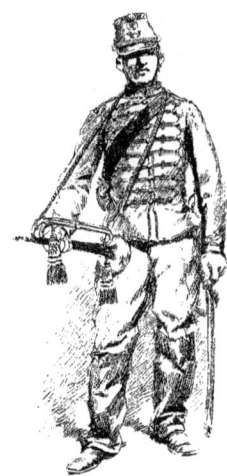

TROMPETTE DE CHASSEURS

Que cela, tout cela, fût en germe en la pensée de Detaille, il ne faudrait point l'affirmer ; mais on peut attester que le but est atteint et ce grand mouvement qui tourne aujourd'hui tous les historiens et tous les peintres vers l'époque impériale, l'immense faveur avec laquelle le public accueille leurs œuvres, cette reprise et ce relèvement de la France par le spectacle de sa gloire ancienne, c'est Detaille qui, consciemment ou non, en a été, avec son maître Meissonier, l'un des initiateurs. C'est de lui que dérive toute cette jeune école de dessinateurs qui, d'abord pour s'amuser et par pur divertissement, puis empoignés eux aussi et d'histrions passés apôtres, ont eu l'honneur, paraît-il, de faire comprendre à quelques-uns de l'Académie française, que Napoléon avait existé et qu'il n'était plus de mode, ni même de prudence, d'insulter sa mère parce qu'elle l'avait porté. Rien n'est médiocre en cette matière : les ombres chinoises ont fait plus de prosélytes dans la jeunesse que tous les discours et que bien des gros livres ; la caricature même, exagérant le caractère des êtres, mais respectueuse malgré tout de la figure napoléonienne, n'a point nui et, jusque dans ces ombres et ces caricatures, il est impossible de méconnaître l'influence directe de Detaille. Il a fait mieux.

En 1889, à l'Exposition universelle, on a vu la foule se ruer, six mois durant, dans ce palais du Ministère de la Guerre qui semblait consacré à l'Empereur, où tout était plein de lui, où tout évoquait sa pensée, où ses lieutenants n'empruntaient quelque reflet qu'à sa lumière. Dès l'entrée, une sorte de recueillement sacré saisissait les plus excités, les plus bavards, les plus violemment brutaux et, de cette multitude sans cesse renouvelée, roulant attentive le long des murs, s'élevait constamment ce nom, murmuré par toutes les bouches, emplissant l'espace de

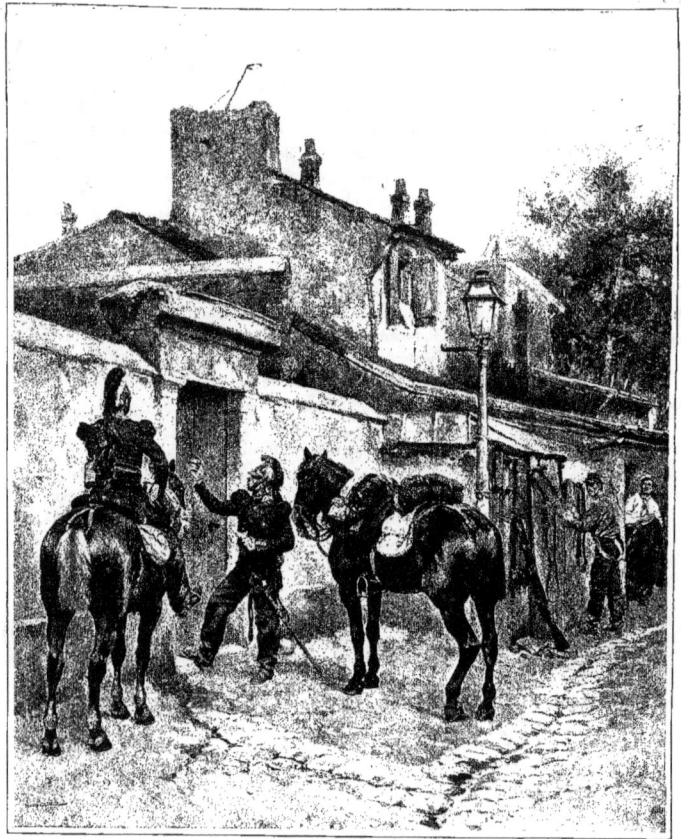

LE BILLET DE LOGEMENT

ses syllabes mystérieuses et presque divines. Ils allaient, regardant de tous leurs yeux, jetant au profond d'eux-mêmes ces visions inexpliquées qui venaient, dans leurs âmes troubles, éveiller des traditions endormies. Et, de cet étrange et miraculeux contact avec Celui qui incarna l'Honneur, la Patrie et la Gloire, ces hommes venus de tous les points du monde, attirés la plupart par la curiosité basse et l'appétit des vulgaires plaisirs, ont rapporté chez eux une impression grandiose

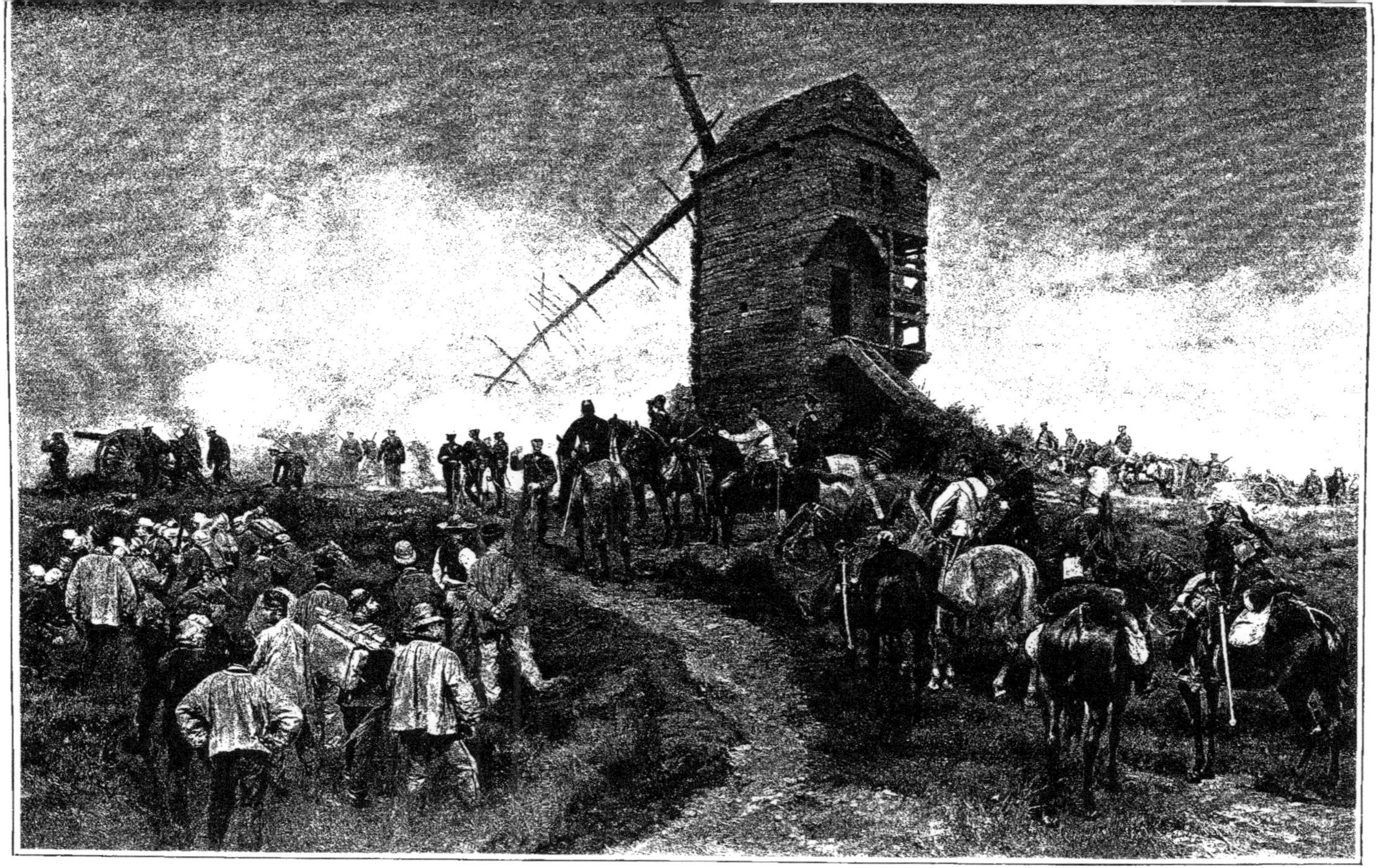

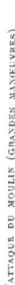

L'ATTAQUE DU MOULIN (GRANDES MANŒUVRES)

et superbe : cela seul est demeuré en leur mémoire, cela seul a germé dans leur pensée et, sans en avoir eu la conscience, ces pèlerins de ce qu'on nomme le Progrès ont eu, près du tombeau du Prophète, la subite révélation de ce que c'est qu'un Dieu.

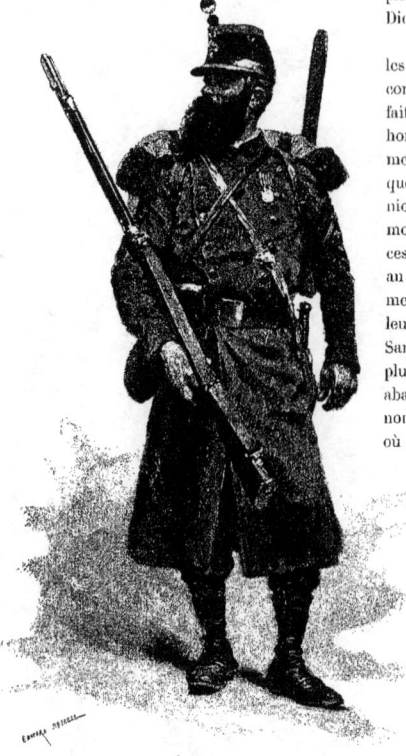

SAPEUR D'INFANTERIE DE LIGNE.

Qui a fait cela? Detaille. C'est lui qui, malgré les haines et les timidités coalisées a, dans cette commission de l'Exposition militaire, soutenu et fait prévaloir cette pensée qu'au plus grand homme de guerre de tous les temps, non seulement la place devait être largement donnée, mais que, seule, son ombre pouvait présider cette réunion d'ombres illustres. Ces reliques des généraux morts, ces bâtons de maréchaux, ces couronnes, ces croix qu'on tirait de l'ombre et qu'on mettait au jour, ces batailles qu'on glorifiait, ces uniformes qu'on reconstituait pièce à pièce, n'avaient leur signification et leur explication que par Lui. Sans Lui et sans son souvenir, ce palais n'était plus qu'une immense friperie militaire qu'il fallait abandonner aux mites qui rongent les draps sans nom. Et à demi convaincus, sans trop comprendre où on les menait, les commissaires officiels ont laissé faire. Et l'Empereur alors a tout occupé, tout envahi. Cette apothéose de 89 a été son apothéose. Le peuple, qui est simpliste, a dégagé tout naturellement l'idée devant laquelle eussent pris la fuite les subordonnés de M. de Freycinet qui présidaient à cette exposition. C'étaient Ses soldats, Ses batailles, Ses maréchaux qu'on proposait à l'admiration des multitudes : ce fut à Lui qu'alla cette admiration. Et grâce à Detaille, cette glorification du soldat de la Révolution fut, comme il est juste, parce qu'ainsi le veut l'histoire, la glorification de Celui qui incarne à la fois la Révolution et la Patrie, la France militaire et la grandeur nationale.

Dès lors, par une conséquence naturelle et simple, l'esprit du peintre, appliqué à ces idées, en ayant suivi le développement dans *l'Armée française*, en ayant obtenu la consécration populaire à l'Exposition militaire, était comme engrené dans l'histoire de la Révolution et de l'Empire : il ne faudra donc point s'étonner si, désormais, la plus grande partie de l'œuvre du maître qui, après avoir conquis par le suffrage de tous ses confrères la médaille d'honneur, est entré à l'Institut et a pris siège à l'Académie des Beaux-Arts, est consacrée désormais à l'expression de la vie militaire sous l'Empire. On a vu déjà de cette nouvelle période ces deux merveilleux petits tableaux intitulés l'un *Hussard en éclaireur* (voir page 18), l'autre *Officier de hussards, 3ᵉ régiment, compagnie d'élite* (voir page 58)

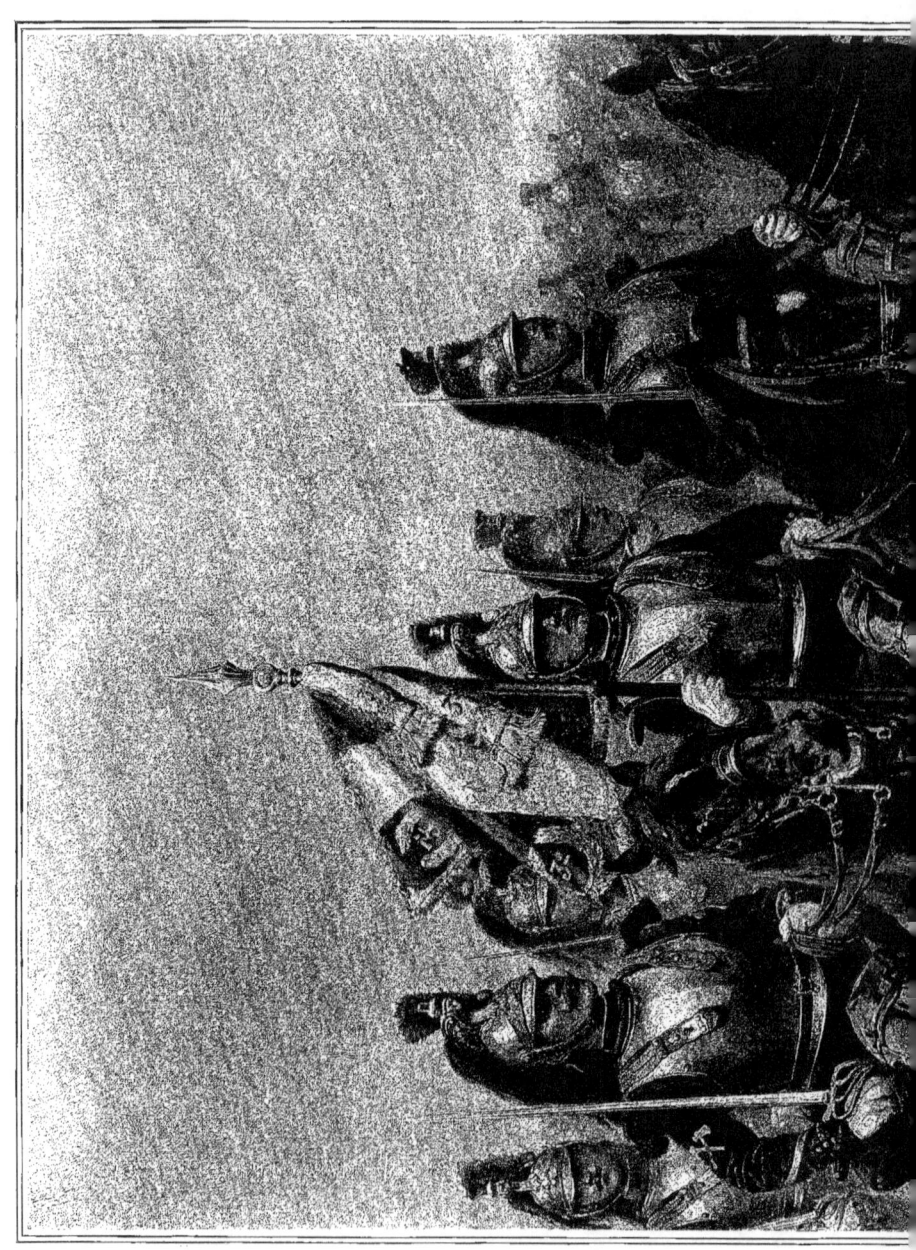

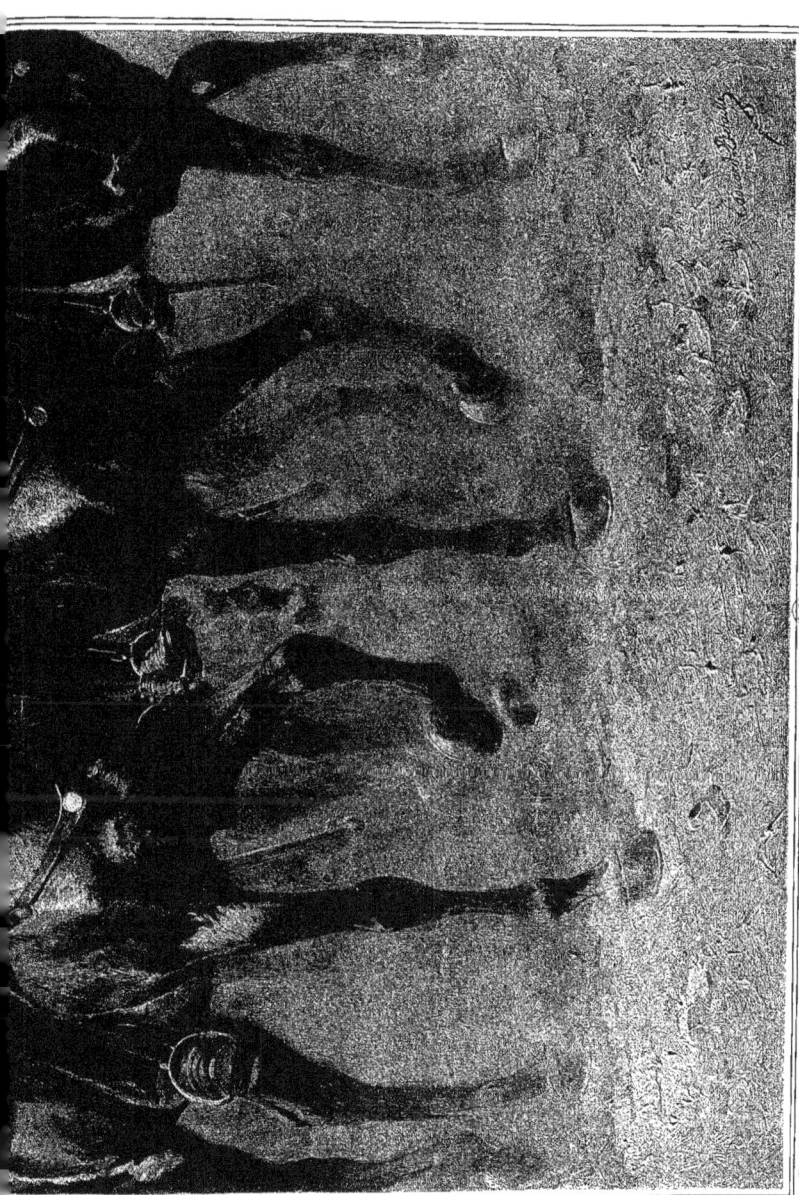

L'ÉTENDARD DU 3e CUIRASSIERS

et ces deux grandes toiles, la *Charge du 4ᵉ hussards,* qui est à présent au Musée de Sidney et la *Reddition de Huningue,* qui est au Musée du Luxembourg. On en verra bien d'autres.

La *Charge du 4ᵉ hussards* est sans contredit un des tableaux qui donnent le mieux la sensation de la guerre, qui symbolisent le plus philosophiquement une campagne. Son vrai titre, son premier titre, le seul qui convienne, c'est celui que le peintre lui avait donné : Vive l'Empereur !

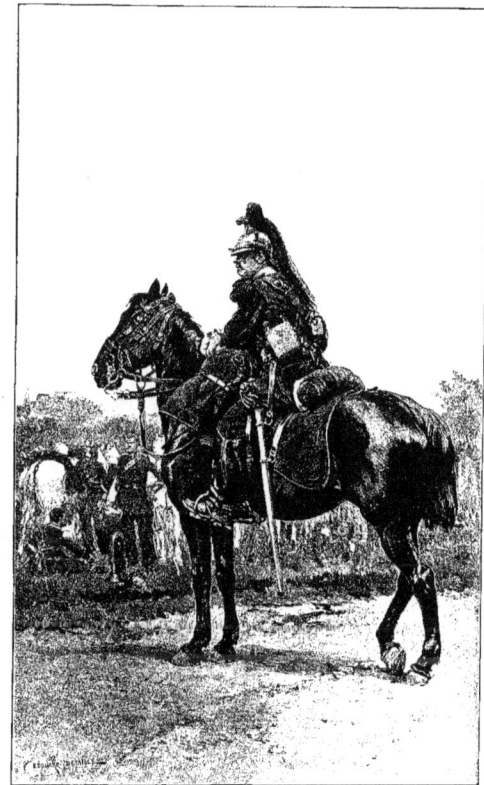

DRAGON (1880)

Les hussards sont à la charge. A l'horizon, sur un tertre que baignent les clartés d'un soleil rose, Napoléon entouré de son état-major. En poussant le galop décisif, non sur un commandement, comme cela se fait ailleurs, mais par un irrésistible mouvement de leur cœur, tous saluent d'une suprême acclamation Celui sous les yeux de qui ils veulent vaincre, en qui ils incarnent la Patrie, les droits nouveaux, la gloire acquise, la grandeur à venir, tout ce qui mérite qu'on vive, tout ce qui veut qu'on meure. A fond de train, ils vont, ils se précipitent, sachant pourtant, même dans l'élan suprême, modérer la course et garder du fond pour les poursuites futures. Au premier rang, à sa place de bataille, un chef d'escadrons en pelisse écarlate doublée de peau de martre. Les quatre galons en chevron brisé sur sa manche marquent son grade. Sa culotte de drap bleu impérial sur laquelle court aux coutures une ganse plate à nœuds hongrois, son shako de feutre noir doublé d'écarlate, bordé d'un galon de laine noire et garni d'une broderie d'or, son porte-manteau appuyé sur une schabraque de drap bleu, bordée du double galon d'or des officiers supérieurs, sa sabretache de cuir noir avec l'aigle impérial en cuivre, tout est conforme au règlement et désigne le 4ᵉ hussards. Sous cette pelisse écarlate, les officiers et les hommes ont, comme les soldats qui forment, à distance entière, le second échelon de la charge, le dolman bleu impérial à parements et retroussis écarlate, plus

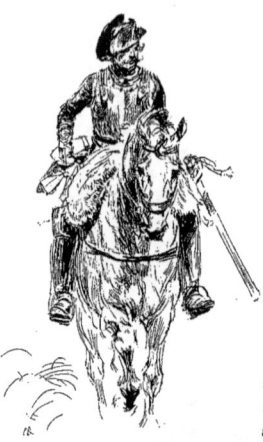

CUIRASSIER (1792)

court que la pelisse, et, sur le dolman, l'écharpe de laine cordonnée, de couleur cramoisie avec les boutons bleus. La selle et les équipages du commandant, façonnés à la hongroise, sont, à la mode qu'avaient adoptée certains régiments, ornées de bandes fines de cuir que couvrent des coquillages légers. Sur sa pelisse, le capitaine porte l'aigle d'or de la Légion d'honneur, depuis bien peu de temps surmonté de la couronne, car la couronne n'a été ajoutée qu'en avril 1806. Ses cheveux, comme ceux des hommes, sont retroussés en queue raccourcie ; les cheveux des faces noués à la hongroise, c'est-à-dire tressés très serrés et pour ne point trop voltiger passés au bout dans des balles de pistolet : cela était fort bien entendu pour amortir un coup de sabre.

Le choix du 4ᵉ hussards ne s'explique point seulement par l'agrément de son costume. Le 1ᵉʳ tout bleu céleste, le 2ᵉ brun marron, avec les parements garance et la culotte bleu céleste, le 3ᵉ gris argentin avec parements garance, pour ne prendre que les régiments d'ancienne formation, ont bien leur agrément et Detaille avait d'abord été tenté par l'uniforme du 3ᵉ, par l'idée de montrer des cavaliers gris argentin, montés sur des chevaux gris, éclairés comme à contre-jour par un ardent coucher de soleil avec des notes d'or rouge. C'était la première conception picturale, mais outre que les gris s'y mêlaient l'un à l'autre, l'historien qui est sous le peintre, devait être amené à préférer, comme le coloriste, le 4ᵉ hussards qui, bien que classé ainsi dans l'arme à cause de la date de sa création, n'en est pas moins l'ancien Colonel-Général formé en 1783 d'un escadron de chacun des régiments de Bercheny, de Chamborant et d'Esterhazy, organisé par Kellermann, alors lieutenant-colonel, et chargé de la garde de l'Etendard blanc aux armes du duc de Chartres, colonel général des hussards.

Si nouveau qu'il fût, ce régiment avait vaillamment gagné ses éperons à l'armée des Ardennes, à l'armée du Nord où, en 1794, son colonel Barbier fut tué d'un coup de canon, aux armées de Sambre-et-Meuse et du Rhin. Mais ce fut surtout dans la campagne de 1806, au 1ᵉʳ corps de la Grande Armée, qu'il se tailla sa légende. Sous les ordres du colonel Burthe, commandant de la Légion depuis le 25 décembre 1805, il emporte huit croix de légionnaire à la promotion du 18 avril 1807, onze à la promotion de la paix. Il est toujours en mouvement et en alerte et, mieux qu'autre, incarne le cavalier léger de la Grande-Armée dans cette guerre où il a l'honneur de frapper le premier coup de sabre, le 9 octobre, au combat de Schleitz et le dernier à la prise de Lubeck, le 6 novembre. Et cette guerre est la guerre du cavalier léger : après Auerstaedt et Iéna, le rôle principal lui appartient et ce rôle qu'il joue en perfection, au gré de l'auteur qui l'a écrit, montre en Napoléon, comme le soutenait dernièrement l'Empereur Guillaume II contre un général français, non pas seulement le plus grand capitaine,

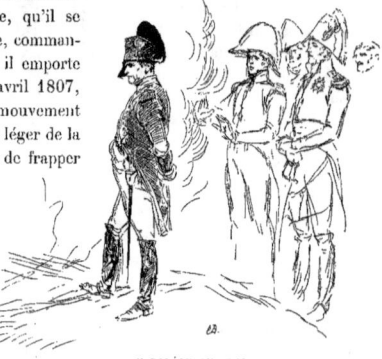

NAPOLÉON AU BIVOUAC

mais spécialement le plus étonnant général de cavalerie qui ait jamais existé.

C'est tout cela qu'il faut voir en ce tableau : non pas seulement l'admirable cheval gris que monte l'officier, un cheval d'armes digne d'un souverain et qui appartient au général Rothwiller, le plus brillant cavalier de l'armée actuelle; non pas seulement les expressions si martiales et si diverses des hussards, la justesse des mouvements des hommes et des chevaux, les clartés colorées du soleil se brisant sur la plaine, les lointains où court dans la poussière le second escadron, mais la synthèse historique et philosophique de cette guerre qui s'ouvre par le coup de pointe du maréchal des logis Guindey à travers le corps du prince Louis de Prusse et se termine par l'enlè-

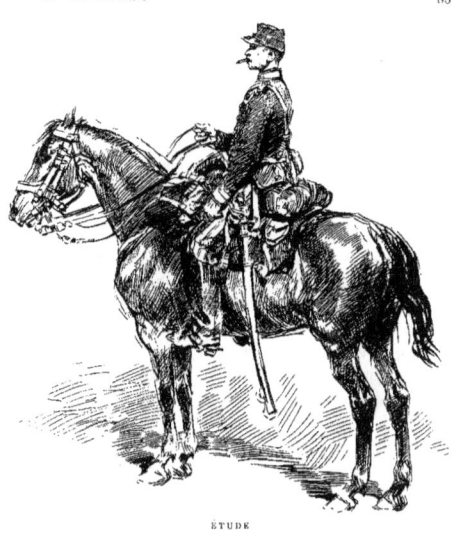

ÉTUDE

vement des dernières forteresses prussiennes par quelques escadrons de chasseurs et de hussards.

Le grand tableau : *La Reddition de Huningue*, a ce défaut d'être épisodique et non symbolique : étant donné que ce sont des personnages historiques qui paraissent en scène, la discussion peut s'engager sur l'action en elle-même, sur la présence ou l'absence de tels et tels, sur le nombre réel des défenseurs de la ville, sur le lieu où Barbanègre a reçu les honneurs de l'armée autrichienne, sur chacun des détails qui, ici, ne doivent plus être seulement pittoresques, mais qui doivent être conformes exactement à la documentation. Il est certain que le peintre, quoique sachant à merveille les choses, a pris des libertés qui permettront, accréditeront certaines erreurs. Barbanègre, auquel immédiatement on a imaginé d'élever une statue, ne semble pas, si l'on va au fond des choses, avoir joué un rôle si brillant et si pur qu'il ne puisse être contesté ; nulle relation ne dit qu'il ait été blessé pendant le siège et le mouchoir dont son front est entouré n'a point de raison d'être ; ce n'est point le drapeau tricolore que pouvait porter la garnison, puisque ce n'est qu'après avoir arboré le drapeau blanc que Barbanègre est sorti de la place. On pourrait ainsi relever un grand nombre d'inexactitudes que le peintre a voulues, mais qui ont eu ce fâcheux effet d'émouvoir justement un certain nombre de documentaires. Mais toutes leurs critiques ne porteraient point si le tableau rendait réellement le symbole que Detaille avait prétendu exprimer.

Quel est ce symbole ? Sans doute, le maître a voulu incarner en Barbanègre l'héroïsme de la résistance et parler aux yeux et à l'esprit par le contraste entre ces cinquante Français qui, durant deux mois, ont défendu Huningue et ces vingt mille Autrichiens qui l'ont assiégé ; donc, au milieu de l'immense armée ennemie, il fallait dresser cet îlot que la vague de l'invasion n'avait pu couvrir ; tandis que, de fait, malgré le très nombreux état-major qui entoure l'Archiduc, on ne comprend pas la pensée, puisqu'il y a dans le cadre presque autant de Français que d'Autrichiens. Cela est vrai, mais Detaille voulait peindre des personnages de la grandeur de la nature et il n'eût pu le faire dans une vue presque panoramique. Il voulait donner aux physionomies leur expression et n'eût pu faire parler des têtes d'épingles. On eût perdu cet adorable petit tambour du premier plan, on eût perdu ces morceaux de peinture si franchement et si fraîchement enlevés, ces colorations si puissantes et si rares, ces visages où se lisent toutes les impressions que les esprits ressentent. On n'eût aperçu que des masses entourant un groupe central, et beaucoup peut-être n'eussent vu là qu'un tableau à la Van der Meulen, dont la portée symbolique leur eût échappé.

Detaille ne s'en tiendra point à la *Reddition de Huningue*. En pleine possession de son talent qui n'a fait que croître, dans une recherche continuelle du mieux, en pleine activité cérébrale, en pleine furie de travail, ne perdant point une heure et ne dételant point de tout le jour, ne portant nulle hâte à ses œuvres, mais sachant les méditer et les attendre, se rendant compte par les longs intervalles qu'il met entre la première esquisse et la composition définitive, des manques et des défauts, et n'hésitant point à bouleverser l'ordre d'un tableau pour un détail qui le choque, armé d'une science impeccable, entouré de documents sans nombre, heureux de se sentir vivre pour et par le labeur qu'il accomplit, il a de longs jours devant lui et ses projets, qu'il saura tous mener à fin, nous assurent à nous les joies d'admirations sans nombre et d'étonnantes surprises, lui garantissent à lui une suite de triomphes tels que jamais peintre n'en a obtenus de son temps, car l'enfant prodige du lycée Bonaparte a tenu tout ce qu'il promettait — et mieux. Detaille est dès à présent et demeurera le peintre national.

FRÉDÉRIC MASSON.

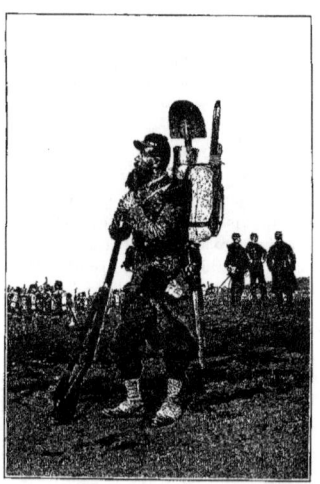

EN CAMPAGNE

TABLE DES ILLUSTRATIONS

D'APRÈS

ÉDOUARD DETAILLE

	PAGES
Portrait d'Édouard Detaille dans son atelier par Lemeunier	1
Bande de tambours	3
Fantassin Grant	3
Charge des gardes d'honneur (1814)	4
La garde impériale au camp de Saint-Maur (1869)	5
L'amiral Martin	6
Cuirassier (1810)	6
Officier d'ordonnance	7
En retraite	8
Attaque d'un convoi	10-11
La reconnaissance (armée de la Loire)	13
Clairon de mobiles	14
Cuirassier allemand	15
Clairon de chasseurs à pied (1861)	16
L'attaque du château	17
Clairon (1878)	18
Tambour bavarois	18
En parlementaire (siège de Metz)	19
Convoi allemand (route de Pontoise)	20
En reconnaissance (1870)	21
Sapeur de chasseurs à pied (1870)	22
Champigny (1870)	23
Chevau-léger bavarois (1870)	24
Grenadier vieille garde (1805)	25
Les Bavarois à Frœschwiller (1870)	25
Retour d'une reconnaissance (1870)	26
En vedette (1870)	27
Officier de chasseurs (1829)	28
Soldat de la ligne (1871)	28

	PAGES
Charge du 9ᵉ cuirassiers dans le village de Morsbronn (Reichshoffen 6 août 1870)	30-31
Salut aux blessés (1870)	33
Sous-officier de guides porte fanion (1870)	34
Trompette de hussards (1870)	34
Coiffures militaires de 1789 à 1889	35
Mobilisé de province (1871)	35
Infanterie de ligne (1875)	36
Le sous-lieutenant de Villers à Morsbronn (1870)	37
Étude	38
Garde impériale (1857)	38
Fusilier prussien (1870)	38
Frère de la Doctrine chrétienne à Champigny (1870)	39
Le canon de 90 millimètres	39
Chasseur à cheval (1888)	40
Chasseur à cheval (1812)	41
Chasseurs à cheval (1840)	43
Adjoint aux adjudants généraux (1798)	44
Infanterie de ligne (1813)	45
Hussards (1853)	45
Trompette de dragons (1878)	46
Hussard (1843)	46
En batterie! Artillerie de la garde impériale (1870)	47
La barbe au camp. Épisode des grandes manœuvres (1876)	48
Le rêve (189.)	50-51
Le général Appert, ambassadeur de France près S. M. l'Empereur de Russie	53
Garde municipal de Paris (1868)	54
Cuirassier, Maréchal des logis (1869)	55

TABLE DES ILLUSTRATIONS

	PAGES
Dragon (1788)	56
Armée d'Afrique (1839)	57
Armées de la République (1794)	57
Général de division (1876)	58
Officier d'ordonnance (1812)	58
Cuirassier (1878)	59
Carrousel à Saumur (1854)	59
Etude	59
Trompette de chasseurs (1873)	60
Cuirassier (1873)	61
Etat-major d'un général de la République (1796)	62
Chasseur à cheval (1875)	63
Le break des officiers étrangers (1876)	64
Grenadier de la garde. Tenue de manœuvre. Tenue de campagne (1870)	64
Chasseur à cheval. Grandes manœuvres (1876)	65
Officier anglais (1876)	66
Etude pour Morsbronn	66
Cavalier des goums. Campagne de Tunisie	67
Trompette de dragons (1870)	68
Bonaparte en Italie (1797)	70-71
Défilé de chasseurs (1876)	73
Cuirassier de la garde. Etude (1870)	74
Officiers autrichiens	75
Chef de bataillon d'infanterie (1870)	76
Départ pour les grandes manœuvres	77
Dragon (1878)	78
Chasseur à cheval (1876)	79
Trompette de chasseurs (1876)	79
Le billet de logement	80
L'attaque du moulin (grandes manœuvres)	81
Sapeur d'infanterie de ligne	82
Dragon	83
Cuirassier (1792)	84
Napoléon au bivouac	84
Etude	85
Sapeur d'infanterie. Tenue de route	86

PLANCHES HORS TEXTE EN COULEURS

Eclaireur. 9ᵉ régiment de chasseurs (1806) En regard de la page	18
Grenadier de la garde impériale (1870)	38
Officier de hussards. 3ᵉ régiment Compagnie d'élite (1806) En regard de la page	58
Chasseur à cheval (1876) En regard de la page	78
L'étendard du 3ᵉ cuirassiers (planche double) Entre les pages	82

BOUSSOD, VALADON & Cie, IMPRIMEURS-ÉDITEURS
24, boulevard des Capucines, Paris.

Récits de Guerre
1803-1814
SOUVENIRS
DU
CAPITAINE PARQUIN

ILLUSTRATIONS PAR

F. de Myrbach, H. Dupray, Walker, L. Sergent, M. Roy.

INTRODUCTION PAR FRÉDÉRIC MASSON

L'*Invasion* initiait le lecteur à toutes les misères de la plus funeste guerre que la France ait jamais subie. Le livre que nous publions cette année raconte les joies du triomphe et les orgueils de la victoire. S'il ne faut point oublier l'Année Terrible, il convient de se souvenir des jours où les Français entraient en vainqueurs à Berlin, à Vienne et à Madrid, et faisaient tête, vingt-trois années durant, à l'Europe coalisée, car il n'y a en fait qu'une seule guerre, de 1792 à 1815, parce que l'Europe n'a qu'un seul ennemi : la Révolution, dont Napoléon est le soldat.

Engagé à seize ans, Parquin a pris part à toutes les campagnes, depuis celle de Prusse jusqu'à celle de France. Soldat par vocation, satisfait et glorieux d'être parvenu, après six années de service, trois campagnes et deux blessures, au grade d'officier, il rapporte naïvement, sans emphase et sans rhétorique, les grandes choses auxquelles il a pris sa petite part. Les faits qu'il raconte, soigneusement vérifiés dans les états de services, se sont trouvés rigoureusement exacts, et pourtant Parquin n'avait point sous les yeux les documents manuscrits ou imprimés que nous possédons, car souvent il estropie les noms et presque jamais il ne les orthographie comme ils le sont à la matricule du corps. C'est donc sa mémoire seule qui le guide : une mémoire imperturbable qui, pour tout ce que Parquin a vu, mérite la plus absolue confiance.

Il ne se targue point d'ailleurs d'avoir inventé des mouvements stratégiques, donné des conseils aux généraux, d'avoir été incompris. Il n'est point un mécontent. Il aime ses chefs, il aime ses subordonnés, il aime passionnément sa patrie, son drapeau et son Empereur. Il voit les choses comme un sous-officier, un lieutenant, un capitaine intelligent peut les voir. Mais ce qu'il raconte, il l'a vu. Et sans doute ce livre, connu hier à peine de quelques curieux, sera demain comme le bréviaire des soldats : il leur montrera ce qu'on a pu faire pour l'honneur du nom français ces hommes dont l'histoire ne pouvait être écrite que par eux-mêmes, tant elle est invraisemblable d'audace, de fortune et de gloire.

Pour donner à ce livre le même aspect qu'a eu son aîné et mériter du public le même succès qu'a obtenu l'*Invasion*, les éditeurs n'ont point hésité, bien que le nombre de pages fût bien plus considérable, à suivre exactement les mêmes errements. L'*Invasion* avait cent soixante-cinq illustrations ; *Les Souvenirs de Parquin* en ont près de *deux cents*. Même nombre d'illustrations en couleurs et de gravures hors texte qui, dues à des artistes de premier ordre, gravées par les procédés spéciaux dont nous disposons, forment la plus admirable histoire graphique de l'Empire.

LES SOUVENIRS DU CAPITAINE PARQUIN
forment un magnifique volume in-4° de plus de trois cents pages.

Chaque page de texte est ornée d'un dessin tiré en noir. L'illustration comprend en outre : **Vingt** planches en couleurs dont **quatre** sont doubles ; **vingt-deux** planches en noir dont **huit** sont doubles. Au total **cent quatre-vingt-dix** illustrations.

PRIX DU VOLUME		
Broché	20	francs.
Cartonné, toine grenat, fers spéciaux.	25	—
Relié amateur, dos et coins maroquin, tête dorée. . . .	30	—

BOUSSOD, VALADON & Cie, IMPRIMEURS-ÉDITEURS
24, Boulevard des Capucines, à Paris

ÉDITION POPULAIRE

L'ARMÉE FRANÇAISE

TYPES & UNIFORMES

(60 Gravures en couleurs et 280 Gravures en noir)

PAR

ÉDOUARD DETAILLE

TEXTE PAR JULES RICHARD

L'édition de luxe de *l'Armée Française* s'adressait à un personnel restreint d'amateurs et de dilettanti. Les fac-similés obtenus par la photogravure et tirés tous à la main donnaient à ce livre unique un attrait infini, mais en rendaient le prix inabordable à un grand nombre. Aujourd'hui, les éditeurs sont parvenus, grâce aux procédés dont ils disposent, à établir une édition nouvelle de *l'Armée Française* qui, tout en conservant exactement la même composition que l'édition de luxe, tout en reproduisant les mêmes dessins et les mêmes aquarelles, sera à la portée de toutes les bourses. Il est inutile de faire l'éloge de ce livre à l'exécution duquel notre grand peintre militaire a consacré plus de quatre années de sa vie et dont le texte a été rédigé par un écrivain, M. Jules Richard, dont la compétence n'est plus à louer. Dans cet ouvrage, véritable monument patriotique élevé à la gloire de nos soldats depuis 1789 jusqu'en 1889, Édouard Detaille a su passer en revue toute l'histoire militaire de ce siècle et rendre à tous, en même temps que leurs physionomies particulières, leurs cadres familiers, ceux où se sont déroulées depuis cent ans les scènes les plus grandioses de la vie nationale.

L'*Armée Française* forme deux magnifiques volumes in-folio publiés en 16 livraisons.

PRIX DE L'OUVRAGE...
{ Broché en 16 livraisons . . . . **150 fr.**
{ Relié en demi-chagrin rouge, plats toile, fers spéciaux, tranches dorées . . . . **175 »**
{ Relié dos, coins maroquin rouge, tête dorée, tranches ébarbées. **180 »**

ÉDOUARD DETAILLE
Les Grandes Manœuvres de l'Armée Russe
SOUVENIR DU CAMP DE KRASNOÉ-SÉLO

Un magnifique Album in-folio sur papier vélin. — Prix . . . . 30 francs.

A. DE NEUVILLE
CROQUIS MILITAIRES
20 DESSINS A LA PLUME REPRODUITS EN FAC-SIMILÉ PAR LA PHOTOGRAVURE

Épreuves d'artiste. — Prix de la collection . . . . **120 francs.**
Épreuves avec la lettre. — Prix de la collection . . . . **60 —**

CHAQUE COLLECTION EST CONTENUE DANS UN CARTON DEMI-RELIURE

TABLE

Pl. 1 *Porte-fanion* (Chasseurs à pied).
2 *Clairon de chasseurs.*
3 *Une politesse à l'ancien.*
4 *Repos pendant la manœuvre.*
5 *Porte-fanion* (Infanterie de ligne).
6 *Turco, retour de Wissembourg.*
7 *Zouave, retour de campagne.*

Pl. 8 *La courte échelle.*
9 *Fusilier marin* (Siège de Paris).
10 *Officier de mobiles* (Souvenir du Bourget).
11 *Un poste dangereux.*
12 *Tambour.*
13 *Un observatoire à Champigny.*

Pl. 14 *Artilleur.*
15 *Prisonniers allemands.*
16 *Un renseignement.*
17 *Prisonniers français.*
18 *Sapeur du génie.*
19 *« Tirailleurs, en avant !!! »*
20 *Une vedette.*

EN CAMPAGNE

Tableaux et Dessins

DE

Alphonse de Neuville et Edouard Detaille

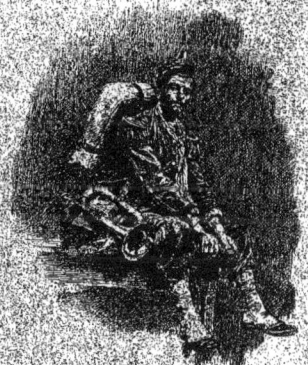

A. DE NEUVILLE   EDOUARD DETAILLE
TEXTE PAR   TEXTE PAR
JULES RICHARD   FRÉDÉRIC MASSON

PARIS
BOUSSOD, VALADON & Cie, Éditeurs

G. HAZARD   LIBRAIRIE NILSSON
8, Rue de Provence   18, Rue Saint-Honoré

Récits de Guerre
1870-1871
L'INVASION

LUDOVIC HALÉVY

Illustrations par MARCHETTI et ALFRED PARIS

BOUSSOD, VALADON & Cⁱᵉ, IMPRIMEURS-ÉDITEURS
24, boulevard des Capucines, Paris

Récits de Guerre
1803-1814
SOUVENIRS
DU
CAPITAINE PARQUIN

ILLUSTRATIONS PAR

F. de Myrbach, H. Dupray, Walker, L. Sergent, M. Roy.

INTRODUCTION PAR FRÉDÉRIC MASSON

Après avoir initié le lecteur à toutes les misères de la plus funeste guerre que la France ait jamais subie, nous publions cette année raconte les joies du triomphe et les orgueils de la victoire. S'il ne faut oublier l'Année Terrible, il convient de se souvenir des jours où les Français entraient en vainqueurs à Berlin et à Madrid, et faisaient fête, vingt-trois années durant, à l'Europe coalisée, car il n'y a en fait qu'une seule guerre de 1792 à 1815, parce que l'Europe n'a qu'un seul ennemi : la Révolution, dont Napoléon est le soldat.

À seize ans, Parquin a pris part à toutes les campagnes, depuis celle de Prusse jusqu'à celle de France; parvenu par vocation, satisfait et glorieux d'être parvenu, après six années de service, trois campagnes et deux blessures, au grade d'officier, il raconte naïvement, sans emphase et sans rhétorique, les grandes choses auxquelles il a pris part. Les faits qu'il raconte, soigneusement vérifiés dans les états de services, se sont trouvés singulièrement exacts, et pourtant Parquin n'avait point sous les yeux les documents manuscrits ou imprimés que nous possédons; souvent il estropie les noms et presque jamais il ne les orthographie comme ils le sont dans les livres. C'est donc sa mémoire seule qui le guide : une mémoire imperturbable qui, pour tout ce qui le touche, mérite la plus absolue confiance.

Parquin n'a point d'ailleurs inventé des mouvements stratégiques, donné des conseils aux généraux, etc. Il n'est point un mécontent : il aime ses chefs, il aime ses subordonnés, il aime passionnément son drapeau et son Empereur. Il voit les choses comme un sous-officier, un lieutenant, un capitaine les voit.

Mais ce qu'il raconte, il l'a vu. Et sans doute ce livre, connu hier à peine de quelques curieux, sera comme le bréviaire des soldats : il leur montrera ce qu'ont pu faire, pour l'honneur du nom français, ceux dont l'histoire ne pouvait être écrite que par eux-mêmes, tant elle est invraisemblable d'audace, de fortune...

Pour donner à ce livre le même aspect qu'a eu son aîné et mériter du public le même succès qu'a obtenu l'Invasion, les éditeurs n'ont point hésité, bien que le nombre de pages fût bien plus considérable, à suivre les mêmes errements. L'Invasion avait cent soixante-cinq illustrations : Les Souvenirs de Parquin en ont le même nombre d'illustrations en couleurs et de gravures hors texte qui, dues à des artistes renommés et gravées par les procédés spéciaux dont nous disposons, forment la plus admirable bibliographie.

LES SOUVENIRS DU CAPITAINE PARQUIN
forment un magnifique volume in-4° de plus de trois cents pages.

Chaque page de texte est ornée d'un dessin tiré en noir. L'illustration comprend en outre : Vingt planches en couleurs dont quatre sont doubles, vingt-deux planches en noir dont huit sont doubles. Au total cent quatre-vingt-sept illustrations.

	Broché	20 francs
PRIX DU VOLUME	Cartonné, toile grenat, fers spéciaux	25
	Relié amateur, dos et coins maroquin, tête dorée	30

BOUSSOD, VALADON & Cie IMPRIMEURS-ÉDITEURS

ÉDITION POPULAIRE

L'ARMÉE FRANÇAISE

TYPES & UNIFORMES

(60 Gravures en couleurs et 280 Gravures en noir)

ÉDOUARD DETAILLE

TEXTE PAR JULES RICHARD

L'édition de luxe de *L'Armée Française* s'adressait à un personnel restreint d'amateurs et de dilettanti. Les fac-similés obtenus par la photogravure et tirés tous à la main donnaient avec une unique exactitude, mais en rendaient le prix inabordable à un grand nombre. Aujourd'hui les éditeurs sont parvenus, grâce aux procédés dont ils disposent, à publier une édition nouvelle de *L'Armée Française* qui n'en conserve pas moins la même composition que l'édition de luxe. L'on y retrouvera les mêmes dessins et les mêmes aquarelles, avec la notice de Jules Richard. Il est inutile de faire l'éloge de ce livre : le grand nom auquel tout grand peintre militaire a consacré plus de quatre années de sa vie, dont...

...texte par M. Jules Richard, dont plus à toutes dans ce nouvelle...
La gloire de nos soldats depuis 1789 jusqu'à 1889. Édouard Detaille passe en revue toute l'histoire militaire de ce siècle et rend à chaque corps que leur physionomies particulières dans les faits où ils sont décrits...

L'Armée Française forme deux magnifiques volumes in-folio double raisin.

PRIX DE L'OUVRAGE
- Broché en 18 livraisons .... 160 f
- Relié en demi chagrin rouge, plats toile, fers spéciaux, tranches dorées .... 175 f
- Relié dos, coins maroquin rouge, tête dorée, tranches ébarbées .... 180 f

---

ÉDOUARD DETAILLE

Les Grandes Manœuvres de l'Armée Russe

SOUVENIR DU CAMP DE KRASNOÉ-SELO

Un magnifique Album in-folio sur papier velin .... 15 fr

---

A. DE NEUVILLE

CROQUIS MILITAIRES

30 DESSINS A LA PLUME REPRODUITS EN FAC-SIMILE PAR LA PHOTOGRAVURE

Épreuves d'artiste — Prix de la collection .... 120 francs
Épreuves avec la lettre — Prix de la collection 60

CHAQUE COLLECTION EST CONTENUE DANS UN CARTON PORTEFEUILLE

TABLE

Pl. 1 Porte-fanion (Chasseurs à pied)
2 Clairon de chasseurs
3 Une politesse à l'ancien
4 Repos pendant la manœuvre
5 Porte-fanion (Infanterie de ligne)
6 Turc, retour de Wissembourg
7 Zouave, retour de campagne

Pl. 8 La soupe
9 En Reconnaissance (Siège de Paris)
10 Officier de mobiles (Souvenir du Bourget)
11 Un poste dangereux
12 Tambour
13 Un observateur à Champigny

Pl. 14 Cavalier
15 Prisonnier allemand
16 Un reconnaissance
17 Prisonnier français
18 Sapeur au feu
19 Artilleur à cheval
20 Une patrouille

N° 3.  Prix : 2 fr.

EN CAMPAGNE

Tableaux et Dessins

DE

Alphonse de Neuville et Edouard Detaille

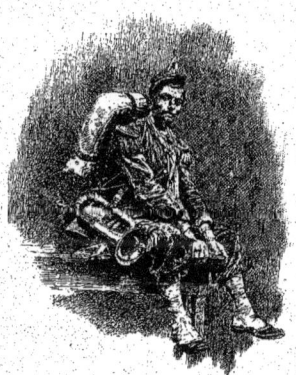

A. DE NEUVILLE   EDOUARD DETAILLE

TEXTE PAR   TEXTE PAR

JULES RICHARD   FRÉDÉRIC MASSON

PARIS
BOUSSOD, VALADON & CIE, Éditeurs

| J. STRAUSS | G. HAZARD | LIBRAIRIE NILSSON |
| 5, Rue du Croissant | 8, Rue de Provence | 338, Rue Saint-Honoré |

BOUSSOD, VALADON & C*, IMPRIMEURS-ÉDITEURS
24, boulevard des Capucines, Paris.

Récits de Guerre
1870-1871

L'INVASION

PAR

LUDOVIC HALÉVY

Illustrations par MARCHETTI et ALFRED PARIS

En pleine guerre de 1870, un homme allait, un carnet en main, notant au passage les récits que lui faisaient les soldats, inscrivant très simplement ce qui lui arrivait à lui-même. Un chasseur à pied lui disait Frœschwiller, Châlons et Sedan, la retraite du corps de Mac-Mahon et sa marche en Argonne ; un officier de hussards qui avait été à Metz de toutes les affaires, racontait où on l'avait conduit. C'était un ingénieur qui se trouvait à Forbach ; un mobile qui s'était battu à Villersexel. Sur le carnet encore se posaient des sensations recueillies à Tours, à Etretat, des bouts de récits, des phrases entendues, des impressions ressenties : la vie. Cela fit un des livres les plus hautement instructifs, les plus documentairement curieux, les plus passionnants, les plus pleins de choses, de faits et d'idées, le livre le plus sincère qu'on pût lire, et le public en comprit toute la portée dès que Ludovic Halévy le laissa publier.

Ce livre forme la première série des *Récits de Guerre* que nous allons publier.

Il nous a semblé qu'il pouvait être complété par la représentation des êtres que l'auteur évoque. Il nous a paru que le soldat de la dernière guerre devait être montré tel qu'il était, tel que beaucoup ne se le rappellent déjà plus, dans le décor où il se mouvait, avec les tenues, les uniformes, les façons qu'il affectionnait. Nous nous sommes adressés pour réaliser ce projet à des artistes dont le nom n'est plus à faire et qui, suivant le texte mot à mot, en ont illustré chaque page, ont prodigué les dessins et les aquarelles, ont fait de *l'Invasion* le livre à la fois le plus beau, le plus réel, le plus intéressant et le plus sagement patriote qu'on ait publié sur la guerre de 1870. La perfection de nos procédés nous a permis d'y introduire dans une large mesure l'illustration en couleurs et, grâce à de réels sacrifices, nous parvenons à le livrer à un prix d'un bon marché extraordinaire. Si le public encourage cette tentative, nous voulons, par la suite, après les récits des désastres, lui donner les récits des victoires et, détachant l'épopée que nos soldats ont écrite avec leur sang les pages où ils ont eux-mêmes raconté ce qu'ils ont vu et ce qu'ils ont fait, présenter les grandes guerres en des narrations très simples et très sincères, des témoignages qui ont d'autant plus de valeur que leurs auteurs ont moins cherché la publicité. Chaque série d'ailleurs sera entièrement indépendante et ne sera reliée aux autres séries que par la forme de la publication et l'esprit général qui y préside.

L'INVASION

forme un magnifique volume in-4° de deux cent cinquante pages.

Chaque page de texte est ornée d'un dessin tiré en noir. L'illustration comprend en outre : **Vingt** planches hors texte **en cinq couleurs** dont quatre doubles ; **Huit** planches doubles en deux couleurs ; **Dix-sept** planches en noir. Soit, au total, **quarante-cinq** gravures hors texte, dont douze en double page, et plus de **cent vingt** dessins dans le texte.

PRIX DU VOLUME :

Broché	20	francs.
Cartonné teinte grenat, fers spéciaux	25	—
Relié amateur, dos et coins maroquin, tête dorée	30	—

BOUSSOD, VALADON & Cⁱᵉ, IMPRIMEURS-ÉDITEURS
24, boulevard des Capucines, Paris.

Récits de Guerre
1803-1814
SOUVENIRS
DU
CAPITAINE PARQUIN

ILLUSTRATIONS PAR

F. de Myrbach, H. Dupray, Walker, L. Sergent, M. Roy.

INTRODUCTION PAR FRÉDÉRIC MASSON

L'Invasion initiait le lecteur à toutes les misères de la plus funeste guerre que la France ait jamais subie. Le livre que nous publions cette année raconte les joies du triomphe et les orgueils de la victoire. S'il ne faut point oublier l'Année Terrible, il convient de se souvenir des jours où les Français entraient en vainqueurs à Berlin, à Vienne et à Madrid, et faisaient tête, vingt-trois années durant, à l'Europe coalisée, car il n'y a en fait qu'une seule guerre, de 1792 à 1815, parce que l'Europe n'a qu'un seul ennemi : la Révolution, dont Napoléon est le soldat.

Engagé à seize ans, Parquin a pris part à toutes les campagnes, depuis celle de Prusse jusqu'à celle de France. Soldat par vocation, satisfait et glorieux d'être parvenu, après six années de service, trois campagnes et deux blessures, au grade d'officier, il rapporte naïvement, sans emphase et sans rhétorique, les grandes choses auxquelles il a pris sa petite part. Les faits qu'il raconte, soigneusement vérifiés dans les états de services, se sont trouvés rigoureusement exacts, et pourtant Parquin n'avait point sous les yeux les documents manuscrits ou imprimés que nous possédons, car souvent il estropie les noms et presque jamais il ne les orthographie comme ils le sont à la matricule du corps. C'est donc sa mémoire seule qui le guide : une mémoire imperturbable qui, pour tout ce que Parquin a vu, mérite la plus absolue confiance.

Il ne se targue point d'ailleurs d'avoir inventé des mouvements stratégiques, donné des conseils aux généraux, d'avoir été incompris. Il n'est point un mécontent. Il aime ses chefs, il aime ses subordonnés, il aime passionnément sa patrie, son drapeau et son Empereur. Il voit les choses comme un sous-officier, un lieutenant, un capitaine intelligent peut les voir. Mais ce qu'il raconte, il l'a vu. Et sans doute ce livre, connu hier à peine de quelques curieux, sera demain comme le bréviaire des soldats : il leur montrera ce qu'ont pu faire pour l'honneur du nom français ces hommes dont l'histoire ne pouvait être écrite que par eux-mêmes, tant elle est invraisemblable d'audace, de fortune et de gloire.

Pour donner à ce livre le même aspect qu'a eu son aîné et mériter du public le même succès qu'a obtenu *l'Invasion*, les éditeurs n'ont point hésité, bien que le nombre de pages fût bien plus considérable, à suivre exactement les mêmes errements. L'*Invasion* avait cent soixante-cinq illustrations; *Les Souvenirs de Parquin* en ont près de *deux cents*. Même nombre d'illustrations en couleurs et de gravures hors texte qui, dues à des artistes de premier ordre, gravées par les procédés spéciaux dont nous disposons, forment la plus admirable histoire graphique de l'Empire.

LES SOUVENIRS DU CAPITAINE PARQUIN
forment un magnifique volume in-4° de plus de trois cents pages.

Chaque page de texte est ornée d'un dessin tiré en noir. L'illustration comprend en outre : **Vingt** planches en couleurs dont **quatre** sont doubles ; **vingt-deux** planches en noir dont **huit** sont doubles. Au total **cent quatre-vingt-dix** illustrations.

	Broché	20 francs.
PRIX DU VOLUME	Cartonné, toile grenat, fers spéciaux.	25 —
	Relié amateur, dos et coins maroquin, tête dorée. . . .	30 —

BOUSSOD, VALADON & CIE, IMPRIMEURS-ÉDITEURS
24, Boulevard des Capucines, à Paris

ÉDITION POPULAIRE

L'ARMÉE FRANÇAISE

TYPES & UNIFORMES

(60 Gravures en couleurs et 280 Gravures en noir)

PAR

ÉDOUARD DETAILLE

TEXTE PAR JULES RICHARD

L'édition de luxe de l'Armée Française s'adressait à un personnel restreint d'amateurs et de dilettanti. Les fac-similés obtenus par la photogravure et tirés tous à la main donnaient à ce livre unique un attrait infini, mais en rendaient le prix inabordable à un grand nombre. Aujourd'hui, les éditeurs sont parvenus, grâce aux procédés dont ils disposent, à établir une édition nouvelle de l'Armée Française qui, tout en conservant exactement la même composition que l'édition de luxe, tout en reproduisant les mêmes dessins et les mêmes aquarelles, sera à la portée de toutes les bourses. Il est inutile de faire l'éloge de ce livre à l'exécution duquel notre grand peintre militaire a consacré plus de quatre années de sa vie et dont le texte a été rédigé par un écrivain, M. Jules Richard, dont la compétence n'est plus à louer. Dans cet ouvrage, véritable monument patriotique élevé à la gloire de nos soldats depuis 1789 jusqu'en 1889, Édouard Detaille a su passer en revue toute l'histoire militaire de ce siècle et rendre à tous, en même temps que leurs physionomies particulières, leurs cadres familiers, ceux où se sont déroulées depuis cent ans les scènes les plus grandioses de la vie nationale.

L'Armée Française forme deux magnifiques volumes in-folio publiés en 16 livraisons.

PRIX DE L'OUVRAGE.
Broché en 16 livraisons . . . . 150 fr.
Relié en demi-chagrin rouge, plats toile, fers spéciaux, tranches dorées . . . . 175 »
Relié dos, coins maroquin rouge, tête dorée, tranches ébarbées. 180 »

ÉDOUARD DETAILLE

Les Grandes Manœuvres de l'Armée Russe

SOUVENIR DU CAMP DE KRASNOË-SÉLO

Un magnifique Album in-folio sur papier vélin. — Prix . . . . 30 francs.

A. DE NEUVILLE

CROQUIS MILITAIRES

20 DESSINS A LA PLUME REPRODUITS EN FAC-SIMILÉ PAR LA PHOTOGRAVURE

Épreuves d'artiste. — Prix de la collection . . . . 120 francs.
Épreuves avec la lettre. — Prix de la collection . . . . 60 —

CHAQUE COLLECTION EST CONTENUE DANS UN CARTON DEMI-RELIURE.

TABLE

Pl. 1 Porte-fanion (Chasseurs à pied).
2 Clairon de chasseurs.
3 Une politesse à l'ancien.
4 Repos pendant la manœuvre.
5 Porte-fanion (Infanterie de ligne).
6 Turco, retour de Wissembourg.
7 Zouave, retour de campagne.

Pl. 8 La courte échelle.
9 Fusilier marin (Siège de Paris).
10 Officier de mobiles (Souvenir du Bourget).
11 Un poste dangereux.
12 Tambour.
13 Un observatoire à Champigny.

Pl. 14 Artilleur.
15 Prisonniers allemands.
16 Un renseignement.
17 Prisonniers français.
18 Sapeur du génie.
19 « Tirailleurs, en avant !!! »
20 Une vedette.

N° 4

Prix : 2 fr.

EN CAMPAGNE

Tableaux et Dessins

DE

Alphonse de Neuville et Edouard Detaille

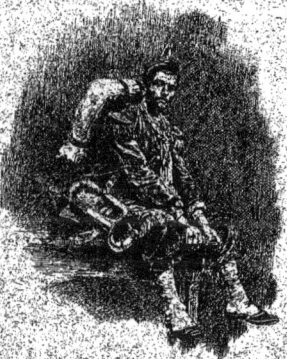

A. DE NEUVILLE   EDOUARD DETAILLE

TEXTE PAR   TEXTE PAR

JULES RICHARD   FRÉDÉRIC MASSON

PARIS

BOUSSOD, VALADON & Cie, Éditeurs

G. HAZARD   LIBRAIRIE NILSSON
Rue de Provence   338, Rue Saint-Honoré

BOUSSOD, VALADON & Cie, IMPRIMEURS-ÉDITEURS
34, boulevard des Capucines, Paris

Récits de Guerre
1870-1871
L'INVASION
PAR
LUDOVIC HALÉVY
Illustrations par MARCHETTI et ALFRED PARIS

En pleine guerre de 1870, un homme allait, un carnet en main, au bivouac et causait avec les soldats, inscrivant très simplement ce qui lui arrivait à lui-même. On trouve là, pour ainsi dire, Châlons et Sedan, la retraite du corps de Mac-Mahon, la bataille de Bazeilles, la captivité des blessés à Metz, de toutes les affaires, racontait-on, on l'avait conduit, l'étape où marchaient ces soldats, mobile qui s'était battu à Villersexel. Sur le carnet encore se trouvait quelque journée d'une batterie, des bouts de récit, des phrases entendues, des impressions ressenties. [...] Cela a formé les plus instructifs, les plus documentairement curieux, des plus passionnants, le plus plein de cœur, le livre le plus sincère qu'on pût lire, et le public en comprit toute la valeur dès son apparition.

Ce livre forme la première série des *Récits de Guerre* que nous allons publier.

Il nous a semblé qu'il pouvait être complété par la représentation des choses que l'on y décrit. Il nous a paru que le soldat de la dernière guerre devait être montré tel qu'il a été, dans beaucoup de ses aspects, plus, dans le décor où il se mouvait, avec ses armes, ses uniformes. [...] Nous nous sommes adressés pour réaliser ce projet à des artistes dont le nom est une garantie. [...] Les dessins qui ont illustré chaque page ont prodigué les dessins, les aquarelles, tout ce que l'art leur a permis de plus réel, le plus saisissant, et le plus suggestivement patriotique au public qui se presse le livre. [...] Grâce à nos procédés, nous pourrons mettre dans ces pages à la fois, au prix d'un bon marché extraordinaire. Si le public nous encourage, nous voulons par la suite, après les *Récits de Guerre*, lui donner les *Récits de Victoires*, lui dessiner que nos soldats ont couru avec leur sang, des pages de la gloire française. [...]

L'INVASION
forme un magnifique volume, illustré de nombreuses illustrations

Chaque page de texte ou d'illustration possède, en outre du texte à l'encre noire, dix en cinq couleurs dont quatre doubles, cinq planches en chromotypographie. Un sept planches en noir doit au total **quarante-cinq** planches hors texte.

PRIX DU VOLUME

Broché

Cartonné toile, dos cuir

BOUSSOD, VALADON & C**ie**, IMPRIMEURS-ÉDITEURS
24, boulevard des Capucines, Paris.

Récits de Guerre
1803-1814
SOUVENIRS
DU
CAPITAINE PARQUIN

ILLUSTRATIONS PAR
F. de Myrbach, H. Dupray, Walker, L. Sergent, M. Roy.

INTRODUCTION PAR FRÉDÉRIC MASSON

L'Invasion initiait le lecteur à toutes les misères de la plus funeste guerre que la France ait jamais subie. Le livre que nous publions cette année raconte les joies du triomphe et les orgueils de la victoire. S'il ne faut point oublier l'Année Terrible, il convient de se souvenir des jours où les Français entraient en vainqueurs à Berlin, Vienne et à Madrid, et faisaient tête, vingt-trois années durant, à l'Europe coalisée, car il n'y a en fait qu'une seule guerre, de 1792 à 1815, parce que l'Europe n'a qu'un seul ennemi : la Révolution, dont Napoléon est le soldat.

Engagé à seize ans, Parquin a pris part à toutes les campagnes, depuis celle de Prusse jusqu'à celle de France. Soldat par vocation, satisfait et glorieux d'être parvenu, après six années de service, trois campagnes et deux blessures, au grade d'officier, il rapporte naïvement, sans emphase et sans rhétorique, les grandes choses auxquelles il a pris sa petite part. Les faits qu'il raconte, soigneusement vérifiés dans les états de services, se sont trouvés rigoureusement exacts, et pourtant Parquin n'avait point sous les yeux les documents manuscrits ou imprimés que nous possédons, car souvent il estropie les noms et presque jamais il ne les orthographie comme ils le sont à la matricule du corps. C'est donc sa mémoire seule qui le guide : une mémoire imperturbable qui, pour tout ce que Parquin a vu, mérite la plus absolue confiance.

Il ne se targue point d'ailleurs d'avoir inventé des mouvements stratégiques, donné des conseils aux généraux, d'avoir été incompris. Il n'est point un mécontent. Il aime ses chefs, il aime ses subordonnés, il aime passionnément sa patrie, son drapeau et son Empereur. Il voit les choses comme un sous-officier, un lieutenant, un capitaine intelligent peut les voir. Mais ce qu'il raconte, il l'a vu. Et sans doute ce livre, connu hier à peine de quelques curieux, sera demain comme le bréviaire des soldats : il leur montrera ce qu'ont pu faire pour l'honneur du nom français ces hommes dont l'histoire ne pouvait être écrite que par eux-mêmes, tant elle est invraisemblable d'audace, de fortune et de gloire.

Pour donner à ce livre le même aspect qu'a eu son aîné et mériter du public le même succès qu'a obtenu *L'Invasion*, les éditeurs n'ont point hésité, bien que le nombre de pages fût bien plus considérable, à suivre exactement les mêmes errements. *L'Invasion* avait cent soixante-cinq illustrations ; *Les Souvenirs de Parquin* en ont près de deux cents. Même nombre d'illustrations en couleurs et de gravures hors texte qui, dues à des artistes de premier ordre, gravées par les procédés spéciaux dont nous disposons, forment la plus admirable histoire graphique de l'Empire.

LES SOUVENIRS DU CAPITAINE PARQUIN

forment un magnifique volume in-4° de plus de trois cents pages.

Chaque page de texte est ornée d'un dessin tiré en noir. L'illustration comprend en outre : **Vingt** planches en couleur, dont **quatre** sont doubles ; **vingt-deux** planches en noir dont **huit** sont doubles. Au total **cent quatre-vingt-dix** illustrations.

	Broché.	20 francs.
PRIX DU VOLUME	Cartonné, toile grenat, fers spéciaux.	25
	Relié amateur, dos et coins maroquin, tête dorée.	30

BOUSSOD, VALADON & Cⁱᵉ, IMPRIMEURS-ÉDITEURS

ÉDITION POPULAIRE

L'ARMÉE FRANÇAISE
TYPES & UNIFORMES
(60 Gravures en couleurs et 389 Gravures en noir)

ÉDOUARD DETAILLE
TEXTE PAR JULES RICHARD

L'édition de luxe de l'*Armée Française* s'adressant à un public restreint d'amateurs et de dilettanti, les détails obtenus par la photogravure et tous les soins donnés et ce type inconnu en typographie, mais en rendant le prix abordable à un grand nombre. Aujourd'hui les éditeurs sont parvenus, grâce aux procédés dont ils disposent, à établir une édition nouvelle de l'*Armée Française* qui, tout en reproduisant trait pour trait la même composition que l'édition de luxe, tout en reproduisant les mêmes dessins et les mêmes aquarelles, sera à la portée de toutes les bourses. Il est inutile de faire l'éloge de ce livre à l'occasion duquel notre grand peintre militaire a consacré plus de quatre années de travail...

PRIX DE L'OUVRAGE
- Broché, en 10 livraisons .... 60 f.
- Relié en demi-chagrin rouge, plats toile, fers spéciaux, tranches dorées .... 75 »
- Relié dos, coins maroquin rouge, tête dorée, tranches ébarbées ... 85 »

ÉDOUARD DETAILLE
Les Grandes Manœuvres de l'Armée Russe
SOUVENIR DU CAMP DE KRASNOÉ-SÉLO

Un magnifique Album in-folio sur papier de luxe .... 30 f.

A. DE NEUVILLE
CROQUIS MILITAIRES
20 DESSINS A LA PLUME REPRODUITS EN FAC-SIMILE PAR LA PHOTOGRAVURE

Épreuves d'artiste — Prix de la collection .... 120 fr.
Épreuves avec la lettre — Prix de la collection ...... 60 »

CHAQUE COLLECTION EST CONTENUE DANS UN CARTON DE LUXE

TABLE

1. Porte-fanion, Chasseurs à pied
2. Clairon de chasseurs
3. Une polatouche d'anciens
4. Repos pendant la manœuvre
5. Porte-fanion, Infanterie de ligne
6. Turco, retour de Madagascar
7. Zouave, retour de campagne

N° 5.   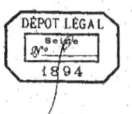   Prix : 2 fr.

EN CAMPAGNE

Tableaux et Dessins

DE

Alphonse de Neuville et Edouard Detaille

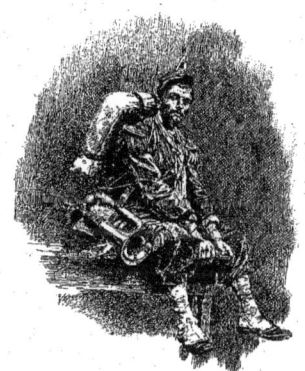

A. DE NEUVILLE	EDOUARD DETAILLE
TEXTE PAR	TEXTE PAR
JULES RICHARD	FRÉDÉRIC MASSON

PARIS
BOUSSOD, VALADON & CIE, Éditeurs

J. STRAUSS	G. HAZARD	LIBRAIRIE NILSSON
5, Rue du Croissant	8, Rue de Provence	338, Rue Saint-Honoré

BOUSSOD, VALADON & Cie, IMPRIMEURS-ÉDITEURS
24, boulevard des Capucines, Paris.

Récits de Guerre
1870-1871
L'INVASION
PAR
LUDOVIC HALÉVY

Illustrations par MARCHETTI et ALFRED PARIS

En pleine guerre de 1870, un homme allait, un carnet en main, notant au passage les récits que lui faisaient les soldats, inscrivant très simplement ce qui lui arrivait à lui-même. Un chasseur à pied lui disait Frœschwiller, Châlons et Sedan, la retraite du corps de Mac-Mahon et sa marche en Argonne ; un officier de hussards qui avait été à Metz de toutes les affaires, racontait où on l'avait conduit. C'était un ingénieur qui se trouvait à Forbach ; un mobile qui s'était battu à Villersexel. Sur le carnet encore se posaient des sensations recueillies à Tours, à Étretat, des bouts de récits, des phrases entendues, des impressions ressenties : la vie. Cela fit un des livres les plus hautement instructifs, les plus documentairement curieux, les plus passionnants, les plus pleins de choses, de faits et d'idées, le livre le plus sincère qu'on pût lire, et le public en comprit toute la portée dès que Ludovic Halévy le laissa publier.

Ce livre forme la première série des *Récits de Guerre* que nous allons publier.

Il nous a semblé qu'il pouvait être complété par la représentation des êtres que l'auteur évoque. Il nous a paru que le soldat de la dernière guerre devait être montré tel qu'il était, tel que beaucoup ne se le rappellent déjà plus, dans le décor où il se mouvait, avec les tenues, les uniformes, les façons qu'il affectionnait. Nous nous adressés pour réaliser ce projet à des artistes dont le nom n'est plus à faire et qui, suivant le texte mot à mot, en ont illustré chaque page, ont prodigué les dessins et les aquarelles, ont fait de *l'Invasion* le livre à la fois le plus beau, le plus réel, le plus intéressant et le plus sagement patriote qu'on ait publié sur la guerre de 1870. La perfection de nos procédés nous a permis d'y introduire dans une large mesure l'illustration en couleurs et, grâce à de réels sacrifices, nous parvenons à le livrer à un prix d'un bon marché extraordinaire. Si le public encourage cette tentative, nous voulons, par la suite, après les récits des désastres, lui donner les récits des victoires et, détachant de l'épopée que nos soldats ont écrite avec leur sang les pages où ils ont eux-mêmes raconté ce qu'ils ont vu et ce qu'ils ont fait, présenter les grandes guerres en des narrations très simples et très sincères, des témoignages qui ont d'autant plus de valeur que leurs auteurs ont moins cherché la publicité. Chaque série d'ailleurs sera entièrement indépendante et ne sera reliée aux autres séries que par la forme de la publication et l'esprit général qui y préside.

L'INVASION

forme un magnifique volume in-4° de deux cent cinquante pages.

Chaque page de texte est ornée d'un dessin tiré en noir. L'illustration comprend en outre : **Vingt** planches hors texte **en cinq couleurs** dont quatre doubles ; **Huit** planches doubles en deux couleurs ; **Dix-sept** planches en noir. Soit, au total, **quarante-cinq** gravures hors texte, dont douze en double page, et plus de **cent vingt** dessins dans le texte.

PRIX DU VOLUME :

Broché. . . . . 20 francs.
Cartonné teinte grenat, fers spéciaux . . . . 25 —
Relié amateur, dos et coins maroquin, tête dorée. . . . 30 —

BOUSSOD, VALADON & Cie, IMPRIMEURS-ÉDITEURS
24, boulevard des Capucines, Paris.

Récits de Guerre
1803-1814
SOUVENIRS
DU
CAPITAINE PARQUIN

ILLUSTRATIONS PAR

F. de Myrbach, H. Dupray, Walker, L. Sergent, M. Roy.

INTRODUCTION PAR FRÉDÉRIC MASSON

L'*Invasion* initiait le lecteur à toutes les misères de la plus funeste guerre que la France ait jamais subie. Le livre que nous publions cette année raconte les joies du triomphe et les orgueils de la victoire. S'il ne faut point oublier l'Année Terrible, il convient de se souvenir des jours où les Français entraient en vainqueurs à Berlin, à Vienne et à Madrid, et faisaient tête, vingt-trois années durant, à l'Europe coalisée, car il n'y a en fait qu'une seule guerre, de 1792 à 1815, parce que l'Europe n'a qu'un seul ennemi : la Révolution, dont Napoléon est le soldat.

Engagé à seize ans, Parquin a pris part à toutes les campagnes, depuis celle de Prusse jusqu'à celle de France. Soldat par vocation, satisfait et glorieux d'être parvenu, après six années de service, trois campagnes et deux blessures, au grade d'officier, il rapporte naïvement, sans emphase et sans rhétorique, les grandes choses auxquelles il a pris sa petite part. Les faits qu'il raconte, soigneusement vérifiés dans les états de services, se sont trouvés rigoureusement exacts, et pourtant Parquin n'avait point sous les yeux les documents manuscrits ou imprimés que nous possédons, car souvent il estropie les noms et presque jamais il ne les orthographie comme ils le sont à la matricule du corps. C'est donc sa mémoire seule qui le guide : une mémoire imperturbable qui, pour tout ce que Parquin a vu, mérite la plus absolue confiance.

Il ne se targue point d'ailleurs d'avoir inventé des mouvements stratégiques, donné des conseils aux généraux, d'avoir été incompris. Il n'est point un mécontent. Il aime ses chefs, il aime ses subordonnés, il aime passionnément sa patrie, son drapeau et son Empereur. Il voit les choses comme un sous-officier, un lieutenant, un capitaine intelligent peut les voir. Mais ce qu'il raconte, il l'a vu. Et sans doute ce livre, connu hier à peine de quelques curieux, sera demain comme le bréviaire des soldats : il leur montrera ce qu'ont pu faire pour l'honneur du nom français ces hommes dont l'histoire ne pouvait être écrite que par eux-mêmes, tant elle est invraisemblable d'audace, de fortune et de gloire.

Pour donner à ce livre le même aspect qu'a eu son aîné et mériter du public le même succès qu'a obtenu l'*Invasion*, les éditeurs n'ont point hésité, bien que le nombre de pages fût bien plus considérable, à suivre exactement les mêmes errements. L'*Invasion* avait cent soixante-cinq illustrations ; *Les Souvenirs de Parquin* en ont près de *deux cents*. Même nombre d'illustrations en couleurs et de gravures hors texte qui, dues à des artistes de premier ordre, gravées par les procédés spéciaux dont nous disposons, forment la plus admirable histoire graphique de l'Empire.

LES SOUVENIRS DU CAPITAINE PARQUIN

forment un magnifique volume in-4° de plus de trois cents pages.

Chaque page de texte est ornée d'un dessin tiré en noir. L'illustration comprend en outre : **Vingt** planches en couleurs dont **quatre** sont doubles ; **vingt-deux** planches en noir dont **huit** sont doubles. Au total **cent quatre-vingt-dix** illustrations.

PRIX DU VOLUME	Broché	20 francs.	
	Cartonné, toine grenat, fers spéciaux.	25	—
	Relié amateur, dos et coins maroquin, tête dorée. . . .	30	—

BOUSSOD, VALADON & Cie, IMPRIMEURS-ÉDITEURS
24, Boulevard des Capucines, à Paris

ÉDITION POPULAIRE

L'ARMÉE FRANCAISE

TYPES & UNIFORMES

(60 Gravures en couleurs et 280 Gravures en noir)

PAR

ÉDOUARD DETAILLE

TEXTE PAR JULES RICHARD

L'édition de luxe de *l'Armée Française* s'adressait à un personnel restreint d'amateurs et de dilettanti. Les fac-similés obtenus par la photogravure et tirés tous à la main donnaient à ce livre unique un attrait infini, mais en rendaient le prix inabordable à un grand nombre. Aujourd'hui, les éditeurs sont parvenus, grâce aux procédés dont ils disposent, à établir une édition nouvelle de *l'Armée Française* qui, tout en conservant exactement la même composition que l'édition de luxe, tout en reproduisant les mêmes dessins et les mêmes aquarelles, sera à la portée de toutes les bourses. Il est inutile de faire l'éloge de ce livre à l'exécution duquel notre grand peintre militaire a consacré plus de quatre années de sa vie et dont le texte a été rédigé par un écrivain, M. Jules Richard, dont la compétence n'est plus à louer. Dans cet ouvrage, véritable monument patriotique élevé à la gloire de nos soldats depuis 1789 jusqu'en 1889, Edouard Detaille a su passer en revue toute l'histoire militaire de ce siècle et rendre à tous, en même temps que leurs physionomies particulières, leurs cadres familiers, ceux où se sont déroulées depuis cent ans les scènes les plus grandioses de la vie nationale.

L'Armée Française forme deux magnifiques volumes in-folio publiés en 16 livraisons.

PRIX DE L'OUVRAGE..
{ Broché en 16 livraisons . . . . **150** fr.
Relié en demi-chagrin rouge, plats toile, fers spéciaux, tranches dorées . . . . **175** »
Relié dos, coins maroquin rouge, tête dorée, tranches ébarbées . **180** »

ÉDOUARD DETAILLE

Les Grandes Manœuvres de l'Armée Russe

SOUVENIR DU CAMP DE KRASNOÉ-SÉLO

Un magnifique Album in-folio sur papier vélin. — Prix . . . . 30 francs.

A. DE NEUVILLE

CROQUIS MILITAIRES

20 DESSINS A LA PLUME REPRODUITS EN FAC-SIMILÉ PAR LA PHOTOGRAVURE

Épreuves d'artiste. — Prix de la collection . . . . **120** francs.
Épreuves avec la lettre. — Prix de la collection . . . . **60** —

CHAQUE COLLECTION EST CONTENUE DANS UN CARTON DEMI-RELIURE

TABLE

Pl. 1 Porte-fanion (Chasseurs à pied).
2 Clairon de chasseurs.
3 Une politesse à l'ancien.
4 Repos pendant la manœuvre.
5 Porte-fanion (Infanterie de ligne).
6 Turco, retour de Wissembourg.
7 Zouave, retour de campagne.

Pl. 8 La courte échelle.
9 Fusilier marin (Siège de Paris).
10 Officier de mobiles (Souvenir du Bourget).
11 Un poste dangereux.
12 Tambour.
13 Un observatoire à Champigny.

Pl. 14 Artilleur.
15 Prisonniers allemands.
16 Un renseignement.
17 Prisonniers français.
18 Sapeur du génie.
19 « Tirailleurs, en avant !!! »
20 Une vedette.

N° 6.  Prix : 2 fr.

EN CAMPAGNE

Tableaux et Dessins

DE

Alphonse de Neuville et Edouard Detaille

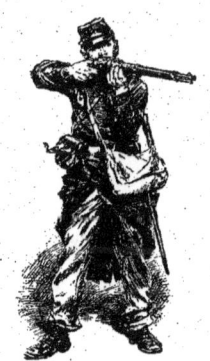

A. DE NEUVILLE

TEXTE PAR

JULES RICHARD

EDOUARD DETAILLE

TEXTE PAR

FRÉDÉRIC MASSON

PARIS
BOUSSOD, VALADON & CIE, Éditeurs

J. STRAUSS
5, Rue du Croissant

G. HAZARD
8, Rue de Provence

LIBRAIRIE NILSSON
338, Rue Saint-Honoré

BOUSSOD, VALADON & Cie, IMPRIMEURS-ÉDITEURS
24, boulevard des Capucines, Paris.

Récits de Guerre
1870-1871

L'INVASION

PAR

LUDOVIC HALÉVY

Illustrations par MARCHETTI et ALFRED PARIS

En pleine guerre de 1870, un homme allait, un carnet en main, notant au passage les récits que lui faisaient les soldats, inscrivant très simplement ce qui lui arrivait à lui-même. Un chasseur à pied lui disait Frœschwiller, Châlons et Sedan, la retraite du corps de Mac-Mahon et sa marche en Argonne ; un officier de hussards qui avait été à Metz de toutes les affaires, racontait où on l'avait conduit. C'était un ingénieur qui se trouvait à Forbach ; un mobile qui s'était battu à Villersexel. Sur le carnet encore se posaient des sensations recueillies à Tours, à Etretat, des bouts de récits, des phrases entendues, des impressions ressenties : la vie. Cela fit un des livres les plus hautement instructifs, les plus documentairement curieux, les plus passionnants, les plus pleins de choses, de faits et d'idées, le livre le plus sincère qu'on pût lire, et le public en comprit toute la portée dès que Ludovic Halévy le laissa publier.

Ce livre forme la première série des *Récits de Guerre* que nous allons publier.

Il nous a semblé qu'il pouvait être complété par la représentation des êtres que l'auteur évoque. Il nous a paru que le soldat de la dernière guerre devait être montré tel qu'il était, tel que beaucoup ne se le rappellent déjà plus, dans le décor où il se mouvait, avec les tenues, les uniformes, les façons qu'il affectionnait. Nous nous sommes adressés pour réaliser ce projet à des artistes dont le nom n'est plus à faire et qui, suivant le texte mot à mot, en ont illustré chaque page, ont prodigué les dessins et les aquarelles, ont fait de *l'Invasion* le livre à la fois le plus beau, le plus réel, le plus intéressant et le plus sagement patriote qu'on ait publié sur la guerre de 1870. La perfection de nos procédés nous a permis d'y introduire dans une large mesure l'illustration en couleurs et, grâce à de réels sacrifices, nous parvenons à le livrer à un prix d'un bon marché extraordinaire. Si le public encourage cette tentative, nous voulons, par la suite, après les récits des désastres, lui donner les récits des victoires et, détachant de l'épopée que nos soldats ont écrite avec leur sang les pages où ils ont eux-mêmes raconté ce qu'ils ont vu et ce qu'ils ont fait, présenter les grandes guerres en des narrations très simples et très sincères, des témoignages qui ont d'autant plus de valeur que leurs auteurs ont moins cherché la publicité. Chaque série d'ailleurs sera entièrement indépendante et ne sera reliée aux autres séries que par la forme de la publication et l'esprit général qui y préside.

L'INVASION

forme un magnifique volume in-4° de deux cent cinquante pages.

Chaque page de texte est ornée d'un dessin tiré en noir. L'illustration comprend en outre : **Vingt** planches hors texte **en cinq couleurs** dont quatre doubles ; **Huit** planches doubles en deux couleurs ; **Dix-sept** planches en noir. Soit, au total, **quarante-cinq** gravures hors texte, dont douze en double page, et plus de **cent vingt** dessins dans le texte.

PRIX DU VOLUME :

Broché.	20 francs.	
Cartonné teinte grenat, fers spéciaux	25	—
Relié amateur, dos et coins maroquin, tête dorée. . . .	30	—

BOUSSOD, VALADON & Cie, IMPRIMEURS-ÉDITEURS
24, boulevard des Capucines, Paris.

Récits de Guerre
1803-1814
SOUVENIRS
DU
CAPITAINE PARQUIN

ILLUSTRATIONS PAR
F. de Myrbach, **H. Dupray**, **Walker**, **L. Sergent**, **M. Roy**.

INTRODUCTION PAR FRÉDÉRIC MASSON

L'Invasion initiait le lecteur à toutes les misères de la plus funeste guerre que la France ait jamais subie. Le livre que nous publions cette année raconte les joies du triomphe et les orgueils de la victoire. S'il ne faut point oublier l'Année Terrible, il convient de se souvenir des jours où les Français entraient en vainqueurs à Berlin, à Vienne et à Madrid, et faisaient tête, vingt-trois années durant, à l'Europe coalisée, car il n'y a en fait qu'une seule guerre, de 1792 à 1815, parce que l'Europe n'a qu'un seul ennemi : la Révolution, dont Napoléon est le soldat.

Engagé à seize ans, Parquin a pris part à toutes les campagnes, depuis celle de Prusse jusqu'à celle de France. Soldat par vocation, satisfait et glorieux d'être parvenu, après six années de service, trois campagnes et deux blessures, au grade d'officier, il rapporte naïvement, sans emphase et sans rhétorique, les grandes choses auxquelles il a pris sa petite part. Les faits qu'il raconte, soigneusement vérifiés dans les états de services, se sont trouvés rigoureusement exacts, et pourtant Parquin n'avait point sous les yeux les documents manuscrits ou imprimés que nous possédons, car souvent il estropie les noms et presque jamais il ne les orthographie comme ils le sont à la matricule du corps. C'est donc sa mémoire seule qui le guide : une mémoire imperturbable qui, pour tout ce que Parquin a vu, mérite la plus absolue confiance.

Il ne se targue point d'ailleurs d'avoir inventé des mouvements stratégiques, donné des conseils aux généraux, d'avoir été incompris. Il n'est point un mécontent. Il aime ses chefs, il aime ses subordonnés, il aime passionnément sa patrie, son drapeau et son Empereur. Il voit les choses comme un sous-officier, un lieutenant, un capitaine intelligent peut les voir. Mais ce qu'il raconte, il l'a vu. Et sans doute ce livre, connu hier à peine de quelques curieux, sera demain comme le bréviaire des soldats : il leur montrera ce qu'ont pu faire pour l'honneur du nom français ces hommes dont l'histoire ne pouvait être écrite que par eux-mêmes, tant elle est invraisemblable d'audace, de fortune et de gloire.

Pour donner à ce livre le même aspect qu'a eu son aîné et mériter du public le même succès qu'a obtenu *l'Invasion*, les éditeurs n'ont point hésité, bien que le nombre de pages fût bien plus considérable, à suivre exactement les mêmes errements. L'*Invasion* avait cent soixante-cinq illustrations ; *Les Souvenirs de Parquin* en ont près de *deux cents*. Même nombre d'illustrations en couleurs et de gravures hors texte qui, dues à des artistes de premier ordre, gravées par les procédés spéciaux dont nous disposons, forment la plus admirable histoire graphique de l'Empire.

LES SOUVENIRS DU CAPITAINE PARQUIN
forment un magnifique volume in-4° de plus de trois cents pages.

Chaque page de texte est ornée d'un dessin tiré en noir. L'illustration comprend en outre : **Vingt** planches en couleurs dont **quatre** sont doubles ; **vingt-deux** planches en noir dont **huit** sont doubles. Au total **cent quatre-vingt-dix** illustrations.

	Broché	20 francs.
PRIX DU VOLUME	Cartonné, toine grenat, fers spéciaux.	25 —
	Relié amateur, dos et coins maroquin, tête dorée. . . .	30 —

BOUSSOD, VALADON & Cⁱᵉ, IMPRIMEURS-ÉDITEURS
24, Boulevard des Capucines, à Paris

ÉDITION POPULAIRE

L'ARMÉE FRANÇAISE

TYPES & UNIFORMES
(60 Gravures en couleurs et 280 Gravures en noir)

PAR

ÉDOUARD DETAILLE

TEXTE PAR JULES RICHARD

L'édition de luxe de *l'Armée Française* s'adressait à un personnel restreint d'amateurs et de dilettanti. Les fac-similés obtenus par la photogravure et tirés tous à la main donnaient à ce livre unique un attrait infini, mais en rendaient le prix inabordable à un grand nombre. Aujourd'hui, les éditeurs sont parvenus, grâce aux procédés dont ils disposent, à établir une édition nouvelle de *l'Armée Française* qui, tout en conservant exactement la même composition que l'édition de luxe, tout en reproduisant les mêmes dessins et les mêmes aquarelles, sera à la portée de toutes les bourses. Il est inutile de faire l'éloge de ce livre à l'exécution duquel notre grand peintre militaire a consacré plus de quatre années de sa vie et dont le texte a été rédigé par un écrivain, M. Jules Richard, dont la compétence n'est plus à louer. Dans cet ouvrage, véritable monument patriotique élevé à la gloire de nos soldats depuis 1789 jusqu'en 1889, Édouard Detaille a passer en revue toute l'histoire militaire de ce siècle et rendre à tous, en même temps que leurs physionomies particulières, leurs cadres familiers ceux où se sont déroulées depuis cent ans les scènes les plus grandioses de la vie nationale.

L'Armée Française forme deux magnifiques volumes in-folio publiés en 16 livraisons.

PRIX DE L'OUVRAGE	Broché en 16 livraisons	**150 fr.**
	Relié en demi-chagrin rouge, plats toile, fers spéciaux, tranches dorées	**175 »**
	Relié dos, coins maroquin rouge, tête dorée, tranches ébarbées .	**180 »**

ÉDOUARD DETAILLE
Les Grandes Manœuvres de l'Armée Russe
SOUVENIR DU CAMP DE KRASNOË-SÉLO

Un magnifique Album in-folio sur papier vélin. — Prix . . . . 30 francs.

A. DE NEUVILLE
CROQUIS MILITAIRES
20 DESSINS A LA PLUME REPRODUITS EN FAC-SIMILÉ PAR LA PHOTOGRAVURE

Épreuves d'artiste. — Prix de la collection . . . . **120 francs.**
Épreuves avec la lettre. — Prix de la collection . . . . **60 —**

CHAQUE COLLECTION EST CONTENUE DANS UN CARTON DEMI-RELIURE

TABLE

Pl. 1 Porte-fanion (Chasseurs à pied).	Pl. 8 La courte échelle.	Pl. 14 Artilleur.
2 Clairon de chasseurs.	9 Fusilier marin (Siège de Paris).	15 Prisonniers allemands.
3 Une politesse à l'ancien.	10 Officier de mobiles (Souvenir du Bourget).	16 Un renseignement.
4 Repos pendant la manœuvre.	11 Un poste dangereux.	17 Prisonniers français.
5 Porte-fanion (Infanterie de ligne).	12 Tambour.	18 Sapeur du génie.
6 Turco, retour de Wissembourg.	13 Un observatoire à Champigny.	19 « Tirailleurs, en avant !!! »
7 Zouave, retour de campagne.		20 Une vedette.

N° 7.  Prix : 2 fr.

EN CAMPAGNE

Tableaux et Dessins

DE

Alphonse de Neuville et Edouard Detaille

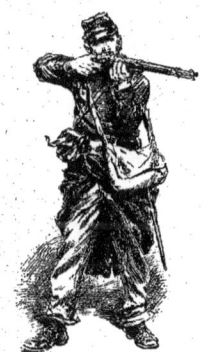

A. DE NEUVILLE	EDOUARD DETAILLE
TEXTE PAR	TEXTE PAR
JULES RICHARD	FRÉDÉRIC MASSON

PARIS
BOUSSOD, VALADON & CIE, Éditeurs

J. STRAUSS	G. HAZARD	LIBRAIRIE NILSSON
5, Rue du Croissant	8, Rue de Provence	338, Rue Saint-Honoré

BOUSSOD, VALADON, & C⁰, IMPRIMEURS-ÉDITEURS
24, boulevard des Capucines, Paris.

Récits de Guerre
1870-1871

L'INVASION
PAR
LUDOVIC HALÉVY

Illustrations par MARCHETTI et ALFRED PARIS

En pleine guerre de 1870, un homme allait, un carnet en main, notant au passage les récits que lui faisaient les soldats, inscrivant très simplement ce qui lui arrivait à lui-même. Un chasseur à pied lui disait Frœschwiller, Châlons et Sedan, la retraite du corps de Mac-Mahon et sa marche en Argonne ; un officier de hussards qui avait été à Metz de toutes les affaires, racontait où on l'avait conduit. C'était un ingénieur qui se trouvait à Forbach ; un mobile qui s'était battu à Villersexel. Sur le carnet encore se posaient des sensations recueillies à Tours, à Étretat, des bouts de récits, des phrases entendues, des impressions ressenties : la vie. Cela fit un des livres les plus hautement instructifs, les plus documentairement curieux, les plus passionnants, les plus pleins de choses, de faits et d'idées, le livre le plus sincère qu'on pût lire, et le public en comprit toute la portée dès que Ludovic Halévy le laissa publier.

Ce livre forme la première série des *Récits de Guerre* que nous allons publier.

Il nous a semblé qu'il pouvait être complété par la représentation des êtres que l'auteur évoque. Il nous a paru que le soldat de la dernière guerre devait être montré tel qu'il était, tel que beaucoup ne se le rappellent déjà plus, dans le décor où il se mouvait, avec les tenues, les uniformes, les façons qu'il affectionnait. Nous nous sommes adressés pour réaliser ce projet à des artistes dont le nom n'est plus à faire et qui, suivant le texte mot à mot, en ont illustré chaque page, ont prodigué les dessins et les aquarelles, ont fait de *l'Invasion* le livre à la fois le plus beau, le plus réel, le plus intéressant et le plus sagement patriote qu'on ait publié sur la guerre de 1870. La perfection de nos procédés nous a permis d'y introduire dans une large mesure l'illustration en couleurs et, grâce à de réels sacrifices, nous parvenons à le livrer à un prix d'un bon marché extraordinaire. Si le public encourage cette tentative, nous voulons, par la suite, après les récits des désastres, lui donner les récits des victoires et, détachant de l'épopée que nos soldats ont écrite avec leur sang les pages où ils ont eux-mêmes raconté ce qu'ils ont vu et ce qu'ils ont fait, présenter les grandes guerres en des narrations très simples et très sincères, des témoignages qui ont d'autant plus de valeur que leurs auteurs ont moins cherché la publicité. Chaque série d'ailleurs sera entièrement indépendante et ne sera reliée aux autres séries que par la forme de la publication et l'esprit général qui y préside.

L'INVASION

forme un magnifique volume in-4° de deux cent cinquante pages.

Chaque page de texte est ornée d'un dessin tiré en noir. L'illustration comprend en outre : **Vingt** planches hors texte **en cinq couleurs** dont quatre doubles ; **Huit** planches doubles en deux couleurs ; **Dix-sept** planches en noir. Soit, au total, **quarante-cinq** gravures hors texte, dont douze en double page, et plus de **cent vingt** dessins dans le texte.

PRIX DU VOLUME :

Broché.	20	francs.
Cartonné teinte grenat, fers spéciaux	25	—
Relié amateur, dos et coins maroquin, tête dorée. . . .	30	—

BOUSSOD, VALADON & Cie, IMPRIMEURS-ÉDITEURS
24, boulevard des Capucines, Paris.

Récits de Guerre
1803-1814
SOUVENIRS
DU
CAPITAINE PARQUIN

ILLUSTRATIONS PAR

F. de Myrbach, H. Dupray, Walker, L. Sergent, M. Roy.

INTRODUCTION PAR FRÉDÉRIC MASSON

L'Invasion initiait le lecteur à toutes les misères de la plus funeste guerre que la France ait jamais subie. Le livre que nous publions cette année raconte les joies du triomphe et les orgueils de la victoire. S'il ne faut point oublier l'Année Terrible, il convient de se souvenir des jours où les Français entraient en vainqueurs à Berlin, à Vienne et à Madrid, et faisaient tête, vingt-trois années durant, à l'Europe coalisée, car il n'y a en fait qu'une seule guerre, de 1792 à 1815, parce que l'Europe n'a qu'un seul ennemi : la Révolution, dont Napoléon est le soldat.

Engagé à seize ans, Parquin a pris part à toutes les campagnes, depuis celle de Prusse jusqu'à celle de France. Soldat par vocation, satisfait et glorieux d'être parvenu, après six années de service, trois campagnes et deux blessures, au grade d'officier, il rapporte naïvement, sans emphase et sans rhétorique, les grandes choses auxquelles il a pris sa petite part. Les faits qu'il raconte, soigneusement vérifiés dans les états de services, se sont trouvés rigoureusement exacts, et pourtant Parquin n'avait point sous les yeux les documents manuscrits ou imprimés que nous possédons, car souvent il estropie les noms et presque jamais il ne les orthographie comme ils le sont à la matricule du corps. C'est donc sa mémoire seule qui le guide : une mémoire imperturbable qui, pour tout ce que Parquin a vu, mérite la plus absolue confiance.

Il ne se targue point d'ailleurs d'avoir inventé des mouvements stratégiques, donné des conseils aux généraux, d'avoir été incompris. Il n'est point un mécontent. Il aime ses chefs, il aime ses subordonnés, il aime passionnément sa patrie, son drapeau et son Empereur. Il voit les choses comme un sous-officier, un lieutenant, un capitaine intelligent peut les voir. Mais ce qu'il raconte, il l'a vu. Et sans doute ce livre, connu hier à peine de quelques curieux, sera demain comme le bréviaire des soldats : il leur montrera ce qu'ont pu faire pour l'honneur du nom français ces hommes dont l'histoire ne pouvait être écrite que par eux-mêmes, tant elle est invraisemblable d'audace, de fortune et de gloire.

Pour donner à ce livre le même aspect qu'a eu son aîné et mériter du public le même succès qu'a obtenu *l'Invasion*, les éditeurs n'ont point hésité, bien que le nombre de pages fût bien plus considérable, à suivre exactement les mêmes errements. *L'Invasion* avait cent soixante-cinq illustrations ; *Les Souvenirs de Parquin* en ont près de **deux cents**. Même nombre d'illustrations en couleurs et de gravures hors texte qui, dues à des artistes de premier ordre, gravées par les procédés spéciaux dont nous disposons, forment la plus admirable histoire graphique de l'Empire.

LES SOUVENIRS DU CAPITAINE PARQUIN
forment un magnifique volume in-4° de plus de trois cents pages.

Chaque page de texte est ornée d'un dessin tiré en noir. L'illustration comprend en outre : **Vingt** planches en couleurs dont **quatre** sont doubles ; **vingt-deux** planches en noir dont **huit** sont doubles. Au total **cent quatre-vingt-dix** illustrations.

PRIX DU VOLUME		
Broché	20	francs.
Cartonné, toile grenat, fers spéciaux.	25	—
Relié amateur, dos et coins maroquin, tête dorée. . . .	30	—

BOUSSOD, VALADON & Cⁱᵉ, IMPRIMEURS-ÉDITEURS
24, Boulevard des Capucines, à Paris

ÉDITION POPULAIRE

L'ARMÉE FRANÇAISE

TYPES & UNIFORMES

(60 Gravures en couleurs et 280 Gravures en noir)

PAR

ÉDOUARD DETAILLE

TEXTE PAR JULES RICHARD

L'édition de luxe de *l'Armée Française* s'adressait à un personnel restreint d'amateurs et de dilettanti. Les fac-similés obtenus par la photogravure et tirés tous à la main donnaient à ce livre unique un attrait infini, mais en rendaient le prix inabordable à un grand nombre. Aujourd'hui, les éditeurs sont parvenus, grâce aux procédés dont ils disposent, à établir une édition nouvelle de *l'Armée Française* qui, tout en conservant exactement la même composition que l'édition de luxe, tout en reproduisant les mêmes dessins et les mêmes aquarelles, sera à la portée de toutes les bourses. Il est inutile de faire l'éloge de ce livre à l'exécution duquel notre grand peintre militaire a consacré plus de quatre années de sa vie et dont le texte a été rédigé par un écrivain, M. Jules Richard, dont la compétence n'est plus à louer. Dans cet ouvrage, véritable monument patriotique élevé à la gloire de nos soldats depuis 1789 jusqu'en 1889, Édouard Detaille a passer en revue toute l'histoire militaire de ce siècle et rendre à tous, même temps que leurs physionomies particulières, leurs cadres familiers ceux où se sont déroulées depuis cent ans les scènes les plus grandioses la vie nationale.

L'Armée Française forme deux magnifiques volumes in-folio publiés en 16 livraisons.

	Broché en 16 livraisons	150 fr.
PRIX DE L'OUVRAGE	Relié en demi-chagrin rouge, plats toile, fers spéciaux, tranches dorées	175 »
	Relié dos, coins maroquin rouge, tête dorée, tranches ébarbées	180 »

ÉDOUARD DETAILLE

Les Grandes Manœuvres de l'Armée Russe

SOUVENIR DU CAMP DE KRASNOÉ-SÉLO

Un magnifique Album in-folio sur papier vélin. — Prix . . . . 30 francs.

A. DE NEUVILLE

CROQUIS MILITAIRES

20 DESSINS A LA PLUME REPRODUITS EN FAC-SIMILÉ PAR LA PHOTOGRAVURE

Épreuves d'artiste. — Prix de la collection . . . . 120 francs.
Épreuves avec la lettre. — Prix de la collection . . . . 60 —

CHAQUE COLLECTION EST CONTENUE DANS UN CARTON DEMI-RELIURE

TABLE

Pl. 1 Porte-fanion (Chasseurs à pied).
2 Clairon de chasseurs.
3 Une politesse à l'ancien.
4 Repos pendant la manœuvre.
5 Porte-fanion (Infanterie de ligne).
6 Turco, retour de Wissembourg.
7 Zouave, retour de campagne.

Pl. 8 La courte échelle.
9 Fusilier marin (Siège de Paris).
10 Officier de mobiles (Souvenir du Bourget).
11 Un poste dangereux.
12 Tambour.
13 Un observatoire à Champigny.

Pl. 14 Artilleur.
15 Prisonniers allemands.
16 Un renseignement.
17 Prisonniers français.
18 Sapeur du génie.
19 « Tirailleurs, en avant !!! »
20 Une vedette.

N° 8      Prix 2 fr

EN CAMPAGNE

Tableaux et Dessins

DE

Alphonse de Neuville et Edouard Detaille

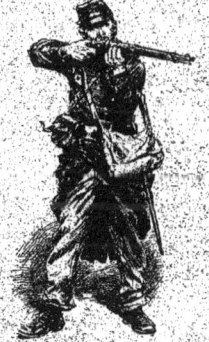

A. DE NEUVILLE   EDOUARD DETAILLE

TEXTE PAR   TEXTE PAR

JULES RICHARD   FRÉDÉRIC MASSON

PARIS

BOUSSOD, VALADON & Cie, Éditeurs

STRAUSS   G. HAZARD   LIBRAIRIE NILSSON
Rue de Choiseul   6, Rue de Provence   338, Rue Saint-Honoré

BOUSSOD, VALADON & Cⁱᵉ, ÉDITEURS IMPRIMEURS

Récits de Guerre
1870-1871
L'INVASION
PAR
LUDOVIC HALÉVY
Illustrations par MARCHETTI et ALFRED PARIS

En pleine guerre de 1870, un homme allait, au milieu des combats, porter au cœur des batailles, aux plus rudes guerriers, les soldats, inscrivant très simplement ce qu'ils lui arrivait à lui-même. En chassant, à pied de village en village, vers Châlons et Sedan, la retraite du corps de Mac-Mahon sur la Meuse et l'Argonne, en errant jusqu'au dernier jour jusqu'à Metz, dans toutes les places, racontant ou par écrit ou publié, l'état où l'hongeait qu'il entendait raconter la troupe mobile qui s'était battu à Villersexel. Sur le terrain encore se recueillent les narrations recueillies fraîches, c'étaient des bouts de récits, des phrases entendues, des impressions ressenties, le livre le plus direct, le plus humain, le plus instructif, les plus documentaires aussi, les plus passionnants, le plus plein de faits et de scènes, en un mot le livre le plus sincère qu'on puisse, de publier en complément de toute la collection des grands écrits.

Ce livre forme la première série de Récits de Guerre, que nous allons publier.

Il nous a semblé qu'il pouvait être complété par la représentation des scènes qu'il peint, car, il nous a paru que le soldat de la dernière guerre devait être montré tel qu'il était et que beaucoup ne pouvaient être plus, dans le désordre et la nonchalance, le héroïsme et les uniformes. Les formes les plus diverses, nous nous sommes adressés pour réaliser ce projet aux artistes dont l'œuvre est plus que le témoignage l'œuvre même; ceux qui ont illustré chaque page, ont produit les dessins et les aquarelles, ont fait de nos ouvrages la publication peut-être la plus réelle, la plus intéressante et le plus attrayante qu'on ait publiée sur la guerre de 1870. La perfection de nos procédés nous a permis d'imprimer dans une des teintes de l'illustration en quelques-uns des plus célèbres sacrifices; nous parvenons à la livrer au public d'un bon marché extraordinaire. La publicité énergique que nous lui nous voulons par la suite, que l'on voit des récits des désastres, du drame, des récits des victoires, c'est surtout le spectacle que nos soldats ont accompli pour leur pays. Les pages où ils sont racontées, revivent telles qu'ils ont été, ce qu'ils ont fait, présenter de grandes guerres et des narrations la plus simple et des sincères, les témoignages qui ont d'autant plus de valeur que leurs auteurs ont moins cherché à publier. Chaque série d'ouvrages sera au surplus indépendante et ne sera reliée aux autres séries que par la forme de la publication. L'esprit général sera présidé.

L'INVASION
formé un magnifique volume in-4° de deux cent cinquante pages.

Chaque page de texte est ornée d'un dessin fin en noir. L'illustration comporte en outre : Vingt planches hors texte en cinq couleurs dont quatre doubles, dix planches doubles en deux couleurs, dix-sept planches en noir. Soit, au total, quarante-cinq gravures hors texte dont douze à doubles pages. Plus de cent vingt dessins dans le texte.

PRIX DU VOLUME

Broché . . . . 30 francs
Cartonné toile grenat, fers spéciaux . . . .
Relié amateur, dos et coins maroquin vert foncé 50

BOUSSOD, VALADON & C.ⁱᵉ IMPRIMEURS-ÉDITEURS
26, boulevard des Capucines, Paris

Récits de Guerre
1803-1814
SOUVENIRS
DU
CAPITAINE PARQUIN

ILLUSTRATIONS PAR

F. de Myrbach, H. Dupray, Walker, L. Sergent, M. Roy.

INTRODUCTION PAR FRÉDÉRIC MASSON

L'*Invasion* initiait le lecteur à toutes les misères de la plus funeste guerre que la France ait jamais subie. Le livre que nous publions cette année raconte les joies du triomphe et les orgueils de la victoire. S'il ne faut point oublier l'Année Terrible, il convient de se souvenir des jours où les Français entraient en vainqueurs à Berlin, à Vienne et à Madrid, et faisaient tête, vingt-trois années durant, à l'Europe coalisée, car il n'y a en fait qu'une seule guerre, de 1792 à 1815, parce que l'Europe n'a qu'un seul ennemi : la Révolution, dont Napoléon est le soldat.

Engagé à seize ans, Parquin a pris part à toutes les campagnes, depuis celle de Prusse jusqu'à celle de France. Soldat par vocation, satisfait et glorieux d'être parvenu, après six années de service, trois campagnes et deux blessures, au grade d'officier, il rapporte naïvement, sans emphase et sans rhétorique, les grandes choses auxquelles il a pris sa petite part. Les faits qu'il raconte, soigneusement vérifiés dans les états de services, se sont trouvés rigoureusement exacts, et pourtant Parquin n'avait point sous les yeux les documents manuscrits ou imprimés que nous possédons, car souvent il estropie les noms et presque jamais il ne les orthographie comme ils le sont à la matricule du corps. C'est donc sa mémoire seule qui le guide : une mémoire imperturbable qui, pour tout ce que Parquin a vu, mérite la plus absolue confiance.

Il ne se targue point d'ailleurs d'avoir inventé des mouvements stratégiques, donné des conseils aux généraux, d'avoir été incompris. Il n'est point un mécontent. Il aime ses chefs, il aime ses subordonnés, il aime passionnément sa patrie, son drapeau et son Empereur. Il voit les choses comme un sous-officier, un lieutenant, un capitaine intelligent peut les voir. Mais ce qu'il raconte, il l'a vu, et sans doute ce livre, connu hier à peine de quelques curieux, sera demain comme le bréviaire des soldats, il leur montrera ce qu'ont pu faire pour l'honneur du nom français ces hommes dont l'histoire ne pouvait être écrite que par eux-mêmes, tant elle est invraisemblable d'audace, de fortune et de gloire.

Pour donner à ce livre le même aspect qu'a eu son aîné et mériter du public le même succès qu'a obtenu l'*Invasion*, les éditeurs n'ont point hésité, bien que le nombre de pages fût bien plus considérable, à suivre exactement les mêmes errements. L'*Invasion* avait cent soixante-cinq illustrations. *Les Souvenirs de Parquin* en ont près de *deux cents*. Même nombre d'illustrations en couleurs et de gravures hors texte qui, dues à des artistes de premier ordre, gravées par les procédés spéciaux dont nous disposons, forment la plus admirable histoire graphique de l'Empire.

LES SOUVENIRS DU CAPITAINE PARQUIN

forment un magnifique volume in-4° de plus de trois cents pages.

Chaque page de texte est ornée d'un dessin tiré en noir. L'illustration comprend en outre : **Vingt** planches en couleurs dont **quatre** sont doubles, **vingt-deux** planches en noir dont **huit** sont doubles. Au total **cent quatre-vingt-dix** illustrations.

	Broché	20 francs.
PRIX DU VOLUME	Cartonné, toile grenat, fers spéciaux	25
	Relié amateur, dos et coins maroquin, tête dorée	30

BOUSSOD, VALADON & Cⁱᵉ, IMPRIMEURS-ÉDITEURS
Boulevard des Capucines, Paris

ÉDITION POPULAIRE

L'ARMÉE FRANÇAISE
TYPES & UNIFORMES
120 Gravures en couleurs et 60 gravures en noir
PAR
EDOUARD DETAILLE
TEXTE PAR JULES RICHARD

L'édition de luxe de l'*Armée Française* s'adressait à un personnel restreint d'amateurs et de souscripteurs. Les fac-similés obtenus par la photogravure et tirés sous la main donnaient à ce livre unique un aspect admirable mais en rendaient le prix inabordable à un grand nombre. Aujourd'hui, les éditeurs sont parvenus, grâce aux procédés dont ils disposent, à publier une édition nouvelle de *l'Armée Française*, qui pourra convenir exactement à la même composition que l'édition de luxe, tout en reproduisant les mêmes dessins et les croquis originaux, sera à la portée de toutes les bourses. Il est inutile de faire éloge de cet ouvrage auquel notre grand peintre militaire a consacré plus de quinze années de sa vie de militaire.

Le texte qui accompagne l'ouvrage, écrit par M. Jules Richard, donne la couleur et la vie à ces dessins. Dans cet ouvrage, véritable monument historique, se trouve la liste de tous les soldats depuis 1789 jusqu'en 1889. L'épopée de leur caserne au champ de bataille, l'histoire militaire du siècle est rendue sous toutes ses faces, avec des physionomies particulières, leurs uniformes tour à tour glorieux ou désolés, depuis cent ans et dans les plus grandes circonstances de notre histoire.

L'ouvrage formera deux beaux volumes in-folio, imprimés sur papier vélin de fabrication spéciale.

	Broché en 16 livraisons	150 fr.
PRIX DE L'OUVRAGE	Relié en demi-chagrin rouge, plats toile, fers spéciaux, tranches dorées	175
	Relié dos, coins maroquin rouge, tête dorée, tranches ébarbées	180

EDOUARD DETAILLE
Les Grandes Manœuvres de l'Armée Russe
SOUVENIR DU CAMP DE KRASNOÉ-SELO
Un magnifique Album in-folio sur papier vélin. . . . . 40 francs.

A. DE NEUVILLE
CROQUIS MILITAIRES
42 DESSINS À LA PLUME REPRODUITS EN FAC-SIMILE PAR LA PHOTOGRAVURE

Épreuves d'artiste. — Prix de la collection . . . . 120 fr.
Épreuves avec la lettre. — Prix de la collection 60
CHAQUE COLLECTION EST CONTENUE DANS UN CARTON DE LUXE.

TABLE

Pl. 1. — Porte-fanion (Chasseurs à pied).	Pl. 8. — La soupe royale.	Pl. 15. — Artilleur.
2. — Clairon de chasseurs.	9. — Fusilier marin (Siège de Paris).	16. — Prisonnier allemand.
3. — Une boutisse à l'ancien.	10. — Officier de mobiles (Souvenir du Bourget).	17. — Un reconnaissance.
4. — Repos pendant la manœuvre.		18. — Chasseur à pied.
5. — Porte-fanion (Infanterie de ligne).	11. — Un pas dangereux.	19. — Chasseur à cheval.
6. — Turco (retour de Wissembourg).	12. — Tambour.	20. — Tirailleurs en avant!!!
7. — Zouave, retour de campagne.	13. — Un observatoire à Champigny.	21. — En vedette.

N° 9.  Prix : 2 fr.

EN CAMPAGNE

Tableaux et Dessins

DE

Alphonse de Neuville et Edouard Detaille

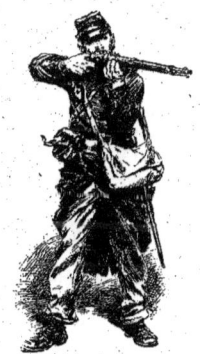

A. DE NEUVILLE

TEXTE PAR

JULES RICHARD

EDOUARD DETAILLE

TEXTE PAR

FRÉDÉRIC MASSON

PARIS

BOUSSOD, VALADON & CIE, Éditeurs

| J. STRAUSS | G. HAZARD | LIBRAIRIE NILSSON |
| 5, Rue du Croissant | 8, Rue de Provence | 338, Rue Saint-Honoré |

BOUSSOD, VALADON & C??, IMPRIMEURS-ÉDITEURS
24, boulevard des Capucines, Paris.

Récits de Guerre
1870-1871

L'INVASION

PAR

LUDOVIC HALÉVY

Illustrations par MARCHETTI et ALFRED PARIS

En pleine guerre de 1870, un homme allait, un carnet en main, notant au passage les récits que lui faisaient les soldats, inscrivant très simplement ce qui lui arrivait à lui-même. Un chasseur à pied lui disait Froeschwiller, Châlons et Sedan, la retraite du corps de Mac-Mahon et sa marche en Argonne ; un officier de hussards qui avait été à Metz de toutes les affaires, racontait où on l'avait conduit ; c'était un ingénieur qui se trouvait à Forbach ; un mobile qui s'était battu à Villersexel. Sur le carnet encore se posaient des sensations recueillies à Tours, à Etretat, des bouts de récits, des phrases entendues, des impressions ressenties : la vie. Cela fit un des livres les plus hautement instructifs, les plus documentairement curieux, les plus passionnants, les plus pleins de choses, de faits et d'idées, le livre le plus sincère qu'on pût lire, et le public en comprit toute la portée dès que Ludovic Halévy le laissa publier.

Ce livre forme la première série des *Récits de Guerre* que nous allons publier.

Il nous a semblé qu'il pouvait être complété par la représentation des êtres que l'auteur évoque. Il nous a paru que le soldat de la dernière guerre devait être montré tel qu'il était, tel que beaucoup ne se le rappellent déjà plus, dans le décor où il se mouvait, avec les tenues, les uniformes, les façons qu'il affectionnait. Nous nous sommes adressés pour réaliser ce projet à des artistes dont le nom n'est plus à faire et qui, suivant le texte mot à mot, en ont illustré chaque page, ont prodigué les dessins et les aquarelles, ont fait de *l'Invasion* le livre à la fois le plus beau, le plus réel, le plus intéressant et le plus sagement patriote qu'on ait publié sur la guerre de 1870. La perfection de nos procédés nous a permis d'y introduire dans une large mesure l'illustration en couleurs et, grâce à de réels sacrifices, nous parvenons à le livrer à un prix d'un bon marché extraordinaire. Si le public encourage cette tentative, nous voulons, par la suite, après les récits des désastres, lui donner les récits des victoires et, détachant de l'épopée que nos soldats ont écrite avec leur sang les pages où ils ont eux-mêmes raconté ce qu'ils ont vu et ce qu'ils ont fait, présenter les grandes guerres en des narrations très simples et très sincères, des témoignages qui ont d'autant plus de valeur que leurs auteurs ont moins cherché la publicité. Chaque série d'ailleurs sera entièrement indépendante et ne sera reliée aux autres séries que par la forme de la publication et l'esprit général qui y préside.

L'INVASION

forme un magnifique volume in-4° de deux cent cinquante pages.

Chaque page de texte est ornée d'un dessin tiré en noir. L'illustration comprend en outre : **Vingt** planches hors texte **en cinq couleurs** dont quatre doubles ; **Huit** planches doubles en deux couleurs ; **Dix-sept** planches en noir. Soit, au total, **quarante-cinq** gravures hors texte, dont douze en double page, et plus de **cent vingt** dessins dans le texte.

PRIX DU VOLUME :

Broché. . . . . 20 francs.
Cartonné teinte grenat, fers spéciaux . . . . 25 —
Relié amateur, dos et coins maroquin, tête dorée. . . . 30 —

BOUSSOD, VALADON & C⁹, IMPRIMEURS-ÉDITEURS
24, boulevard des Capucines, Paris.

Récits de Guerre
1803-1814
SOUVENIRS
DU
CAPITAINE PARQUIN

ILLUSTRATIONS PAR

F. de Myrbach, H. Dupray, Walker, L. Sergent, M. Roy.

INTRODUCTION PAR FRÉDÉRIC MASSON

L'*Invasion* initiait le lecteur à toutes les misères de la plus funeste guerre que la France ait jamais subie; le livre que nous publions cette année raconte les joies du triomphe et les orgueils de la victoire. S'il ne faut point oublier l'Année Terrible, il convient de se souvenir des jours où les Français entraient en vainqueurs à Berlin, à Vienne et à Madrid, et faisaient tête, vingt-trois années durant, à l'Europe coalisée, car il n'y a en fait qu'une seule guerre, de 1792 à 1815, parce que l'Europe n'a qu'un seul ennemi : la Révolution, dont Napoléon est le soldat.

Engagé à seize ans, Parquin a pris part à toutes les campagnes, depuis celle de Prusse jusqu'à celle de France. Soldat par vocation, satisfait et glorieux d'être parvenu, après six années de service, trois campagnes et deux blessures, au grade d'officier, il rapporte naïvement, sans emphase et sans rhétorique, les grandes choses auxquelles il a pris sa petite part. Les faits qu'il raconte, soigneusement vérifiés dans les états de services, se sont trouvés rigoureusement exacts, et pourtant Parquin n'avait point sous les yeux les documents manuscrits ou imprimés que nous possédons, car souvent il estropie les noms et presque jamais il ne les orthographie comme ils le sont à la matricule du corps. C'est donc sa mémoire seule qui le guide : une mémoire imperturbable qui, pour tout ce que Parquin a vu, mérite la plus absolue confiance.

Il ne se targue point d'ailleurs d'avoir inventé des mouvements stratégiques, donné des conseils aux généraux, d'avoir été incompris. Il n'est point un mécontent. Il aime ses chefs, il aime ses subordonnés, il aime passionnément sa patrie, son drapeau et son Empereur. Il voit les choses comme un sous-officier, un lieutenant, un capitaine intelligent, peut les voir. Mais ce qu'il dit, il l'a vu. Et sans doute ce livre, connu hier à peine de quelques curieux, sera demain comme le bréviaire des soldats : il leur montrera ce qu'ont pu faire pour l'honneur du nom français ces hommes dont l'histoire ne pouvait être écrite que par eux-mêmes, tant elle est invraisemblable d'audace, de fortune et de gloire.

Pour donner à ce livre le même aspect qu'a eu son aîné et mériter du public le même succès qu'a obtenu l'*Invasion*, les éditeurs n'ont point hésité, bien que le nombre de pages fût bien plus considérable, à suivre exactement les mêmes errements. L'*Invasion* avait cent soixante-cinq illustrations ; *Les Souvenirs de Parquin* en ont près de *deux cents*. Même nombre d'illustrations en couleurs et de gravures hors texte qui, dues à des artistes de premier ordre, gravées par les procédés spéciaux dont nous disposons, forment la plus admirable histoire graphique de l'Empire.

LES SOUVENIRS DU CAPITAINE PARQUIN
forment un magnifique volume in-4° de plus de trois cents pages.

Chaque page de texte est ornée d'un dessin tiré en noir. L'illustration comprend en outre : **Vingt** planches en couleurs dont **quatre** sont doubles ; **vingt-deux** planches en noir dont **huit** sont doubles. Au total **cent quatre-vingt-dix** illustrations.

PRIX DU VOLUME	Broché	20 francs.
	Cartonné, toile grenat, fers spéciaux	25 —
	Relié amateur, dos et coins maroquin, tête dorée	30 —

BOUSSOD, VALADON & Cⁱᵉ, IMPRIMEURS-ÉDITEURS
24, Boulevard des Capucines, à Paris

ÉDITION POPULAIRE

L'ARMÉE FRANÇAISE

TYPES & UNIFORMES
(60 Gravures en couleurs et 280 Gravures en noir)

PAR

ÉDOUARD DETAILLE

TEXTE PAR JULES RICHARD

L'édition de luxe de l'*Armée Française* s'adressait à un personnel restreint d'amateurs et de dilettanti. Les fac-similés obtenus par la photogravure et tirés tous à la main donnaient à ce livre unique un attrait infini, mais en rendaient le prix inabordable à un grand nombre. Aujourd'hui, les éditeurs sont parvenus, grâce aux procédés dont ils disposent, à établir une édition nouvelle de l'*Armée Française* qui, tout en conservant exactement la même composition que l'édition de luxe, tout en reproduisant les mêmes dessins et les mêmes aquarelles, sera à la portée de toutes les bourses. Il est inutile de faire l'éloge de ce livre à l'exécution duquel notre grand peintre militaire a consacré plus de quatre années de sa vie et dont le texte a été rédigé par un écrivain, M. Jules Richard, dont la compétence n'est plus à louer. Dans cet ouvrage, véritable monument patriotique élevé à la gloire de nos soldats depuis 1789 jusqu'en 1889, Édouard Detaille a su passer en revue toute l'histoire militaire de ce siècle et rendre à tous, en même temps que leurs physionomies particulières, leurs cadres familiers, ceux où se sont déroulées depuis cent ans les scènes les plus grandioses de la vie nationale.

L'*Armée Française* forme deux magnifiques volumes in-folio publiés en 46 livraisons.

PRIX DE L'OUVRAGE		
Broché en 16 livraisons	150 fr.	
Relié en demi-chagrin rouge, plats toile, fers spéciaux, tranches dorées	175 »	
Relié dos, coins maroquin rouge, tête dorée, tranches ébarbées	180 »	

ÉDOUARD DETAILLE

Les Grandes Manœuvres de l'Armée Russe

SOUVENIR DU CAMP DE KRASNOÉ-SÉLO

Un magnifique Album in-folio sur papier vélin. — Prix. . . . . 30 francs.

A. DE NEUVILLE

CROQUIS MILITAIRES

20 DESSINS A LA PLUME REPRODUITS EN FAC-SIMILÉ PAR LA PHOTOGRAVURE

Épreuves d'artiste. — Prix de la collection . . . . 120 francs.
Épreuves avec la lettre. — Prix de la collection . . . . 60 —

CHAQUE COLLECTION EST CONTENUE DANS UN CARTON DEMI-RELIURE

TABLE

Pl. 1 Porte-fanion (Chasseurs à pied).
2 Clairon de chasseurs.
3 Une politesse à l'ancien.
4 Repos pendant la manœuvre.
5 Porte-fanion (Infanterie de ligne).
6 Turco, retour de Wissembourg.
7 Zouave, retour de campagne.

Pl. 8 La courte échelle.
9 Fusilier marin (Siège de Paris).
10 Officier de mobiles (Souvenir du Bourget).
11 Un poste dangereux.
12 Tambour.
13 Un observatoire à Champigny.

Pl. 14 Artilleur.
15 Prisonniers allemands.
16 Un renseignement.
17 Prisonniers français.
18 Sapeur du génie.
19 « Tirailleurs, en avant !!! »
20 Une vedette.

N° 10.      Prix : 2 fr.

EN CAMPAGNE

Tableaux et Dessins

DE

Alphonse de Neuville et Edouard Detaille

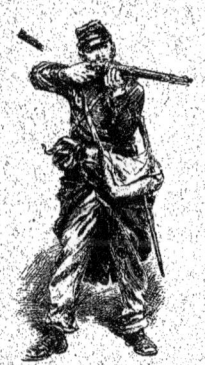

A. DE NEUVILLE
TEXTE PAR
JULES RICHARD

EDOUARD DETAILLE
TEXTE PAR
FRÉDÉRIC MASSON

PARIS
BOUSSOD, VALADON & CIE, Éditeurs

J. STRAUSS.
Rue du Croissant.

G. HAZARD
8, Rue de Provence

LIBRAIRIE NILSSON
338, Rue Saint-Honoré

BOUSSOD, VALADON & Cie, IMPRIMEURS-ÉDITEURS
24, boulevard des Capucines, Paris.

Récits de Guerre
1870-1871
L'INVASION
PAR
LUDOVIC HALÉVY

Illustrations par MARCHETTI et ALFRED PARIS

En pleine guerre de 1870, un homme allait, un carnet en main, notant au passage les récits que lui faisaient les soldats, inscrivant très simplement ce qui lui arrivait à lui-même. Un chasseur à pied lui disait Frœschwiller, Châlons et Sedan, la retraite du corps de Mac-Mahon et sa marche en Argonne ; un officier de hussards qui avait été à Metz de toutes les affaires, racontait où on l'avait conduit. C'était un ingénieur qui se trouvait à Forbach ; un mobile qui s'était battu à Villersexel. Sur le carnet encore se posaient des sensations recueillies à Tours, à Etretat, des bouts de récits, des phrases entendues, des impressions ressenties : la vie. Cela fit un des livres les plus hautement instructifs, les plus documentairement curieux, les plus passionnants, les plus pleins de choses, de faits et d'idées, le livre le plus sincère qu'on pût lire, et le public en comprit toute la portée dès que Ludovic Halévy le laissa publier.

Ce livre forme la première série des *Récits de Guerre* que nous allons publier.

Il nous a semblé qu'il pouvait être complété par la représentation des êtres que l'auteur évoque. Il nous a paru que le soldat de la dernière guerre devait être montré tel qu'il était, tel que beaucoup ne se le rappellent déjà plus, dans le décor où il se mouvait, avec les tenues, les uniformes, les façons qu'il affectionnait. Nous nous sommes adressés pour réaliser ce projet à des artistes dont le nom n'est plus à faire et qui, suivant le texte mot à mot, en ont illustré chaque page, ont prodigué les dessins et les aquarelles, ont fait de *l'Invasion* le livre à la fois le plus beau, le plus réel, le plus intéressant et le plus sagement patriote qu'on ait publié sur la guerre de 1870. La perfection de nos procédés nous a permis d'y introduire dans une large mesure l'illustration en couleurs et, grâce à de réels sacrifices, nous parvenons à le livrer à un prix d'un bon marché extraordinaire. Si le public encourage cette tentative, nous voulons, par la suite, après les récits des désastres, lui donner les récits des victoires et, détachant de l'épopée que nos soldats ont écrite avec leur sang les pages où ils ont eux-mêmes raconté ce qu'ils ont vu et ce qu'ils ont fait, présenter les grandes guerres en des narrations très simples et très sincères, des témoignages qui ont d'autant plus de valeur que leurs auteurs ont moins cherché la publicité. Chaque série d'ailleurs sera entièrement indépendante et ne sera reliée aux autres séries que par la forme de la publication et l'esprit général qui y préside.

L'INVASION
forme un magnifique volume in-4° de deux cent cinquante pages.

Chaque page de texte est ornée d'un dessin tiré en noir. L'illustration comprend en outre : **Vingt** planches hors texte **en cinq couleurs** dont quatre doubles ; **Huit** planches doubles en deux couleurs ; **Dix-sept** planches en noir. Soit, au total, **quarante-cinq** gravures hors texte, dont douze en double page, et plus de **cent vingt** dessins dans le texte.

PRIX DU VOLUME :

Broché	20 francs.
Cartonné teinte grenat, fers spéciaux	25 —
Relié amateur, dos et coins maroquin, tête dorée	30 —

BOUSSOD, VALADON & Cⁱᵉ, IMPRIMEURS-ÉDITEURS
24, boulevard des Capucines, Paris.

Récits de Guerre
1803-1814
SOUVENIRS
DU
CAPITAINE PARQUIN

ILLUSTRATIONS PAR

F. de Myrbach, H. Dupray, Walker, L. Sergent, M. Roy.

INTRODUCTION PAR FRÉDÉRIC MASSON

L'Invasion initiait le lecteur à toutes les misères de la plus funeste guerre que la France ait jamais subie. Le livre que nous publions cette année raconte les joies du triomphe et les orgueils de la victoire. S'il ne faut point oublier l'Année Terrible, il convient de se souvenir des jours où les Français entraient en vainqueurs à Berlin, à Vienne et à Madrid, et faisaient tête, vingt-trois années durant, à l'Europe coalisée, car il n'y a en fait qu'une seule guerre, de 1792 à 1815, parce que l'Europe n'a qu'un seul ennemi : la Révolution, dont Napoléon est le soldat.

Engagé à seize ans, Parquin a pris part à toutes les campagnes, depuis celle de Prusse jusqu'à celle de France. Soldat par vocation, satisfait et glorieux d'être parvenu, après six années de service, trois campagnes et deux blessures, au grade d'officier, il rapporte naïvement, sans emphase ni rhétorique, les grandes choses auxquelles il a pris sa petite part. Les faits qu'il raconte, soigneusement vérifiés dans les états de services, se sont trouvés rigoureusement exacts, et pourtant Parquin n'avait point sous les yeux les documents manuscrits ou imprimés que nous possédons, car souvent il estropie les noms et presque jamais il ne les orthographie comme ils le sont à la matricule du corps. C'est donc sa mémoire seule qui le guide : une mémoire imperturbable qui, pour tout ce que Parquin a vu, mérite la plus absolue confiance.

Il ne se targue point d'ailleurs d'avoir inventé des mouvements stratégiques, donné des conseils aux généraux, d'avoir été incompris. Il n'est point un mécontent. Il aime ses chefs, il aime ses subordonnés, il aime passionnément sa patrie, son drapeau et son Empereur. Il voit les choses comme un sous-officier, un lieutenant, un capitaine intelligent peut les voir. Mais ce qu'il raconte, il l'a vu. Et sans doute ce livre, connu hier à peine de quelques curieux, sera demain comme le bréviaire des soldats : il leur montrera ce qu'ont pu faire pour l'honneur du nom français ces hommes dont l'histoire ne pouvait être écrite que par eux-mêmes, tant elle est invraisemblable d'audace, de fortune et de gloire.

Pour donner à ce livre le même aspect qu'a eu son aîné et mériter du public le même succès qu'a obtenu *l'Invasion*, les éditeurs n'ont point hésité, bien que le nombre de pages fût bien plus considérable, à suivre exactement les mêmes errements. *L'Invasion* avait cent soixante-cinq illustrations ; *Les Souvenirs de Parquin* en ont près de *deux cents*. Même nombre d'illustrations en couleurs et de gravures hors texte qui, dues à des artistes de premier ordre, gravées par les procédés spéciaux dont nous disposons, forment la plus admirable histoire graphique de l'Empire.

LES SOUVENIRS DU CAPITAINE PARQUIN

forment un magnifique volume in-4° de plus de trois cents pages.

Chaque page de texte est ornée d'un dessin tiré en noir. L'illustration comprend en outre : **Vingt** planches en couleurs dont **quatre** sont doubles ; **vingt-deux** planches en noir dont **huit** sont doubles. Au total **cent quatre-vingt-dix** illustrations.

PRIX DU VOLUME
- Broché . . . . 20 francs.
- Cartonné, toile grenat, fers spéciaux. . . . . 25 —
- Relié amateur, dos et coins maroquin, tête dorée. . . 30 —

BOUSSOD, VALADON & Cⁱᵉ, IMPRIMEURS-ÉDITEURS
24, Boulevard des Capucines, à Paris

ÉDITION POPULAIRE

L'ARMÉE FRANÇAISE

TYPES & UNIFORMES

(60 Gravures en couleurs et 280 Gravures en noir)

PAR

ÉDOUARD DETAILLE

TEXTE PAR JULES RICHARD

L'édition de luxe de l'*Armée Française* s'adressait à un personnel restreint d'amateurs et de dilettanti. Les fac-similés obtenus par la photogravure et tirés tous à la main donnaient à ce livre unique un attrait infini, mais en rendaient le prix inabordable à un grand nombre. Aujourd'hui, les éditeurs sont parvenus, grâce aux procédés dont ils disposent, à établir une édition nouvelle de l'*Armée Française* qui, tout en conservant exactement la même composition que l'édition de luxe, tout en reproduisant les mêmes dessins et les mêmes aquarelles, sera à la portée de toutes les bourses. Il est inutile de faire l'éloge de ce livre à l'exécution duquel notre grand peintre militaire a consacré plus de quatre années de sa vie et dont le texte a été rédigé par un écrivain, M. Jules Richard, dont la compétence n'est plus à louer. Dans cet ouvrage, véritable monument patriotique élevé à la gloire de nos soldats depuis 1789 jusqu'en 1889, Édouard Detaille a su passer en revue toute l'histoire militaire de ce siècle et rendre à tous, en même temps que leurs physionomies particulières, leurs cadres familiers, ceux où se sont déroulées depuis cent ans les scènes les plus grandioses de la vie nationale.

L'*Armée Française* forme deux magnifiques volumes in-folio publiés en 16 livraisons.

PRIX DE L'OUVRAGE.	Broché en 16 livraisons	150 fr.
	Relié en demi-chagrin rouge, plats toile, fers spéciaux, tranches dorées	175 »
	Relié dos, coins maroquin rouge, tête dorée, tranches ébarbées	180 »

ÉDOUARD DETAILLE

Les Grandes Manœuvres de l'Armée Russe

SOUVENIR DU CAMP DE KRASNOÉ-SÉLO

Un magnifique Album in-folio sur papier vélin. — Prix 30 francs.

A. DE NEUVILLE

CROQUIS MILITAIRES

20 DESSINS A LA PLUME REPRODUITS EN FAC-SIMILÉ PAR LA PHOTOGRAVURE

Épreuves d'artiste. — Prix de la collection. 120 francs.
Épreuves avec la lettre. — Prix de la collection 60 —

CHAQUE COLLECTION EST CONTENUE DANS UN CARTON DEMI-RELIURE

TABLE

Pl. 1 Porte-fanion (Chasseurs à pied).
2 Clairon de chasseurs.
3 Une politesse à l'ancien.
4 Repos pendant la manœuvre.
5 Porte-fanion (Infanterie de ligne).
6 Turco, retour de Wissembourg.
7 Zouave, retour de campagne.

Pl. 8 La courte échelle.
9 Fusilier marin (Siège de Paris).
10 Officier de mobiles (Souvenir du Bourget).
11 Un poste dangereux.
12 Tambour.
13 Un observatoire à Champigny.

Pl. 14 Artilleur.
15 Prisonniers allemands.
16 Un renseignement.
17 Prisonniers français.
18 Sapeur du génie.
19 « Tirailleurs, en avant !!! »
20 Une vedette.

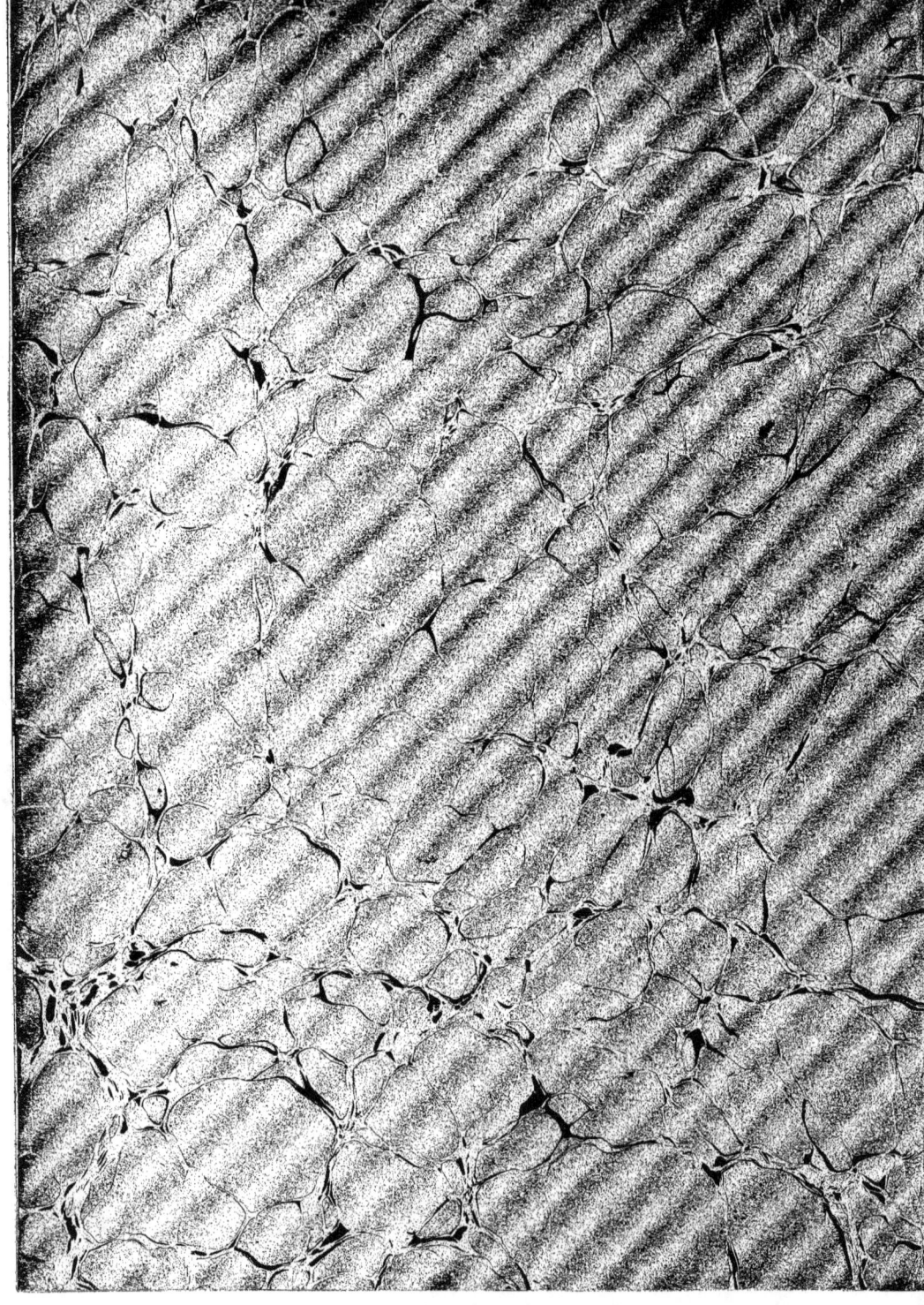

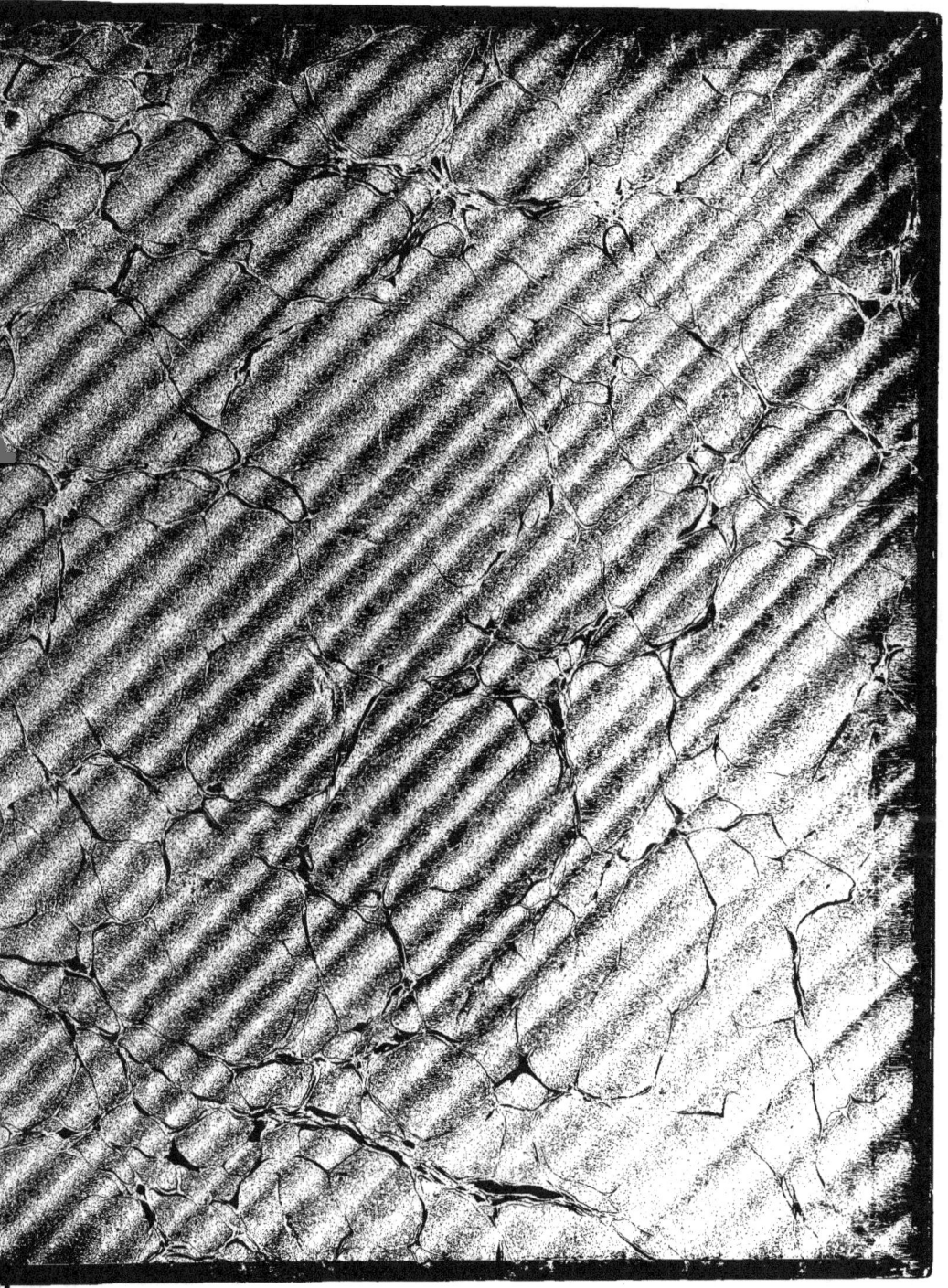

www.ingramcontent.com/pod-product-compliance
Lightning Source LLC
Chambersburg PA
CBHW050201230526
45470CB00001B/186